Modularisierung mit Java 9

Dipl.-Inform. **Guido Oelmann** arbeitet seit vielen Jahren als selbstständiger Softwarearchitekt und Berater. Zu seinen Schwerpunkten gehören neben agilen Entwicklungsmethoden und modernen Softwarearchitekturen, der Einsatz von Java-/Java-EE-Technologien in verteilten Systemen. Er unterstützt Unternehmen bei der Durchführung ihrer Projekte und verfügt über jahrelange Erfahrung beim Entwurf und der Entwicklung großer IT-Systeme in unterschiedlichen Branchen. Darüber hinaus gibt er sein Wissen regelmäßig bei Vorträgen, in Artikeln und Schulungen weiter.

Papier plus+ PDF.

Zu diesem Buch – sowie zu vielen weiteren dpunkt.büchern – können Sie auch das entsprechende E-Book im PDF-Format herunterladen. Werden Sie dazu einfach Mitglied bei dpunkt.plus+:

www.dpunkt.plus

Guido Oelmann

Modularisierung mit Java 9

Grundlagen und Techniken für langlebige Softwarearchitekturen

Guido Oelmann
Guido.Oelmann@JavaAkademie.de

Lektorat: René Schönfeldt
Projektmanagement: Miriam Metsch
Copy-Editing: Sandra Gottmann, Münster-Nienberge
Satz und Herstellung: Da-TeX, Leipzig
Umschlaggestaltung: Helmut Kraus, www.exclam.de
Druck und Bindung: Media-Print Informationstechnologie, Paderborn

Bibliografische Information der Deutschen Nationalbibliothek
Die Deutsche Nationalbibliothek verzeichnet diese Publikation in der Deutschen Nationalbibliografie;
detaillierte bibliografische Daten sind im Internet über http://dnb.d-nb.de abrufbar.

ISBN:
Print   978-3-86490-477-6
PDF   978-3-96010-180-2
ePub   978-3-96010-181-9
mobi   978-3-96010-182-6

1. Auflage 2018
Copyright © 2018 dpunkt.verlag GmbH
Wieblinger Weg 17
69123 Heidelberg

Die vorliegende Publikation ist urheberrechtlich geschützt. Alle Rechte vorbehalten. Die Verwendung der Texte und Abbildungen, auch auszugsweise, ist ohne die schriftliche Zustimmung des Verlags urheberrechtswidrig und daher strafbar. Dies gilt insbesondere für die Vervielfältigung, Übersetzung oder die Verwendung in elektronischen Systemen.
Es wird darauf hingewiesen, dass die im Buch verwendeten Soft- und Hardware-Bezeichnungen sowie Markennamen und Produktbezeichnungen der jeweiligen Firmen im Allgemeinen warenzeichen-, marken- oder patentrechtlichem Schutz unterliegen.
Alle Angaben und Programme in diesem Buch wurden mit größter Sorgfalt kontrolliert. Weder Autor noch Verlag können jedoch für Schäden haftbar gemacht werden, die in Zusammenhang mit der Verwendung dieses Buches stehen.

5 4 3 2 1 0

Vorwort

Software ist heutzutage allgegenwärtig – sichtbar und unsichtbar. Es existiert kaum ein Bereich des Lebens, der nicht auf die ein oder andere Weise von Bit und Bytes durchdrungen ist. Angefangen bei der simplen Bezahlung im Lebensmittelgeschäft, wo softwarebasierte Kassensysteme zum Einsatz kommen, über das allgegenwärtige Smartphone hin zu WebShops und verteilten Unternehmensanwendungen zur Abbildung von Geschäftsprozessen. Mit dem Internet der Dinge (*engl. Internet of Things (IoT)*) wird sich dieser Trend verstärken und den sogenannten Digitalisierungsprozess unserer Gesellschaft weiter vorantreiben. Überall fließen Daten, die verarbeitet werden müssen, und dadurch erhöhen sich die Anforderungen an die Software. Die Folge sind immer größer und mächtiger werdende Softwaresysteme mit zunehmend komplexerem Charakter. Daraus ergeben sich neue Probleme und Herausforderungen, die es zu bewältigen gilt. Monolithische Systeme stoßen hier zunehmend an ihre Grenzen.

Um diesem Wandel in der Softwareentwicklung gerecht zu werden, hat sich in den letzten Jahren viel getan. Die agile Softwareentwicklung ist mittlerweile in vielen Unternehmen etabliert und Themen wie Configuration Management (CM) und Continuous Delivery (CD) sind gelebte Disziplinen. Und auch auf organisatorischer Ebene bringt die Stellenschaffung von DevOps als Erweiterung des agilen Entwicklungsprozesses einen großen, positiven Einfluss. Darüber hinaus zeigten der Aufstieg von Microservices und Self Contained Systems als Architekturmuster und insbesondere die Container-Technologie, dass sich die Art und Weise, wie Software entwickelt und veröffentlicht wird, ändert. Dies bringt größere Flexibilität, Produktivität und eine höhere Geschwindigkeit bei der Veröffentlichung von Software mit sich, aber auch Mehraufwände im Management und neue Anforderungen im Bereich des automatisierten Testens und Monitorings. Softwareentwicklung ist aktuell und auch in Zukunft weiterhin ein hochkomplexer Prozess, der in seiner Gesamtheit über den reinen Entwurf und die Implementierung hinausgeht.

Umso wichtiger ist die Reduzierung von Komplexität innerhalb solcher Softwaresysteme, um diese auch in den Phasen des Betriebs, der Wartung und Weiterentwicklung unter Kontrolle zu halten. Die Modularisierung, mit der sich das vorliegende Buch beschäftigt, ist dabei ein wichtiger Baustein. Und Java 9 bietet nun eine direkte Unterstützung für den Modularisierungsprozess.

In diesem Sinne viel Spaß beim Lesen des Buches und der Entwicklung von Software.

Guido Oelmann
Dortmund, 12. September 2017
www.Java-Akademie.de

Überblick über das Buch

Das Buch behandelt die Modularisierung mit Java. Neben der Darstellung des Prinzips der Modularisierung und warum dieses wichtig ist, wird konkret gezeigt, wie mit Java eigene Module erstellt werden können und wie eine Applikation basierend auf Modulen gebaut wird. Das neue modularisierte JDK wird vorgestellt und dessen Wichtigkeit für die Anwendung im Internet der Dinge. Daneben wird ein Vergleich zum bisherigen quasi Modularisierungsstandard OSGi gezogen. Es werden weitergehende Themen wie die Migration von Projekten hin zu Modulen und die Nutzung von Modulen im Kontext moderner Softwareentwicklung behandelt. Letzteres beschäftigt sich mit der Verwendung von Modulen im Umfeld von Microservices und der Container-Technologien wie Docker.

Alle Code-Beispiele und weitere Informationen finden sich unter: *Quellcodes des Buches*
http://Java-Modularisierung.de

Für wen ist das Buch?

Das Buch richtet sich in erster Linie an Softwareentwickler, die die Modularisierung mit Java in eigenen Projekten nutzen wollen. Aber auch Softwarearchitekten können sich angesprochen fühlen, ist das Prinzip der Modularisierung doch auf einer höheren Abstraktionsstufe angesiedelt als die reine Erstellung von Klassen und Packages und erfordert bereits beim Entwurf eines Softwaresystems die entsprechende Berücksichtigung. Wer generell eine Einführung in das Thema Modularisierung sucht, wird hier ebenfalls fündig werden. Ebenso derjenige, der sich bereits mit Modularisierung auskennt, aber mehr über die Migration erfahren will oder wie sie im Kontext von z. B. Microservices und Containern Verwendung findet.

Entwickler

Architekten

Übersicht über die Kapitel

Der erste Teil des Buches ist den Grundlagen zur Modularisierung gewidmet und den Zielen, die mit dem Java-Modularisierungskonzept verfolgt werden. Es wird ausführlich erläutert, was unter Modularisierung verstanden wird, was ein Modul ist und wie Module entworfen werden. Abgeschlossen wird der erste Teil mit der Betrachtung dessen, wie Modularisierung vor Java 9 gelöst wurde und welche Probleme mit dem Modularisierungskonzept gelöst werden.

Teil I

Teil II stellt ausführlich das Java-Modulkonzept vor. Es wird gezeigt, wie mit Java Module erstellt werden und wie eine modularisier-

Teil II

te Anwendung gebaut wird. Zudem werden das modularisierte JDK und die sich daraus ergebenden neuen Möglichkeiten für Entwickler vorgestellt. Der Migration von Anwendungen hin zu Modulen ist ein weiteres Kapitel gewidmet. Zur Abrundung der Darstellung des Java-Modulsystems wird ein Vergleich zum OSGi-Modularisierungsframework gezogen. Abgeschlossen wird der zweite Teil mit konkreten Anleitungen, wie die gängigsten Entwicklungswerkzeuge bei der modularen Softwareentwicklung eingesetzt werden können, und ein »Real World«-Projekts zeigt, wie eine modulare Java-Anwendung gebaut wird.

Der letzte Teil des Buches wird den neuen Entwicklungen in der Welt der Softwareentwicklung gerecht. Nach dem Lesen dieses Teiles wird klar sein, was Microservices und Container-Technologien wie Docker mit der Modularisierung gemeinsam haben und wie Java-Module in Kombination mit diesen Technologien verwendet werden können.

Pfade durch das Buch

Um den Erwartungshaltungen der verschiedenen Lesern gerecht zu werden, gibt es auch verschiedene Möglichkeiten, sich den Inhalt des Buches zu erschließen. Während der eine möglichst schnell ohne allzu viel Theorie in die konkrete Anwendung von Modulen mit Java eingeführt werden will, möchte ein anderer vielleicht etwas mehr über die Konzepte dahinter erfahren. Ein weiterer Leser ist eventuell in OSGi sehr gut bewandert und interessiert sich für die Unterschiede und Gemeinsamkeiten zur Java-Modularisierung und was für Vorzüge ein modularisiertes JDK im Embedded-Bereich mit sich bringt. Für diese unterschiedlichen Anforderungen sind im Folgenden Leseempfehlungen bzgl. der Reihenfolge der Kapitel gegeben. Oft bietet es sich an, erst einmal das zu lesen, was am meisten interessiert, und sich danach erst mit dem Rest zu beschäftigen. Die einzelnen Kapitel sind weitestgehend autark und können leicht separat gelesen werden.

Fundierter Einstieg
- Einstieg in die Modularisierung
  Bei dieser Lesereihenfolge wird zunächst geklärt, was Modularisierung ist, wofür diese gut ist und was es mit dem modularisierten JDK auf sich hat. Danach werden die Modularisierung mit Java vorgestellt und die konkrete Verwendung.
  Kapitel 1 → 2.1 → 2.2 → 3 → 4

Schnelleinstieg
- Schnelleinstieg Module
  Wer schon weiß, was Module sind, und sofort wissen möchte, wie Modularisierung mit Java funktioniert, ist hier gut aufgehoben.
  Kapitel 3 → 4 → 10

- Für den OSGi-Kenner *OSGi-Kenner*
  Wer OSGi kennt, wird sich die Java-Modularisierung schnell erarbeiten können. Hilfreich dabei wird die Erkärung zu den Unterschieden und Gemeinsamkeiten beider sein.
  Kapitel 8 → 3 → 4

Danksagung

Mein Dank geht zunächst an meinen Lektor René Schönfeldt, der mich stets mit guten Tipps und Verbesserungsvorschlägen versorgt hat und an das gesamten dpunkt.team. Bei den mir unbekannten Gutachtern bedanke ich mich für viele Anregungen, die letztlich für die Zusammenstellung der in diesem Buch behandelten Themen mit gesorgt haben. Und zu guter Letzt bedanke ich mich bei meiner Frau Rosanne für ihre Geduld und Unterstützung, auch wenn es mal wieder sehr spät geworden ist.

Inhaltsverzeichnis

Vorwort v

I Einführung und Grundlagen   1

1   Das Prinzip der Modularisierung 3
1.1   Was ist Modularisierung? 3
1.2   Was ist ein Modul? 6
      1.2.1   Geheimnisprinzip und Datenkapselung 9
1.3   Modularisierung eines Systems 11
      1.3.1   Entwurfsprozess für Module 11
      1.3.2   Entwurfstechniken 12
      1.3.3   Entwurfskriterien zur Modularisierung 15
      1.3.4   Probleme bei der Modularisierung 21
1.4   Warum modularisieren? 23
1.5   Zusammenfassung 26

2   Der Weg zum Java-Modulsystem 29
2.1   Modularisierung vor Java 9 32
      2.1.1   Methoden, Klassen und Komponenten 32
      2.1.2   Pakete 32
      2.1.3   JARs und Build-Tools 33
      2.1.4   Open Services Gateway initiative (OSGi) 33
2.2   Ziele des Java-Modulsystems 33
      2.2.1   Abhängigkeiten 34
      2.2.2   Startup Performance 36
      2.2.3   Mangelnde Sicherheit 36
      2.2.4   Skalierbarkeit der Plattform 36
2.3   Zusammenfassung 37

II Module in der Praxis — 39

3 Das Java-Modulsystem — 41
3.1 Das Modul — 41
3.2 Abhängigkeiten und Sichtbarkeiten — 46
    3.2.1 Verteilter Modul-Quellcode — 53
    3.2.2 Transitive Abhängigkeiten — 54
3.3 Services — 57
    3.3.1 Services vor Java 9 — 59
    3.3.2 Services mit Modulen — 61
    3.3.3 ServiceLoader und Module — 66
3.4 Ressourcen — 73
    3.4.1 Modulübergreifender und -interner Zugriff — 75
3.5 Arten von Modulen — 78
    3.5.1 Platform Explicit Modules — 79
    3.5.2 Application Explicit Modules — 80
    3.5.3 Automatic Modules — 80
    3.5.4 Namensfestlegung für Automatic Modules — 81
    3.5.5 Open Modules — 83
    3.5.6 Unnamed Module — 84
3.6 Reflection — 86
3.7 Schichten und Klassenloader — 92
    3.7.1 Anlegen neuer Schichten — 94
3.8 Analyse von Modulen — 100
    3.8.1 Visualisierung des Modulgraphen — 101
3.9 Ein Blick unter die Motorhaube — 103
    3.9.1 Die Entstehung eines Modulgraphen — 103
    3.9.2 Configuration — 105
    3.9.3 ModuleLayer — 109
3.10 Zusammenfassung — 112

4 Das modularisierte JDK — 115
4.1 Das JDK war ein Monolith — 115
4.2 Compact Profiles — 117
4.3 Die Modularisierung der Plattform — 118
    4.3.1 JDK-Struktur — 119
4.4 Eigene modulare Laufzeit-Images erstellen — 121
4.5 Zusammenfassung — 124

5 Testen und Patchen von Modulen — 125
5.1 Testen – kurz und knapp — 125
    5.1.1 Validierung und Verifizierung — 126
    5.1.2 Testplanung und -spezifikation — 127

	5.1.3 Testarten 127
5.2	Black-Box-Test 128
5.3	White-Box-Test 133
5.4	Patchen 135
5.5	Zusammenfassung 139

6 Migration von Anwendungen 141
6.1	Was bedeutet Migration?................................... 141
6.2	Fallstricke 142
6.3	Migrationsstrategien 143
	6.3.1 Reine Plattform-Migration 144
	6.3.2 Big-Bang-Migration 145
	6.3.3 Top-down-Migration 146
	6.3.4 Bottom-up-Migration 147
6.4	Beispiel für die Vorgehensweise einer Migration 149
6.5	Big Kill Switch 153
6.6	Praktisches Beispiel 154
	6.6.1 Die Anwendung 154
	6.6.2 Untersuchung auf Abhängigkeiten 159
	6.6.3 Probleme bei der Migration vom Klassenpfad 160
	6.6.4 Integration nichtmodularer Abhängigkeiten 160
	6.6.5 Die Migration der Anwendung 161
6.7	Tipps für die Migration 163
6.8	Zusammenfassung 164

7 Kritik am Modulsystem 167

8 OSGi vs. Java-Modulsystem 171
8.1	Was ist OSGi? 171
8.2	OSGi in Kürze 172
8.3	Unterschiede zum Java-Modulsystem 176
8.4	Zusammenfassung 178

9 Entwicklungswerkzeuge 181
9.1	IDEs 181
	9.1.1 Eclipse 181
	9.1.2 NetBeans IDE 188
	9.1.3 IntelliJ IDEA 194
9.2	Build-Tools 196
	9.2.1 Ant 197
	9.2.2 Maven 201
	9.2.3 Maven und Eclipse 208
	9.2.4 Gradle... 214
9.3	Zusammenfassung 220

10 Ein »Real World«-Projekt 221
10.1 Eine modularisierte Anwendung 222
10.2 Klassischer Ansatz 222
    10.2.1 Anwendungsarchitektur 223
    10.2.2 Modulentwurf und Implementierung 226
    10.2.3 Starten der Anwendung 253
10.3 Alternativer Ansatz 255
    10.3.1 Anwendungsarchitektur 256
    10.3.2 Modulentwurf und Implementierung 256
    10.3.3 Starten der Anwendung 273
10.4 Vergleich beider Ansätze 275
10.5 Zusammenfassung 276

11 Weitere Modularisierungsansätze 277
11.1 Microservices 277
    11.1.1 Was ist ein Microservice? 277
    11.1.2 Eigenschaften von Microservices 278
    11.1.3 Größe eines Microservice 279
    11.1.4 Kommunikation 279
    11.1.5 Vorteile 280
    11.1.6 Nachteile 281
    11.1.7 Microservices vs. Java-Module 282
    11.1.8 Microservices und Java EE 283
    11.1.9 Ein auf Java-Modulen basierender Microservice 286
    11.1.10 Zusammenfassung 298
11.2 Container 298
    11.2.1 Virtualisierung 299
    11.2.2 Was ist Docker? 300
    11.2.3 Docker, das modularisierte JDK und Java-Module 301
    11.2.4 Ein Docker-Container mit Java-Modulen 301
    11.2.5 Zusammenfassung 307

Literaturverzeichnis 309

Index 313

Teil I

Einführung und Grundlagen

Dieser Teil des Buches führt in das Thema Modularisierung ein. Zunächst wird das Prinzip der Modularisierung vorgestellt und gezeigt, warum Modularisierung so wichtig ist, was ein Modul ist und worauf bei dessen Entwurf zu achten ist. Zudem wird der Frage nachgegangen, warum überhaupt modularisiert werden sollte und was dies mit dem Bauen von langlebigen Architekturen zu tun hat. Abgerundet wird der einführende Teil mit einem kurzen Blick auf die Entstehungsgeschichte der Java-Module, welche Ziele mit der Einführung dieser verfolgt werden und wie bisher modularisiert wurde.

1 Das Prinzip der Modularisierung

Modularisierung ist ein grundlegendes Prinzip der Softwaretechnik. Sie hilft bei der Komplexitätsreduzierung und der Erhöhung der Flexibilität von Software und spielt eine wichtige Rolle bei der Wartbarkeit. Dieses Kapitel erläutert, was unter Modularisierung und dem damit verbundenen Modul-Begriff zu verstehen ist. Es wird gezeigt, wie Modularisierung angewendet wird und was dabei zu beachten ist. Dabei wird insbesondere das Zusammenspiel von Modulen untereinander betrachtet und beschrieben, was einen guten Modulentwurf kennzeichnet. Der Leser, der mit diesem Prinzip vertraut ist und für den Begriffe wie Kohäsion, Kopplung und Bindungen keine Fremdwörter sind, kann dieses Kapitel auch überspringen und mit Kapitel 3 fortfahren, wo von der Entstehung des Java-Modulsystems berichtet wird. Der Start mit dem Kernkapitel 3 ist ebenfalls möglich.

1.1 Was ist Modularisierung?

Softwaresysteme sind häufig große Systeme mit komplexem Charakter. Die Entwicklung solcher Systeme erfolgt in Teams, die zum Teil mehrere Jahre benötigen und Hunderttausende Zeilen Code produzieren oder noch viel mehr. Um diese Herausforderungen zu meistern, ist eine überlegte und strukturierte Vorgehensweise nötig.

Die Softwaretechnik (*engl. Software Engineering*) als Teilgebiet der Informatik definiert eine Reihe von Prinzipien und liefert Methoden, um Softwaresysteme jeglicher Größenordnung zu entwickeln. Im Kern geht es dabei fast immer um die Strukturierung komplexer Systeme mit dem Ziel, diese für den Entwickler intellektuell beherrschbar zu machen. Daher wundert es nicht, dass viele Prinzipien ihren Ursprung in der Art haben, wie wir Menschen versuchen, uns Komplexität begreifbar und damit beherrschbar zu machen. Eine zu lösende Aufgabe in immer kleinere Teilaufgaben zu gliedern ist dabei sicher einer der bekanntesten Vorgehensweisen.

Bereits im Römischen Reich stellte das Prinzip des Teilens und Herrschens (*lat. divide et impera*) ein wichtiges Paradigma dar. Spalte ein Volk in Untergruppen, damit diese leichter zu besiegen und zu beherrschen sind. Die moralische Beurteilung dieser politische Strategie der römische Außenpolitik außer Acht lassend, handelt es sich um eine durchaus kluge Herangehensweise.

Auf die Informatik angewandt bedeutet die römische Devise, teile das Problem in viele hinreichend kleine Teilprobleme und löse diese. Oder auf ein Softwaresystem bezogen: Zerlege das System in Teilsysteme. Für die Beherrschung dieser (Teil-)Systeme, wird die gleiche Vorgehensweise angewendet. Zerlege das (Teil-)System in weitere Teile. Und eben diese Zerlegung eines (Teil-)Systems wird als Modularisierung bezeichnet und die entstehenden Teile als Module.

Im Grunde ist auch die Unterteilung des Systems in Teilsysteme eine Art der Modularisierung. Eine Modularisierung im Großen, wenn man so will. Allerdings sei einschränkend erwähnt, dass eine Untergliederung in Teilsysteme nach unterschiedlichen Gesichtspunkten vorgenommen werden kann und dadurch bedingt ein Teilsystem nicht zwingend der Definition eines Moduls genügt. Daher kann nicht allgemein gesagt werden, dass auch ein Teilsystem ein Modul ist. Im Folgenden wird genau erläutert, was ein Modul ist und welche Kriterien dieses erfüllen muss.

Modularisierung

> **Definition: Modularisierung**
>
> Modularisierung bedeutet die Zerlegung eines Systems in Module, unter Berücksichtigung bestimmter Kriterien.

Das Prinzip der Modularisierung findet sich in vielerlei Bereichen wieder; beispielsweise im Bereich der Elektrotechnik. Ein *herkömmlicher* Computer ist aus verschiedenen Baugruppen aufgebaut. Jedes dieser Teile stellt dabei ein austauschbares Modul dar. Zum Beispiel kann die Grafikkarte bei einem Defekt leicht ausgebaut und durch eine neue Karte ersetzt werden. Das Prinzip der Modularisierung lässt sich auch weiter fassen. Am Computer sind ein Drucker und ein Monitor angeschlossen, die sich ebenfalls ersetzen lassen. Oder der heimische Fernseher, der eine Verbindung zu einer Spielekonsole und einem DVD-Player hat, die wiederum mit einem Verstärker verbunden sind. In solch einem Szenario können neue Geräte leicht hinzugefügt oder entfernt werden.

Die Eigenschaft der Austauschbarkeit und das leichte Hinzufügen und Entfernen neuer Geräte deutet schon darauf hin, dass die Verbindungsstellen nicht beliebig sein dürfen. Definierte Schnittstellen sind die Grundvoraussetzung für die Austauschbarkeit, das Hinzufügen und Entfernen von Baugruppen und für die Kommunikation der Module untereinander. Im Bereich der Elektrotechnik sind dies beispielsweise USB-Ports und HDMI-Anschlüsse und die Art der Signalverarbeitung.

Ein weiteres Beispiel für eine modulare Bauweise im größeren Maßstab findet sich beim Blick in unseren Erdorbit. Als größtes künstliches Objekt zieht dort die internationale Raumstation ISS ihre Kreise um unseren Planeten. Die ISS als Projekt von fünf Raumfahrtagenturen und weiteren zehn Ländern besteht aus 34 Modulen, die in den nächsten Jahren noch um sechs weitere ergänzt werden soll. Die Module sind in unterschiedlichen Ländern von unterschiedlichen Teams gebaut worden und wurden nach erfolgreichen Tests auf dem Boden mit Trägerraketen und Raumfähren in die Erdumlaufbahn gebracht, um dort an die Station angedockt zu werden. Das Innenleben der Module ist unabhängig von den anderen Modulen gebaut worden und auf die gewünschte Funktionalität hin testbar. Auch hier muss beim Bau beachtet werden, an welche anderen Module diese gekoppelt werden, ob Funktionen anderer Module genutzt werden sollen oder welche eigenen Funktionalitäten anderen Modulen zu Verfügung zu stellen sind und wie die Verbindungsstellen zwischen den Modulen aussehen müssen.

Die Beispiele zeigen, dass Modularisierung grundsätzlich dabei hilft, durch die Aufteilung eines Systems in Module, die Komplexität zu verringern, da die einzelnen Module getrennt voneinander betrachtet und verstanden werden können. Dies wiederum unterstützt die Wartbarkeit der einzelnen Module. Darüber hinaus vereinfachen die von der Modularität geforderten definierten Schnittstellen zwischen den Modulen die Erweiterbarkeit des Systems. Und die Rekombination von Modulen erlaubt die Erstellung von verschiedenen Varianten des Systems. Letzteres ist Grundlage der Produktlinienentwicklung (*engl. Product Line Engineering*), welches auch in Bereichen außerhalb der Softwarewelt zu finden ist. Zum Beispiel ist die Automobilindustrie bemüht, die einzelnen Automobilvarianten nur noch auf Basis einer einheitlichen Plattform, also in Form von Modulen, zusammenzubauen. Abbildung 1–1 zeigt, dass früher jedes Automodell eine eigene Entwicklungslinie war, heutzutage aber immer mehr eine modulare Bauweise angewendet wird. So kommt z. B. ein Motorblock in verschiedenen Automodellen zum Einsatz mit dem zukünftigen Ziel, verschiedene Modelle aus einer Menge an Modulen zusammenzubauen.

1 Das Prinzip der Modularisierung

Abb. 1–1
Modularer Autobau

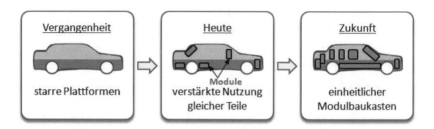

Ziele der Modularisierung

> **Ziele der Modularisierung**
> - Beherrschbarkeit von Komplexität
> - bessere Erweiterbarkeit und Wartbarkeit
> - bessere Verständlichkeit
> - größere Wiederverwendbarkeit
> - Schaffung neuer Systeme durch Rekombination von Modulen

Modularisierung bringt eine Reihe weiterer Vorteile mit sich, die den Softwareentwicklungsprozess direkt oder indirekt positiv beeinflusst. Beispielsweise können Module von verschiedenen Entwicklerteams unabhängig und parallel entwickelt werden, um den Herstellungsprozess des Gesamtsystems zu beschleunigen.

Um das Prinzip der Modularisierung konkret anwenden und ein System sinnvoll zerlegen zu können, ist eine genauere Betrachtung dessen, was ein Modul ist, notwendig. Der folgende Abschnitt geht dieser Frage nach und liefert das nötige Fundament für das spätere Verständnis von Java-Modulen.

1.2 Was ist ein Modul?

Die zuvor aufgeführten Ziele der Modularisierung liefern bereits eine Idee davon, was für Anforderungen Module erfüllen müssen, um von einem Modul sprechen zu können. Zunächst einmal erfüllt ein Modul einen abgeschlossenen Aufgabenbereich und beinhaltet die dafür nötigen Operationen und Daten.

Operationen eines Moduls

> **Definition: Operationen eines Moduls**
>
> Operationen spezifizieren, was ein Modul anderen Teilen des Systems an Funktionalitäten zur Verfügung stellt. Operationen sind ausführbare Methoden.

Die Kommunikation eines Moduls mit der Außenwelt, also der Zugriff auf das Modul und der Zugriff von diesem Modul auf andere Module, erfolgt über eindeutig spezifizierte Schnittstellen. Abbildung 1–2 zeigt den grundsätzlichen Aufbau.

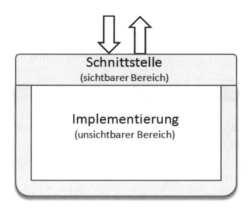

Abb. 1–2
Grundsätzlicher Aufbau eines Moduls

Das Modul fungiert als eine Art Behälter für Objekte, der aus einem unsichtbaren und einem sichtbaren Teil besteht. Der sichtbare Teil ist die Schnittstelle des Moduls und ist die Aufzählung derer Objekte (Datenstrukturen, Datentypen, Methoden, Module), die das Modul nach außen hin zur Verfügung stellt. Der Zugriff auf diese erfolgt über definierte Operationen in der Modulschnittstelle. Der unsichtbare Teil beherbergt die eigentliche Implementierung, also die ausimplementierten Operationen und Daten. Mit Abbildung 1–3 wird ein genauerer Blick auf den Aufbau eines Modules und die Verbindung zu anderen Modulen geworfen.

Zu sehen sind die drei Module A, B und C. Modul A stellt über eine Schnittstelle seine Operationen der Umgebung zur Verfügung. Hierbei wird von der Exportschnittstelle gesprochen. Innerhalb des Moduls

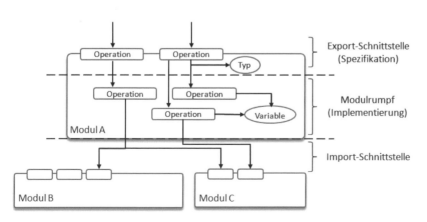

Abb. 1–3
Schematischer Aufbau eines Moduls

befinden sich die Implementierungen dieser Operationen. Wie auf der Abbildung zu sehen, benötigen einige der Operationen von Modul A, Operationen von den Modulen B und C. Um diese Operationen der anderen Module zu verwenden, müssen diese gezielt angefordert werden. Die entsprechende Referenzierung auf die Schnittstellen von Modul B und C erfolgt innerhalb von Modul A und wird als Importschnittstelle bezeichnet. Wenn im folgenden Text nur von Schnittstelle des Moduls die Rede ist, dann ist immer die Exportschnittstelle gemeint.

Export- und Imporstschnittstellen eines Moduls

Definition: Export- und Importschnittstellen eines Moduls

- Die Exportschnittstelle gibt an, welche Operationen und Daten anderen Modulen zur Verfügung gestellt werden.
- Die Importschnittstelle gibt an, welche Operationen und Daten ein Modul von anderen Modulen benötigt.

Um ein konkretes Beispiel zu wählen, zeigt Abbildung 1–4 die beiden Module Customer (*dt . Kunde*) und Account (*dt. Konto*) eines fiktiven Web-Shops. Das Modul Customer enthält alle kundenspezifischen Operationen und stellt unter anderem die beiden Operationen addCustomer und getCustomers über die Exportschnittstelle für die Umgebung zur Verfügung. Das Modul selber benötigt von dem anderen Modul Account, die beiden Objekte Orders (*dt. Bestellungen*) und Cancellations (*dt. Stornierungen*). Dieses Modul ist für alle Dinge rund um den Warenkorb zuständig.

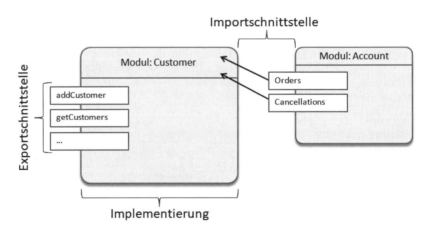

Abb. 1–4
Beispiel Module

Der Pseudocode zur Modul-Spezifikation von Kunde könnte so aussehen:

```
DEFINITION MODUL Customer {
      FROM Account IMPORT Orders, Cancellations;
      METHOD addCustomer(User user)
      METHOD getCustomers(List users)
      ...
}
```

Listing 1–1
Modul-Spezifikation von Kunde

Die Implementierung der Operationen eines Moduls können verändert werden, ohne dass die Schnittstelle zwingend angepasst werden muss. Zudem haben von außen zugreifende Module keine Kenntnis vom inneren Arbeiten des Moduls und benötigen diese auch nicht. Das Verbergen der Implementierungsdetails entspricht dem Geheimnisprinzip. Der Zugriff auf die Implementierung über Schnittstellen wird als Prinzip der Kapselung bezeichnet. Beides sind wesentliche Entwurfsprinzipien für die Erstellung modularer Systeme und werden daher im Folgenden genauer betrachtet.

> **Definition: Modul**
>
> - Zusammenfassung von Operationen und Daten zur Realisierung einer in sich abgeschlossenen Aufgabe
> - Kommunikation mit der Außenwelt nur über eine eindeutig spezifizierte Schnittstelle
> - Nutzung des Moduls möglich ohne Kenntnis des inneren Ablaufs
> - Korrektheit des Moduls durch Tests nachprüfbar ohne Kenntnis seiner Einbettung
>   (Anmerkung: In der Praxis werden Module meist zu mockende Abhängigkeiten besitzen.)

Modul

1.2.1 Geheimnisprinzip und Datenkapselung

Das Geheimnisprinzip (*engl. Information Hiding*) geht auf eine Arbeit von David L. Parnas im Jahre 1972 zurück [20]. Es bezeichnet ein Entwurfsprinzip für Module. Häufig wird das Geheimnisprinzip mit der Datenkapselung gleichgesetzt, was aber nicht ganz korrekt ist. Beim Geheimnisprinzip geht es rein um die Sichtbarkeit von Objekten. Es geht nicht um die Zugriffsrechte der außerhalb liegenden Objekte auf die nicht sichtbaren Objekte. Datenkapselung hingegen ist eine Verschärfung des Geheimnisprinzips und betrifft die Festlegung von Zugriffsrechten von äußeren Objekten. In diesem Sinne ist Datenkapselung eine Form von Information Hiding.

Dabei wird die Implementierung einer Datenstruktur von ihren sichtbaren Eigenschaften getrennt. Das Ergebnis wird als abstrakte Datenstruktur (also die Implementierung eines ADT (*Abstrakter Datentyp*)) bezeichnet, über welche dann der Zugriff erfolgt. Die eigentliche Datenstruktur ist nicht sichtbar. Konkret bedeutet das nichts anderes, als dass über eine Schnittstelle zugegriffen wird. Diese Schnittstelle besteht aus Operationen, die den Umgang mit der Datenstruktur beschreiben.

Auf Module bezogen bedeutet das Prinzip der Kapselung, dass das Modul als eine Art Blackbox betrachtet werden kann, die nur relevante Informationen nach außen gibt. Die Implementierung des Moduls hingegen bleibt hinter der Schnittstelle verborgen. Der Zugriff erfolgt ausschließlich über Zugriffsmethoden, die über die Schnittstelle zur Verfügung gestellt werden.

Das Geheimnisprinzip wird im Wesentlichen in drei Schritten angewandt:

1. Alle zusammenhängenden und veränderbaren Teile finden, die sich im Leben des Softwaresystems ändern könnten. In erster Linie handelt es sich um die Daten selber oder generell um Bereiche der Software, die sich vermutlich ändern werden.
2. Das System in Module aufspalten, wobei jedes Modul genau eine dieser Teile kapselt. Die so gekapselten Teile werden als Geheimnis bezeichnet.
3. Die Schnittstellen der Module entwerfen. Dabei sollten sich die Schnittstellen nicht ändern müssen, selbst wenn das Geheimnis geändert würde.

Die sich daraus ergebenden Vorteile sind vielfältig. Änderungen wirken sich nicht so stark auf das gesamte Softwaresystem aus, da diese nur innerhalb eines Moduls stattfinden, unabhängig von anderen. Oder die Änderungen beschränken sich zumindest auf ein paar wenige Module. Die Wiederverwendbarkeit, falls gewünscht, wird erhöht, liegen die Geheimnisse doch gekapselt vor. Die Verbindungen zwischen den Modulen sind zudem geregelt und übersichtlich.

> **Geheimnisprinzip (*engl. Information Hiding*)**
>
> Bezeichnet nach Parnas ein Entwurfsprinzip für Module.
>
> - Module verbergen Teile eines Softwaresystems, die als zusammenhängend und potenziell veränderbar identifiziert wurden.
> - Die Modul-Details bleiben nach außen hin verborgen und nur für den Aufrufer relevante Informationen werden gezeigt.

Geheimnisprinzip (Information Hiding)

Für die Modularisierung eines Systems, müssen neben der Kenntnis davon, wie ein Modul aufgebaut ist, noch weitere Fragen geklärt werden. Zum Beispiel, in wie viele logische Teile, also Module ein System aufgeteilt werden soll? Wie groß dürfen die Schnittstellen sein? Gibt es Probleme beim Aufbau einer Modulhierarchie? Diese und weitere Fragen ergeben sich zwangsläufig bei der Modularisierung und sind Gegenstand des nächsten Abschnitts.

1.3 Modularisierung eines Systems

Die eigentliche Kunst der Modularisierung liegt in der Aufteilung des Systems und der Definition der Schnittstellen, über welche die Module miteinander kommunizieren. Dabei muss zunächst die Frage beantwortet werden, welche Teile eines Softwaresystems zu Modulen zusammengefasst werden sollen. Danach rückt das Zusammenspiel der Module untereinander in den Fokus. Nachfolgend wird zunächst die grundsätzliche Vorgehensweise erläutert und danach werden Kriterien für den Entwurf vorgestellt, die Anhaltspunkte dafür liefern, wie eine gute Zerlegung in Module erarbeitet werden kann.

1.3.1 Entwurfsprozess für Module

Der in diesem Abschnitt beschriebene Entwurfsprozess von Modulen ist nur ein Teil des Gesamtprozesses für die Erstellung einer Architektur. Abbildung 1–5 zeigt den grundsätzlichen Ablauf beim Entwurf einer modularen Struktur.

1. Zerlegung in Module
2. Überprüfung der Kriterien (s. Kapitel 1.3.3)
3. Revision und Verfeinerung

Im ersten Schritt wird ein konkretes Entwurfsproblem in kleinere Teilprobleme zerlegt. Ziel ist die Komplexitätsreduzierung von einem komplexen Ausgangsproblem zu weniger komplexen Teilproblemen. Die

Abb. 1–5
Zerlegung des Entwurfsproblems in einem zyklischen Prozess

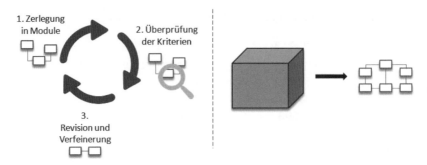

Teilprobleme werden als weitestgehend unabhängige Module abgebildet, die über eine möglichst einfache Struktur miteinander verbunden sind. In der Praxis erfordert dieser erste Schritt je nach System schon einige Erfahrung. Nicht jedes Problem lässt sich so leicht in weniger komplexe Teilprobleme aufteilen. Häufig wird sich einer mehrstufigen Zerlegung beholfen, in der zu große Module als Teilsysteme aufgefasst werden, die dann wiederum modularisiert werden. Die Schnittstelle eines solchen Teilsystems ist dann die Summe der Schnittstellen von den im Teilsystem enthaltenen Modulen. Wo die Module geschnitten werden, hängt immer vom konkreten Problem ab und ist zuletzt immer eine individuelle Angelegenheit, wo auch die Kreativität des Architekten gefragt ist.

Anhand von bestimmten Kriterien kann der Qualitätsgrad der bis dahin vorgenommenen Modularisierung überprüft werden. Diese Kriterien finden natürlich schon im ersten Schritt ihre Anwendung. Zudem müssen die Kriterien nicht sklavisch genau befolgt werden. Eine gute Architektur ist nie das alleinige Ergebnis von Regeln, die befolgt wurden.

Der dritte Schritt ergibt sich als Ergebnis aus dem vorangegangenen Schritt. Hier wird die Modularisierung verfeinert und korrigiert.

Die in den nächsten Abschnitten behandelten Entwurfstechniken und Entwurfskriterien helfen dabei, eine Zerlegung in Module vorzunehmen.

1.3.2 Entwurfstechniken

Die Aufteilung eines Entwurfsproblems in kleinere Teilprobleme ist kein trivialer Vorgang. Entwurfstechniken helfen hier bei der Aufteilung und der Zuordnung der gefundenen Teilprobleme zu Modulen. Das über alles thronende Prinzip ist das Prinzip der Abstraktion. Jede Aufteilung in Module ist immer das Ergebnis von Abstraktion, die als eine Basisqualifikation menschlicher Kognition in einer starken Ausprägung zugleich eine Schlüsselqualifikation des Softwarearchitekten ist. Bei der Abstraktion wird das Wesentliche vom Unwesentlichen getrennt, wodurch Ordnungen, Klassifizierungen und Einteilungen vorgenommen werden. Das Gegenstück der Abstraktion ist die Konkretisierung und die wechselnde Anwendung beider ist der Schlüssel für jede schrittweise Zerlegung eines Systems in Module.

Entwurfstechniken können nach verschiedenen Gesichtspunkten eingeteilt werden. Eine Einteilung nach der Richtung der Abstraktion zeigt Abbildung 1–6. Als Ausgangspunkt kann die allgemeine Lösung bzw. das Ergebnis, wie es sich für den Anwender der Software darstellt, genommen werden und davon ausgehend werden die Anforderungen abgeleitet. Diese Entwurfsrichtung wird als Top-down bezeichnet. Ein anderer Ausgangspunkt ist die Betrachtung einer konkreten Anforderung hin zur allgemeinen Lösung des Systems.

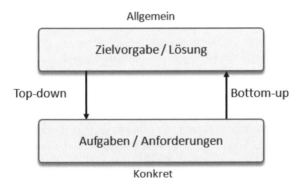

Abb. 1–6
Entwurfsrichtungen

Die nächsten Abschnitte beleuchten diese Vorgehensweisen im Kontext der Modularisierung genauer. Dabei geht es nur um die Darstellung der grundsätzlichen Vorgehensweisen und weniger um die Bewertung dieser oder eine Gegenüberstellung mit anderen Möglichkeiten, die den Rahmen der Kapitel sprengen würde. Beispielsweise ließe sich der Versuch eines umfassenden Lösungsentwurfs vor der Realisierung eines Systems (Big Design Upfront (BDT)) mit den folgenden Methoden kontrovers diskutieren. Verursacht dies zwar höhere Aufwände vor der Realisierung, birgt es aber auch das Potenzial, spätere Anpassungen durch Antizipation zu vermeiden, was eine Kosten-Nutzen-Abwägung im Vorfeld durchaus betrachtenswert macht.

Top-down

Bei der Top-down-Vorgehensweise liegt zu Beginn eine abstrakte Zielvorgabe für die Funktionalität des Systems vor. Mit abstrakter Zielvorgabe ist eine allgemeine Lösungsidee gemeint, die noch keinerlei Details

Top-down-Entwurf

für die Realisierung enthält. Die Vorgehensweise sieht nun so aus, dass die Zielvorgabe in Teilaufgaben zerlegt wird. Dabei handelt es sich um eine schrittweise Verfeinerung, wo die gefundenen Teilaufgaben so lange heruntergebrochen werden, bis ein für ein Modul geeignete Teilaufgabe entsteht. Hierbei wird auch von der Dekomposition des Systems gesprochen.

Eine Gesamtsicht als Ausgangslage bietet allgemein eine gute Möglichkeit zur Strukturierung und führt im Ergebnis genau zur gewünschten Zielvorgabe. Eine Herausforderung dabei ist, dass konkrete Realisierungsprobleme häufig erst später bekannt werden und die entstandenen Teillösungen bzw. Module häufig nicht unter dem Aspekt der Wiederverwendbarkeit betrachtet werden.

Die ausschließliche Anwendung dieser Vorgehensweise führt allerdings nicht unbedingt zu einer guten Modularisierung, sind Funktionen innerhalb von Modulen doch oft kreuz und quer in der Systemhierarchie verteilt.

Bottom-up

Bottom-up-Entwurf

Bei der Bottom-up-Vorgehensweise wird von konkreten Bausteinen ausgehend schrittweise das System zusammengestellt. Hierbei wird auch von der Komposition des Systems gesprochen. Es findet eine schrittweise Zusammensetzung von Bausteinen zu immer größeren Einheiten statt. Also konkrete in Klassen gegossene Teilaufgaben werden zu Modulen zusammengefasst, die wiederum zu größeren Einheiten zusammengesetzt das System ergeben.

Ein großer Vorteil bei dieser Vorgehensweise ist, dass Realisierungsprobleme frühzeitig auffallen und Teilaufgaben schnell gefunden werden. Für die Modularisierung ist diese Vorgehensweise sehr hilfreich, aber führt auch hier nicht unbedingt zum idealen Ergebnis. Die Herausforderung liegt hier darin, die Gesamtsicht im Auge zu behalten und das Ziel zu erreichen. Zudem wird die Entwicklung von Komponenten begünstigt, die in Anbetracht der späteren Gesamtschau für das System gar nicht nötig waren oder gar nicht mehr benötigt werden.

Up-And-Down

Kombination Top-down- und Bottom-up-Entwurf

Ein guter Entwurf ist meist die Summe von Erfahrung, Abstraktionsvermögen und Techniken. Bezüglich der beiden grundsätzlich Vorgehensweisen Top-down und Bottom-up hat sich neben anderen Techniken eine Kombination dieser beiden in der Praxis bewährt. Von erfahrenen Entwicklern und Architekten wird sie meist schon intuitiv angewendet.

Als Ausgangslage werden die Zielvorgabe des Systems und mögliche Lösungsbausteine für konkrete Funktionalitäten betrachtet. Hierbei wird die Zielvorgabe in Teilaufgaben zerlegt und diese werden durch die Bausteine konkretisiert. Was an dieser Stelle etwas abstrakt wirkt, sieht im objektorientierten Ansatz in etwa so aus, dass für einen konkreten Baustein, für eine konkrete Aufgabe, die benötigten Objekte identifiziert und für die daraus resultierenden Klassen, die erforderlichen Methoden ermittelt werden. Mit den entstehenden Klassen können wiederum größere Einheiten wie z. B. Module erstellt werden, die die Teilaufgabe erfüllen. Diese Technik unterstützt die Erstellung von Modulen und den Entwurf einer möglichst ökonomischen Lösung unter der Berücksichtigung der Zielvorgabe. Die Herausforderung hier ist die wechselseitige Bearbeitungsrichtung, die eine strukturierte Vorgehensweise beeinträchtigen kann.

Das folgende Kapitel beschäftigt sich mit der Beurteilung der Modularisierungsqualität eines Systems und den Entwurfskriterien zur Erstellung von Modulen.

1.3.3 Entwurfskriterien zur Modularisierung

Die Softwaretechnik liefert eine Reihe von Kriterien, die zur Beurteilung der Modularisierungsqualität eines Systems herangezogen werden können und dabei helfen, Module zu entwerfen und deren Zusammenspiel zu berücksichtigen. Dabei stellen diese Kriterien Empfehlungen und Richtwerte dar und sind je nach System unterschiedlich zu gewichten. In den folgenden Abschnitten werden diese Kriterien kurz vorgestellt und erläutert.

Entwurfskriterien zur Modularisierung eines Systems

Bei der Modularisierung sind folgende Entwurfskriterien zu berücksichtigen:
- Modulgeschlossenheit
- Maximale Modulbindung
- Minimale Modulkopplung
- Minimale Schnittstelle
- Modulanzahl
- Modulgröße
- Testbarkeit
- Seiteneffektfreiheit
- Importzahl
- Modulhierarchie

Entwurfskriterien zur Modularisierung

Modulgeschlossenheit

Modulgeschlossenheit bedeutet, dass ein Modul für eine in sich geschlossene Aufgabe zuständig ist. Durch die Forderung nach Modulgeschlossenheit, wird erreicht, dass Module ausgetauscht werden können und dadurch die Flexibilität und die Erweiterbarkeit des Systems erhöht werden. Zudem führen Änderungen an der Aufgabe nur zu Änderungen in dem Modul und lassen andere Module außen vor.

Modulbindung und Modulkopplung

Das Hauptziel der Modularisierung ist die Verminderung von Komplexität. Wenn allerdings die Anzahl der Module im Verhältnis zur Gesamtgröße des Systems in keinem vernünftigen Verhältnis steht, kann dies wiederum die Komplexität erhöhen. In diesem Fall würden sehr viele Schnittstellen existieren und es gäbe viele Abhängigkeiten zwischen den Modulen. Unter diesem Gesichtspunkt kann Modularisierung eine echte Herausforderung sein. Bei der im Folgenden vorgestellten Modulbindung (Kohäsion) und Modulkopplung geht es generell um Abhängigkeiten. Die Kohäsion handelt von Abhängigkeiten innerhalb eines Moduls und die Kopplung von Abhängigkeiten zwischen Modulen. Abbildung 1–7 stellt den Zusammenhang zwischen der Modulkopplung und Modulbindung grafisch dar.

Abb. 1–7
Zusammenhang Kopplung und Bindung

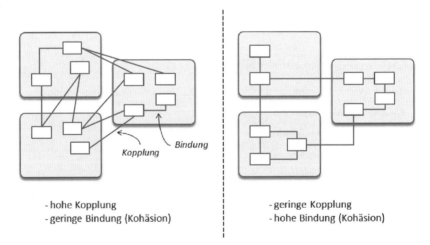

Maximale Modulbindung

Modulbindung (Kohäsion) Die Modulbindung ist der Grad für den inneren Zusammenhang eines Moduls. Dieser sollte möglichst groß sein. Groß bedeutet, dass alle logisch zusammengehörigen Operationen und Daten für die Lösung einer Aufgabe in einem Modul zusammengefasst sind, sodass das Modul die Aufgabe lösen kann. Eine starke Kohäsion bedeutet also, dass ein Modul für genau eine Aufgabe verantwortlich ist und nur die Operationen und Daten enthält, die für die Lösung der Aufgabe relevant sind.

Bei der Modularisierung wird eine maximale Modulbindung angestrebt. Das Extrem der Auslagerung jeder Methode in ein separates Modul wäre unsinnig, weil hier gar keine Modulkohäsion mehr vorhanden wäre, und das Ergebnis ist eine maximale Modulkopplung. Letzteres ist zu vermeiden, wie im nächsten Abschnitt erläutert wird.

Es werden verschiedene Arten der Bindung unterschieden:

- *Zufällig*: Bei dieser Art der Bindung zwischen Elementen des Moduls liegt keine sinnvolle Beziehung vor.
- *Logisch*: Hierbei handelt es sich um logische Beziehungen zwischen den Elementen.
- *Zeitlich*: Bei zeitlichen Bindungen werden Elemente eines Moduls gleichzeitig ausgeführt.
- *Prozedural*: Ein Element übergibt die Kontrolle an das nächste Element.
- *Sequenziell*: Das Ergebnis eines Elementes wird als Eingabe dem nächsten Element übergeben.
- *Informal*: Mehrere Elemente eines Moduls operieren auf der gleichen Datenstruktur.
- *Funktional*: Alle Elemente eines Moduls behandeln eine abgeschlossene Aufgabe.

In Zusammenhang mit der Kohäsion sei auf das Prinzip der Trennung von Verantwortlichkeiten (*engl. Separation of Concerns*) verwiesen, welches allgemein besagt, dass verschiedene Aspekte eines Problems getrennt voneinander und jedes Teilproblem separat für sich behandelt werden sollte. Damit wird also genau das zuvor Beschriebene gefordert, dass jedes Modul genau eine Verantwortung übernehmen soll und somit jede Verantwortung genau einem Modul zugeordnet werden kann. Zu unterscheiden ist dieses Prinzip vom Prinzip der eindeutigen Verantwortlichkeit (*engl. Single-Responsibility-Prinzip (SRP)*). Die von Robert C. Martin ([17] »Es sollte nie mehr als einen Grund geben, eine Klasse zu ändern«) eingeführte Bezeichnung ist inhaltlich für die Modularisierung ebenfalls sehr hilfreich. Sie besagt, dass eine Modularisierung auf Basis von Änderungserwartungen erfolgen sollte und nicht nach den eigentlichen Entitäten. Dieses Prinzip ist noch viel näher an der Forderung nach hoher Kohäsion dran. Es wird eine Beziehung zwischen dem Modul, einer Entität der Software und einer außerhalb der Software liegenden Eigenschaft bezeichnet. Die außerhalb liegende

Eigenschaft ist die Annahme über künftige Anforderungsänderungen. Hohe Kohäsion auf Basis von Änderungserwartungen zu präzisieren strebt dem Ideal nach, dass Änderungsanforderungen innerhalb eines Systems nur Änderungen in einem eng begrenzten Bereich betreffen.

Minimale Modulkopplung

Modulkopplung Die Modulkopplung ist ein Grad für die Anzahl der Verbindungen zwischen Modulen. Verbindungen zwischen Modulen bedeutet auch Abhängigkeiten zwischen Modulen. Daher sollte die Modulkopplung minimiert werden. Eine hohe Kopplung hat zudem Auswirkungen auf die Anzahl von nötigen Schnittstellen. Dies kann die Komplexität wiederum erhöhen und Fehler begünstigen und der Umfang an Daten, die zwischen den Modulen transferiert werden, erhöht sich. Zudem bedeuten Abhängigkeiten zwischen Modulen, dass die Lösung einer Anforderung auf mehrere Module verteilt ist. Das ist nicht falsch, aber sollte beachtet werden.

Bei der Modularisierung wird eine minimale Modulkopplung angestrebt. Ein Extrem wäre die maximale Minimierung der Kopplung durch die Definierung eines einzigen Moduls (monolithische Software-Architektur). Es gäbe dann neben diesem Modul kein weiteres, mit welchem das Modul gekoppelt wäre. Bei einem nur etwas größeren System wäre dieser Ansatz allerdings schlecht, da Kohäsion, also die Modulbindung, minimal wäre. Sämtliche Implementierungen wären in diesem Modul enthalten. In Anbetracht einer geringeren Modulkopplung kann es in machen Situationen auch angebracht sein, Code zu duplizieren. Dies ganz im Gegensatz zum Prinzip DRY (Don't repeat yourself), welches duplizierten Code verbietet.

Modulanzahl

Die Modulanzahl bezeichnet die Summe aller Module und ergibt sich aus der optimalen Balance zwischen Modulbindung und Modulkopplung. Abbildung 1–8 macht diesen Zusammenhang klar.

Mit steigender Anzahl der Module nimmt die Modulkopplung zu, während die Modulbindung abnimmt. Dort, wo sich die Modulbindungs- und Modulkopplungslinie schneiden, liegt das Optimum. Genau hier ist die Gesamtkomplexität des Systems am geringsten.

Modulgröße

Kleine Module

Eine generelle Aussage über die optimale Modulgröße zu treffen, ist nicht möglich. Auf der einen Seite ist ein kleines Modul gut zu überschauen und zu verstehen. Kleine Module könnten hingegen die Modulzahl erhöhen. Die Modulgröße ist ein Wert, der sich eher aus dem

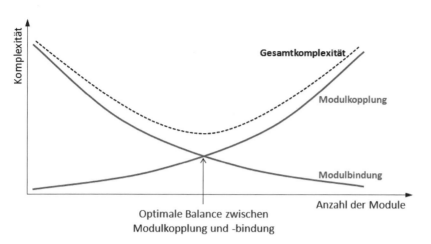

Abb. 1–8
Optimale Balance zwischen Kopplung und Bindung

betreffenden Projekt selber und der Erfahrung ergibt. Ein erster pragmatischer Ansatz ist, ein Modul in seinem Umfang und seiner Komplexität so zu gestalten, dass es von einem Entwickler in überschaubarer Zeit verstanden werden kann. Außerdem ist es gut, wenn für das Verstehen des Moduls keine anderen Module mit betrachtet werden müssen.

Schnittstelle

Die Schnittstelle eines Moduls sollte möglichst klein sein. Der Grund dafür ist die Forderung nach einer minimalen Modulkopplung. Hat das Modul eine große Schnittstelle, besteht die Gefahr, dass viele andere Module dort andocken und damit die Modulkopplung steigt. Eine zu große Schnittstelle könnte auch ein Hinweis auf ein inhaltlich zu großes Modul sein. Eine kleine Schnittstelle, dies meint auch eine geringe Anzahl von Parametern, mindert erheblich die Gefahr einer hohen Modulkopplung.

Kleine Schnittstellen

Eine Ausnahme bilden Bibliotheksmodule, die zum Beispiel eine Sammlung von Berechnungsalgorithmen zur Verfügung stellen. Hier ist die Schnittstelle zwangsläufig groß und das Modul erfüllt keine einzelne Aufgabe. An diesem Beispiel ist schon zu erkennen, dass die Anwendung der Kriterien flexibel gehalten werden muss.

Testbarkeit

Das Modul sollte unabhängig vom Gesamtsystem testbar sein. Dabei unterstützt eine kleine Schnittstelle einen geringeren Testaufwand. Eine hohe Modulkopplung hingegen verschlechtert die Testbarkeit.

Unabhängiges Testen von Modulen

Seiteneffektfreiheit

Keine Seiteneffekte unter den Modulen

Mit Seiteneffektfreiheit ist gemeint, dass ein Modul keine Nebenwirkungen auf andere Module hat. Beispielsweise dürfen Änderungen in einem Modul keine Auswirkungen auf andere Module haben. Ein Modul muss immer durch ein anderes Modul gleicher Schnittstelle austauschbar sein. Die Seiteneffektfreiheit leidet, wenn eine Aufgabe auf mehrere Module verteilt ist, was sich in der Praxis allerdings nicht immer vermeiden lässt.

Importzahl

Wenige Importe

Die Importzahl gibt an, wie viele Module ein Modul verwendet. Ist diese Zahl groß, kann dies ein Hinweis auf eine zu hohe Modulkopplung sein. In diesem Fall sollte auch die Seiteneffektfreiheit überprüft werden. Ist diese Zahl sehr gering, kann dies für ein zu großes Modul sprechen.

Wenn ein Modul von sehr vielen Modulen eingebunden wird, lohnt sich ebenfalls ein genauerer Blick. Eventuell ist die Modulbindung sehr gering und es liegt eine lose Sammlung von Methoden vor.

Modulhierarchie

In einem modularen System benutzen Module andere Module. Daraus ergibt sich meistens eine hierarchische Struktur (eine mögliche Ausnahme wären z. B. Module in Peer-to-Peer Netzwerken). Solch eine Hierarchie sollte beim Entwurfsprozess ebenfalls Berücksichtigung finden. Zunächst einmal sollte auf Zykelfreiheit der Modulaufrufe geachtet werden. Zykelfrei bedeutet, dass man von einem Modul über dessen Beziehungen, die es zu anderen Modulen hat, die wiederum Beziehungen haben können, nicht wieder zu diesem zurückkommt. Eine solche Struktur wird als gerichteter azyklischer Graph bezeichnet. In der Praxis werden eher selten komplett zykelfreie Architekturen vorgefunden und es werden auch immer wieder Argumente für das Erlauben von Zyklen diskutiert. Empfohlen wird an dieser Stelle aber die Vermeidung von Zyklen innerhalb einer Modulhierarchie. Denn ein Modul innerhalb einer zyklischen Struktur zu verstehen und Änderungen vorzunehmen, gelingt meist nur durch die Betrachtung aller im Zyklus liegender Module, was die Wartung und Weiterentwicklung erheblich erschwert. Zudem können zyklisch verknüpfte Module nicht isoliert getestet werden, da alle am Zyklus beteiligten Module notwendig sind. Auch das Arbeiten mit Mocks vereinfacht die Sache hier nicht. Die Verfolgung eines Ansatzes, wo Module separat ausgeliefert und deployed werden, funktioniert nicht mit zyklischen Abhängigkeiten.

Wie letztendlich die Modulhierarchie aufgebaut wird, hängt wieder ganz individuell vom zu entwerfenden System ab. Die Modulhierarchie großer Systeme wird häufig in Schichten unterteilt. Dabei kommt den Modulen auf der obersten Schicht eine steuernde, koordinierende Aufgabe zu. Auf den danach folgenden Schichten nimmt der Grad der Verantwortung für den Ablauf des Gesamtsystems der einzelnen Module ab. Nach der obersten Schicht könnten Module folgen, die konkrete Probleme lösen mit algorithmischer Technik. Auf einer Schicht danach könnten nur noch Hilfsmodule ihren Platz finden, die häufig benutzte Operationen vorhalten, also z. B. Bibliotheksmodule.

1.3.4 Probleme bei der Modularisierung

Bei der Modularisierung großer Systeme treten häufig Probleme auf, die die Einhaltung der vorgestellten Entwurfskriterien erschweren oder auf den ersten Blick sogar verhindern. Das Modul soll beispielsweise klein sein, aber die Entwurfsprobleme sind schwer herunterzubrechen. Oder es werden kleine Module entworfen, aber deren Anzahl ist auf einmal gar nicht mehr klein und überschaubar. Auch das angestrebte Ziel weniger und minimaler Schnittstellen gerät häufig zu einer Herausforderung. Eine am Anfang des Kapitels erwähnte Lösung wäre die mehrstufige Zerlegung. Daneben gibt es weitere Lösungsansätze aus der Softwaretechnik für verschiedene auftretende Probleme. Da das vorliegende Buch allerdings kein allgemeines Buch über Softwaretechnik ist, wird an dieser Stelle nur ein Problem herausgegriffen, auf das man bei der Modularisierung früher oder später immer stößt.

Cross-Cutting Concerns

Wie bisher gezeigt wurde, ist Modularisierung das wesentliche Prinzip zur Beherrschung der Komplexität eines Systems. Das Gesamtsystem wird in kleinere, weniger komplexe Bestandteile zerlegt, die unabhängig voneinander alleine für eine Aufgabe zuständig sind. Und genau hier liegt eines der größten Probleme bei der Modularisierung. Aufgaben sind oftmals nicht sauber voneinander zu trennen. Es gibt Aufgaben, die sich nicht so einfach in ein Modul packen lassen, weil sie nicht unabhängig von anderen betrachtet werden können.

Cross-Cutting Concerns

Beispiele hierfür sind Maßnahmen für die Sicherheit und Authentifizierung oder das Logging. Es könnte beispielsweise notwendig sein, in verschiedenen Modulen die Zugriffsrechte des angemeldeten Benutzers zu prüfen, um eine Entscheidung darüber zu treffen, ob der Programmcode im gegebenen Kontext ausgeführt werden darf oder nicht. Oder aber in den Modulen ist eine Logging-Ausgabe gewünscht. Solche Aufgaben stellen sich an vielen Stellen des Systems und müssten eigentlich in jedem Modul wiederholt implementiert werden. Allgemeine Aufgaben dieser Art werden auch als Querschnittsaufgaben (*engl. Cross-Cutting Concerns*) bezeichnet im Gegensatz zu den Kernaufgaben (*engl. Core Concerns*). Die Bezeichnung kommt daher, dass Querschnittsaufgaben die Kernaufgaben oder auch andere Querschnittsaufgaben quer schneiden.

Core Concerns

> **Definition Cross-Cutting Concerns**
>
> Bei Cross-Cutting Concerns (dt. übergreifende Anliegen/Aufgaben) handelt es sich um querschnittliche Aufgaben in einem System, für die es keine Zerlegung in Module gibt und die damit nicht in eine hierarchische Modularisierungsstruktur aufgenommen werden können. Bei solchen Aufgaben handelt es sich häufig um nichtfunktionale Anforderungen wie z. B. Sicherheitsaspekte, die zur Behandlung grundlegender Anforderungen an ein System dienen.

Definition Cross-Cutting Concerns

Beispiele für Cross-Cutting Concerns sind:

- Fehlerprüfung
- Persistierung von Daten
- Datenerfassung
- Sicherheit und Authentifizierung
- Logging

> **Definition funktionale und nichtfunktionale Anforderungen**
>
> - Funktionalen Anforderungen beschreiben, was ein System machen soll.
> - Nichtfunktionale Anforderungen geben an, wie gut ein System etwas macht. In diesem Sinne entsprechen nichtfunktionale Anforderungen eher einer Beschreibung bzgl. der Qualität oder Randbedingung.

Definition funktionale und nichtfunktionale Anforderungen

Zur Lösung der mit den Querschnittsaufgaben einhergehenden Aufgaben gibt es verschiedene Ansätze. Beispiele hier sind:

- Design-Pattern: Zum Beispiel das Observer-Pattern für ein übergreifendes Logging oder die Prüfung von Sicherheitsaspekten
- Inversion auf Control: Beispielsweise wird der Container während des Kontrollflusses aktiv zum Lösen der Aufgabe.
- Aspektorientierte Programmierung: Querschnittsaufgaben werden als Aspekte modelliert

Die Java-Welt bietet verschiedenste Möglichkeiten zur Behandlung von Querschnittsaufgaben, z. B. Interceptors von CDI, den EJB-Container im JavaEE-Kontext oder den PhaseListener von JSF, um nur einige wenige zu nennen.

1.4 Warum modularisieren?

Im vorherigen Kapitel wurde das Prinzip der Modularisierung vorgestellt und darauf eingegangen, was ein Modul ist und was bei der Modularisierung eines Systems zu beachten gilt. Dabei wurde bereits auf den Zusammenhang zwischen der Modularisierung und der Langlebigkeit von Architekturen eingegangen. Dieses Kapitel beschäftigt sich weiter mit diesem Zusammenhang und geht der Frage nach, wie sich die Modularisierung auf die Langlebigkeit von Architekturen auswirkt und warum Softwaresysteme überhaupt modularisiert werden sollten.

Abb. 1–9
Wesentliche Aspekte der Modularisierung

Beim Versuch der Verdichtung aller Inhalte des vorangegangenen Kapitels lassen sich drei wesentliche Aspekte der Modularisierung identifizieren (Abbildung 1–9):

1. Starke Kapselung
2. Wohldefinierte Schnittstellen
3. Explizite Abhängigkeiten

Wie bereits beschrieben, bedeutet starke Kapselung, dass der Zugriff auf die Implementierungen des Moduls nur über Schnittstellen erfolgt und die eigentlichen Implementierungsdetails nach außen hin verborgen bleiben (*Geheimnisprinzip*). Zudem sollte ein Modul für eine klar definierte Aufgabe zuständig sein. Schnittstellen von Modulen sollten wohldefiniert sein, damit andere Module wissen, wie sie zugreifen können und was für Funktionalitäten das Modul überhaupt zur Verfügung stellt. Die expliziten Abhängigkeiten beschreiben, von welchen Modulen ein anderes Modul abhängt. Ohne diese explizite Definition wäre eine Wissen darüber, wie die Module untereinander abhängen und kommunizieren, nur schwer möglich.

Aber was macht die Modularisierung so besonders? Warum sollte Modularisierung angewendet werden? Und warum ist Modularisierung so ein wichtiges Thema, ist diese schriftlich fixiert doch seit Anfang der 70er-Jahre bekannt?

Moderne Softwaresysteme laufen oft in einem komplexen und dynamischen Umfeld, was einen hohen Anspruch an die Anpassungsfähigkeit der Software erfordert, um Änderungen und Anpassungen schnell durchzuführen. Modularisierung hilft dabei, Systeme in fachlich sinnvolle und autonome Einheiten aufzuteilen, die einzeln gut beherrschbar sind und damit den Bau wartbarer und langlebiger Architekturen unterstützt.

Das Ziel von langlebigen Architekturen ist

1. Reduzierung von Entwicklungs- und Wartungskosten durch die
2. Vermeidung von langen Änderungszeiten.

Dies wird erreicht, wenn sich der Entwickler schnell im Softwaresystem zurechtfindet. Wobei das für die Entwickler, die von Anfang an die Entstehung eines Systems begleitet haben, ebenso gelten muss, wie auch für Entwickler, die erst nach Jahren neu zum Projekt stoßen und primär mit Wartungs- und Weiterentwicklungsaufgaben betreut werden. Ein Softwaresystem sollte auch nach Jahren verständlich und nachvollziehbar sein, was primär durch Strukturierung zu erreichen ist. Die Modularisierung als strukturgebender Prozess unterstützt eben diese Verständlichkeit.

Ein Entwickler versteht den dem System zugrunde liegenden Programmcode am ehesten, wenn der Entwickler Strukturen erkennt. Dabei sollte sich das Gesamtsystem aus modularen Bausteinen aufbauen, die jeweils für eine bestimmte Aufgabe zuständig sind. Durch diese klare Aufgabenverteilung ist dann leichter ersichtlich, welcher Baustein welche anderen benutzt, wodurch sich automatisch eine hierarchische Struktur ergibt. Dadurch können Teilbereiche des Softwaresystems aus dem Gesamtkontext herausgelöst betrachtet und verstanden werden und dies trägt erheblich dazu bei, Komplexität zu reduzieren. Wichtig ist dies, weil bei Änderungen oder Weiterentwicklungen der Entwickler zunächst, entsprechend der Anforderung, die zu ändernden oder zu ergänzenden Programmteile identifizieren muss. Bei nur unzureichend modularisierten Systemen kann dieser Prozess bereits sehr viel Zeit kosten.

In vielen Projekten ist auch heute noch zu beobachten, dass zwar eine Modularisierung stattfindet, dies auf höheren Abstraktionsebenen aber sehr vernachlässigt wird, was dann die Kosten für die Wartung und Weiterentwicklung in die Höhe treibt. Häufig sind Projekte in diesen Umgebungen so aufgebaut, dass die Architektur zunächst relativ gut auf die Klassen und Pakete abgebildet ist und diese den Vorgaben der Architektur entsprechend wiederum in Unterprojekte gegliedert werden. Diese Teilprojekte bzw. Paketstrukturen bilden dann zu einzelnen Build-Artefakten gebaut, also einzelne JARs, zusammen die Anwendung. Mit den Teilprojekten wird eine Modularisierung auf höherer Ebene versucht, was nach Definition aber schon daran scheitert, dass normale JARs keine Module sind. Problematisch wird es, wenn der Modularisierungsgedanke auf dieser Ebene nicht weiter beibehalten wird. Häufig passiert dies durch neue Anforderungen im Projekt, wodurch nach und nach die Architektur verwässert. Meist geht bei solchen Projekten der Modularisierungsgedanke aber auch nicht über die Klassen und Komponentenebene hinaus. Die ersten Probleme zeigen sich dann bei Änderungen, wo zunächst die betroffenen Programmteile zu identifizieren sind. Wenn man für das Verstehen dieser relevanten Systemteile schnell auf die Klassenebene gerät, muss häufig ein reines Bottom-up-Programmverstehen angewendet werden. Das heißt, es werden die Funktionen der Methoden in den Klassen betrachtet, um dann zu verstehen, wofür die gesamte Klasse verantwortlich ist, und um danach die Beziehungen zu den anderen Klassen zu erforschen. Diese Vorgehensweise benötigt viel Zeit und würde erheblich beschleunigt, wenn auch ein Top-down-Programmverstehen möglich wäre durch Identifizierung des richtigen Moduls mit einer aussagekräftigen Schnittstelle und in diesem Untermodule oder bekannte Muster auffindbar wären. Hier lässt sich bereits erkennen, dass die sauberste Implementierung am Ende nicht viel wert ist, wenn die Struktur des Systems nicht gut ist.

Wenn solche Architekturen auf Modularität untersucht werden, zeigt sich sehr oft, dass doch wieder alles miteinander verzahnt ist und das Zurechtfinden im Programmcode sehr aufwendig ist. Und wenn dann noch Teilprojektänderungen Seiteneffekte in anderen Projekten nach sich ziehen, dann steigen die Wartungskosten mit absoluter Sicherheit.

Um den Prozess des Programmverstehens und der -änderung schnell durchführen zu können, ist es wichtig, Modularisierung auf allen Abstraktionsebenen zu betreiben, wobei uns das Java-Modulsystem bei der Modularisierung oberhalb der Paketebene unterstützt. Natürlich sollten darüber hinaus auch alle anderen Möglichkeiten, die uns die Softwarearchitektur für die Strukturierung von Systemen an die Hand gibt, ausgenutzt werden, z. B. Hierarchisierung, Entwurfsmuster und auch die im vorangegangenen Kapitel behandelten Modularisierungskriterien. Da dies aber kein reines Buch über Softwaretechnik ist, sei an dieser Stelle auf die einschlägige Literatur zur weiteren Beschäftigung verwiesen.

Modularisierung hilft uns, Softwaresysteme besser zu strukturieren, wodurch sich der Entwickler erheblich schneller im Programmcode zurechtfindet, was wiederum die Kosten für Änderungen und Weiterentwicklungen erheblich reduziert. Modularisierung ermöglicht aber noch etwas Weiteres, und zwar sorgt sie für Autonomie. Je nachdem, was der Entwickler möchte, lassen sich Module als autonome Einheiten derart schneiden, dass diese die

1. Unabhängigkeit von Teams,
2. unabhängige Implementierung und damit Wartung und Anpassbarkeit und
3. unabhängige Auslieferbarkeit der Teilsysteme

ermöglicht.

Modularisierung ist ein machtvolles Instrument für das Bauen von wartunsgfreundlichen und langlebigen Architekturen.

1.5 Zusammenfassung

In diesem Kapitel wurde zunächst das grundlegende Prinzip der Modularisierung vorgestellt. Es wurde erklärt, was unter Modularisierung verstanden wird und was genau ein Modul ist. Zudem wurden Kriterien behandelt, die das Entwerfen von Modulen unterstützen.

Die Modularisierung dient der Zerlegung eines Systems in Teilsysteme und Komponenten und deren sinnvollen Anordnung zueinander. Das Ziel hierbei ist die Abbildung der logischen Struktur der Anwendung und die Komplexitätsreduzierung durch die Definition klarer Grenzen und Verantwortlichkeiten der Module. Letzteres ist besonders wichtig, da ein Modul als Behältnis für eine klar abgegrenzte Funktion und eines Aufgabenbereiches dient. Es reduziert die Fehleranfälligkeit durch die Vermischung unterschiedlicher Aufgaben und unterstützt die Kopplung der Teilsysteme über wohldefinierte Schnittstellen eine Nachvollziehbarkeit der Kommunikationswege zwischen den Modulen und beschreibt deren Beziehung zueinander.

Es hat sich gezeigt, dass eine gute Modularisierung als Teil einer guten Gesamtarchitektur nicht automatisch entsteht, sondern eine starke Berücksichtigung schon beim Entwurf des Softwaresystems finden muss. Ein Modul sollte unabhängig von anderen Modulen verständlich sein, eine hohe Bindung und im Verbund mit anderen eine niedrige Kopplung aufweisen.

Für die Erreichung hoher Qualitätseigenschaften gilt beim Modularisierungsprozess das Gleiche wie beim Entwurf einer Gesamtarchitektur: die Berücksichtigung von Änderbarkeit, Wartbarkeit, Fehlerrobustheit, Flexibilität und Wiederverwendbarkeit schon während des Entwurfs. Viele dieser Dinge lassen sich bereits erreichen, wenn dem

Prinzip der Einfachheit gefolgt wird. Nicht alles muss verallgemeinert werden, was häufig nur wieder zu einer Komplexitätssteigerung führt. Komplexität sollte immer nur in dem Maße eingesetzt oder zugelassen werden, wie es für den jeweiligen konkreten Fall angemessen erscheint. Dies ist natürlich vor allem eine Frage der Erfahrung und es gilt, dass im Zweifel immer die weniger komplexe Variante gewählt werden sollte.

Modularisierung ist ein wichtiger Aspekt beim Bau von langlebigen Architekturen und sollte gerade hinsichtlich der Wartung und Weiterentwicklung eines Softwaresystems ihre Verwendung finden.

2 Der Weg zum Java-Modulsystem

Die Überlegungen zu einem Java-Modulsystem blicken auf eine lange Historie zurück (siehe Abbildung 2–1) und fanden sich erstmalig im Jahre 2005 konkretisiert in einem Java Specification Request (JSR) 277 wieder. Bei dem damals noch von Sun Microsystems vorangetriebenen Versuch, ein Java-Modulsystem in die Spezifikation einzuführen, ging es unter anderem um Modul-Versionierung, die Einführung eines neuen Distributionsformats und eines Repository für das Packaging von Java-Code. Einer der Hauptkritikpunkte war damals die mangelnde Flexibilität, da Servicemodule nicht während des laufenden Betriebs geladen oder deaktiviert werden konnten. Das Laden von neuen Modulen ging nur über einen Neustart der Java Virtual Machine (JVM). Über eine Draft-Version kam der Vorschlag nie hinaus und wurde später zurückgezogen.

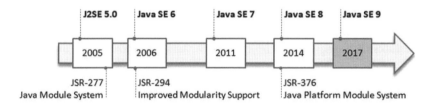

Abb. 2–1
Historie der Java-Modularisierung

Das gleiche Schicksal ereilte den Java Specification Request (JSR) 294 bei der Einführung von sogenannten Superpackages, mit denen Java und die Java Virtual Machine (JVM) erweiterbar werden sollten, um eine modulare Softwareentwicklung zu ermöglichen.

Ebenfalls im Jahre 2006 wurde von IBM zusätzlich der JSR-291 eingebracht, der das Ziel verfolgte, wesentliche Teile der mit OSGi im Jahre 2000 eingebrachten Spezifikation zur Java-Modularisierung, in die Java-Spezifikation aufzunehmen. Damit sollte ein dynamisches Komponenten-Framework spezifiziert werden, das bereits vorhandene, auf dem OSGi-Komponenten-Modell basierende Java-Anwendungen unterstützt. Auch dies führte letztlich nicht zur Aufnahme eines Modulsystems in den Java-Standard.

Das Projekt Jigsaw (*engl. Puzzle*) wurde im Jahre 2008 angekündigt, aber fand seinen Weg in einen JSR erst im Jahre 2014. Mit Jigsaw sollte das von der Entwicklergemeinde lang ersehnte skalierbare und standardisierte Modulsystem für die Java-Plattform Einzug erhalten. Dabei sollte nicht nur ein Modulsystem für Java-Anwendungen entstehen, sondern auch eine modulare Java-Plattform erschaffen werden. Obwohl bereits 2011 erste Entwürfe vorlagen, führten zahlreiche technische Probleme zu stetigen Verzögerungen. Nicht zuletzt das JDK selber mit seiner gewachsenen Größe stellte sich als ein nur schwer zu modularisierender, komplexer Monolith dar. Somit wurde das ursprünglich für Java 7 angekündigte Modulsystem auf Java 8 verschoben und schließlich final für Java 9 angekündigt.

Der Wunsch nach einem Modulsystem und nach einer modularisierten Plattform besteht also schon seit langer Zeit. Die dringende Notwendigkeit, vor allem nach Letzterem, kristallisiert sich zudem bereits seit vielen Jahren heraus. Hat das JDK 1.0 im Jahre 1996 noch eine Download-Größe unter 10 Mb gehabt, liegt die Download-Größe bei der Version 8 schon deutlich über 200 Mb. Früher war dies kein Problem, aber in Zeiten von Continuous Delivery, wo Deployment-Artefakte regelmäßig als Docker-Container installiert werden, und dem Internet of Things (IoT), wo Java SE auch auf kleinen, leistungsschwachen Geräten eingesetzt werden soll unter Berücksichtigung ausreichender Sicherheit und Performance, spielt die Modularisierung des JDK eine wichtige Rolle. Dadurch sollen nahezu beliebig zusammenstellbare Laufzeitumgebungen erstellt werden können, unter gleichzeitiger Berücksichtigung einer erhöhten Sicherheit, die durch eine modulbedingte, bessere Isolation von JVM-Interna untereinander erreicht werden soll, und einer Erhöhung der Laufzeitgeschwindigkeit durch die Berücksichtigung sich durch die Modularisierungen ergebender, neuer Möglichkeiten.

Die mit Jigsaw verfolgten wichtigsten Ziele sind:

- Skalierbarkeit der Java SE-Plattform durch benutzerdefinierte Run-Time Images
- Erhöhung der Sicherheit und Wartbarkeit der Java SE-Plattform
- Startup-Performance
- Vereinfachung beim Bau und bei der Verwaltung von Bibliotheken und Anwendungen, sowohl für Java SE und Java EE
- Explizite Abhängigkeitskontrolle, die Definition lose gekoppelter Services und die zuverlässige Konfiguration (*engl. Reliable Configuration*)
- Einfache Handhabbarkeit

Zuverlässige Konfiguration meint die Ablösung des Classpath und der damit einhergehenden Problematik, dass bei dem mehrfachen Vorkommen einer Klasse, alleine die Reihenfolge, in der die Klassen geladen werden, darüber entscheidet, welche Instanz geladen wird, durch Einführung eines Modul-Path und die Deklarierung von Modul-Abhängigkeiten.

Zur Beschreibung der zu erledigenden unterschiedlichen Aufgaben auf dem Weg zu einem Java-Modulsystem wurden die folgenden JDK Enhancement Proposals (JEPs) erstellt:

- **JEP 200:** The Modular JDK: Definierung einer modularen Struktur für das JDK.
- **JEP 201:** Modular Source Code: Reorganisierung des JDK-Quellcode hin zu Modulen und entsprechende Erweiterung des Build-Systems.
- **JEP 220:** Modular Run-Time Images: Umstrukturierung der JDK- und JRE-Run-Time Images zur Unterstützung von Modulen.
- **JEP 260:** Encapsulate Most Internal APIs
- **JEP 261:** Module System: Implementierung des Java-Modulsystems
- **JEP 282:** The Java Linker: Erstellung eines Tools für die Erzeugung individueller Run-Time Images.

Im JDK Enhancement Proposal (JEP) 200 wird eine Struktur für das JDK festgelegt, wodurch das JDK so in Module aufgeteilt wird, dass sich diese zur Kompilier-, Build-, Installier- und Laufzeit weitestgehend beliebig kombinieren lassen. Das JEP-201 beschreibt die Organisation des JDK-Sourcecodes anhand dieser Struktur und das JEP-220 die Modularisierung der entsprechenden Binary-Images. Das JEP-261 behandelt interne APIs, für die keine Alternativen entwickelt werden und die weiterhin im JDK zugänglich sein sollen. Das eigentliche Modulsystem wird im JEP-261 beschrieben und das JEP-282 beschreibt ein Tool, das die Erstellung eines individuell zusammengestellten JDK Run-Time Images ermöglicht. Die Ergebnisse der JEPs bilden schließlich den JSR-277, der das fertige Modulsystem beschreibt.

Die folgenden Kapitel zeigen, wie vor Java 9 in den meisten Fällen Modularisierung umgesetzt wurde und was mit dem Java-Modulsystem erreicht werden soll.

2.1 Modularisierung vor Java 9

Modularisierungsansätze finden sich so gut wie in jeder Software wieder, handelt es sich doch um ein grundlegendes Prinzip für die Beherrschung eines Systems. Gerade in der Java-Welt wird seit jeher das Ideal der lose gekoppelten Systeme verfolgt. Im Folgenden wird kurz vorgestellt, wie Modularisierung in Java bisher gelöst wurde und wie die Modularisierungsqualität dieser Ansätze zu bewerten ist.

2.1.1 Methoden, Klassen und Komponenten

Java ist eine objektorientierte Sprache, in der eine Software auf der untersten Implementierungsebene auf Methoden, Klassen und Komponenten basiert. Die Methode eignet sich nicht als Modul. Behandelt sie meist nur ein Teilproblem und ist selber fest mit der Klasse verbunden, die für das gesamte Entwurfsproblem verantwortlich ist.

Eine Klasse hingegen könnte bei einem gut überlegten Design als ein Modul durchgehen, löst sie doch ein bestimmtes Entwurfsproblem und die dafür nötigen Funktionalitäten sind auf verschiedene Methoden der Klasse verteilt. Das Geheimnisprinzip kann mit entsprechenden Zugriffsrechten realisiert werden und mit der Hinzunahme eines Interfaces lässt sich eine saubere Kapselung vornehmen.

Damit eine Klasse zum Modul wird, muss diese allerdings richtig entworfen sein. Einschränkend sei jedoch gesagt, dass eine Klasse in ihrem Umfang eher begrenzt ist, als dass diese eine Aufgabe in der Größenordnung übernehmen kann, dass in der Praxis von einem Modul gesprochen werden würde. Ganz im Gegensatz zu Komponenten. Diese sind in Java von Hause aus als Module gedacht. Sie sind leicht austauschbar und erfüllen weitestgehend die Entwurfskriterien für Module.

Klassen und Komponenten sind aber eher ein Mittel für die Modularisierung im Kleinen. Auf einem höheren Abstraktionsniveau besteht ebenfalls der Wunsch nach Modularisierung. Module werden häufig auf verschiedene Ebenen verteilt, wobei diese meist als Teilsysteme strukturiert sind. Diese Teilsysteme können Module darstellen, sind aber meistens nicht so entworfen.

2.1.2 Pakete

Häufig werden Pakete als Module bezeichnet. Ein Paket ist aber nichts weiter als eine logische Gruppierung von Klassen. Es existiert keine Zugriffskontrolle über eine Schnittstelle und eine Kapselung auf Paketebene ist somit nicht möglich. Pakete sind sehr hilfreich, aber eben keine Module.

2.1.3 JARs und Build-Tools

Build-Tools wie z. B. Maven werden häufig dazu eingesetzt, um auf der Ebene des Build-Prozesses eine Art Modularisierung zu erhalten. Bei Maven gibt es dafür sogar explizit die <Module>-Definition. Die Idee ist, Funktionalitäten des Systems auf verschiedene Projekte zu verteilen und diese jeweils als JAR-Datei zu kompilieren. Das System besteht dann in der Summe aus den einzelnen JAR-Dateien. In einem JAR kann nicht explizit eine öffentliche Schnittstelle deklariert werden. In diesem befinden sich Pakete, die wiederum Klassen beinhalten. Das Paket ist die Implementierungseinheit, über welches auf die Klasse zugegriffen wird. Es gibt keine Zugriffsrechte, die über eine Schnittstelle des JARs konfiguriert werden könnten. Eine weitere Überlegung ist, dass auch ein kohäsives JAR üblicherweise aus mehreren Paketen bestehen würde. Klassen über deren Sichtbarkeitsmodifizierer nur für das jeweilige Paket zugreifbar zu machen, wäre hier nicht praktikabel. Bei einer guten Kohäsion würden die Klassen der einzelnen Pakete zusammenarbeiten. Dies erfordert aber, dass die Klassen öffentlich sichtbar sind. Und damit sind diese für alle zugänglich. Eine Kapselung ist hier nicht zu erreichen. Neben der mangelnden Kontrolle über die Sichtbarkeit des JAR-Inhalts, ist es auch nicht möglich, die Abhängigkeit eines JAR von anderen JARs zu beschreiben. JARs sind keine Module.

2.1.4 Open Services Gateway initiative (OSGi)

Um echte Modularisierung unter Java zu erreichen, war bisher die OSGi-Plattform, die nicht zum Java-Standard gehört, das Mittel der Wahl. Wenn auch zum Preis eines zusätzlichen zum Projekt hinzuzufügenden, komplexen Kontextes. Wegen der bisherigen Wichtigkeit von OSGi wird dieses in einem späteren Kapitel noch ausführlich behandelt und die Unterschiede, sowie Vor- und Nachteile zum Java-Modularisierungskonzept werden betrachtet. Mit OSGi ist Modularisierung möglich, es ist aber kein Teil des Java-Standards.

2.2 Ziele des Java-Modulsystems

Nachdem in den vorangegangenen Kapiteln die Wichtigkeit und der Wert von Modularisierung im Vordergrund stand und sich alleine daraus schon ein Grund für die Berücksichtigung eines eigenen Java-Modulkonzepts rechtfertigen ließe, geht es in diesem Kapitel primär um die bisherigen Probleme in Java, denen mit einem Modularisierungskonzept begegnet werden soll. Zudem werden Erfordernisse in der Zukunft angesprochen, die ein modularisiertes JDK nötig machen.

2.2.1 Abhängigkeiten

In vielen Projekten ist zu beobachten, dass die Bibliotheksabhängigkeiten nicht wirklich klar sind. Die direkt eingebundenen Bibliotheken sind noch bekannt, aber die Bibliotheken, die diese wiederum benötigen, verschwinden häufig aus dem Fokus. Das betrifft im Zuge des Projektes entstandene Bibliotheken ebenso wie Bibliotheken von Drittanbietern. Bei Letzteren handelt es sich häufig um Open-Source-Bibliotheken, wo noch die verschiedenen Lizenzbedingungen zu beachten sind, wenn diese in kommerziellen Projekten Verwendung finden sollen und weshalb die Kenntnis aller Abhängigkeiten wichtig ist.

Bei einem bevorstehenden Produktivgang eines Systems, wird dann gerne einfach alles an JARs deployed, um sich nicht der Gefahr einer ClassNotFound-Exception auszusetzen. Das Ganze, ohne wirklich zu wissen, was für JARs da eigentlich genau deployed werden und was an Funktionalitäten aus diesen tatsächlich benötigt wird.

Es gibt Werkzeuge zur Visualisierung dieser Abhängigkeiten und auch Build-Tools wie Maven, Gradle und Ivy helfen zumindest teilweise, um den Überblick zu behalten. Grundsätzlich ist es aber sinnvoll, die *Abhängigkeiten beim Entwurf einer sauberen Architektur von Anfang an mit zu planen* und diese auch inhaltlich zu verstehen.

Abhängigkeiten planen und verstehen

Ein gutes Modularisierungskonzept kann an dieser Stelle helfen, indem die Struktur der Abhängigkeiten durch die explizite Definition dieser innerhalb eines Moduls deutlich wird.

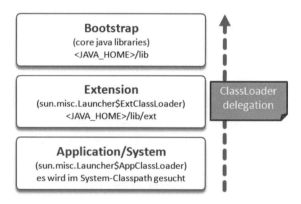

*Abb. 2–2
JVM Classloader Delegation model (parent first)*

Eine weitere Schwierigkeit ergab sich bisher aus der Art, wie Klassen geladen werden. In Java ist dafür der Classloader verantwortlich.

Classloader

Dabei werden drei Classloader unterschieden:

1. Bootstrap-Classloader
2. Extension-Classloader
3. Application-Classloader (auch System-Classloader)

2.2 Ziele des Java-Modulsystems

Die Classloader stehen untereinander in einer hierarchischen Beziehung. Wie Abbildung 2–2 zeigt, ist der Bootstrap-Classloader der übergeordnete Classloader (Parent Classloader) des Extensions-Classloaders und dieser wiederum vom Application-Classloader. Unterhalb dieses Classloaders können benutzerdefinierte Classloader hinzugefügt werden.

Wenn ein Classloader die Aufforderung zum Laden einer Klasse bekommt, schaut er zunächst nach, ob er diese Klasse bereits geladen hat. Ist dies nicht der Fall, wird die Anfrage an den übergeordneten Classloader weitergereicht. Beim jeweiligen Nichtfinden der Klasse wird die Anfrage bis zum Bootstrap-Classloader delegiert und danach wird die Anfragekette wieder zurückgelaufen, wobei jeder Classloader nun versucht, die Klasse zu laden. Diese Art der Delegation verhindert, dass Klassen, die bereits von Classloadern auf oberen Hierarchieebenen geladen wurden, erneut geladen werden. Abbildung 2–3 zeigt die Aufrufkette.

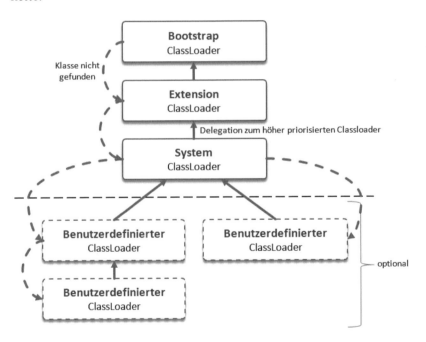

Abb. 2–3
Classloader Delegation

Die jeweiligen Classloader bedienen sich unterschiedlicher Quellen zum Auffinden von Klassen. Der Bootstrap-Classloader ist für das Laden der rudimentären JRE-Klassen zuständig. Der Extension-Classloader sucht im Extension-Verzeichnis oder in anderen unter java.ext.dirs angegebenen Verzeichnissen nach JAR-Dateien. Der Application-Classloader sucht nach JARs bzw. Klassen im Classpath (java.class.path).

Das sich hieraus ergebende Problem ist, dass sich die gleiche Klasse in unterschiedlichen Versionen in verschiedenen Archiven an verschiedenen Stellen befinden kann. Welche Klasse der Anwendung zur Verfügung gestellt wird, hängt dann davon ab, welcher Classloader die Klasse als Erstes geladen hat. Somit kann es passieren, dass eine Klasse aus einem veralteten Archiv geladen wird, anstatt eine neue Version aus einem Archiv an anderer Stelle. Diese Problematik wird häufig als *JAR-Hölle* bezeichnet. Ein gutes Modularisierungskonzept sollte diese Problematik bei der Definition von Abhängigkeiten berücksichtigen.

JAR-Hölle

2.2.2 Startup Performance

Ein häufig bemängelter Umstand betrifft die Startup-Geschwindigkeit von Java. Ein Grund hierfür ist der oben beschriebene Ladevorgang von Klassen, bei dem alle JARs durchsucht werden. Ein Modulsystem mit der Definition expliziter Abhängigkeiten ermöglicht den Einsatz diverser Techniken, um die Performance an dieser Stelle signifikant zu erhöhen.

2.2.3 Mangelnde Sicherheit

Durch die mangelnde Kapselung auf Paket- und JAR-Ebene ist es auf alle Klassen zunächst einmal grundsätzlich möglich zuzugreifen. Mit der Möglichkeit von *Reflection* lässt sich zudem auch auf alles Private innerhalb der Klassen zugreifen. Dies beeinträchtigt erheblich die Zugriffssicherheit des Codes. Beispielsweise gibt es innerhalb einer Bibliothek sensible Code-Stellen für die Verschlüsselung, die nicht von jeder anderen Stelle während des Programmablaufs abgefragt werden dürfen.

SecurityManager

Mit Java 1.1 wurde der *java.lang.SecurityManager* eingeführt. Mit dessen Methode *checkPackageAccess* lässt sich der Paketzugriff steuern. Wenn der Methodenaufruf allerdings vergessen wird, findet auch keine Prüfung bezüglich der Zugriffssicherheit statt. Starke Kapselung durch Modularisierung erhöht die Sicherheit signifikant. Und zwar in Anwendungen, wie auch auf der Ebene einer modularisierten Java-Plattform, kann sie auf diese Weise auch interne APIs vor unberechtigtem Zugriff schützen.

2.2.4 Skalierbarkeit der Plattform

Anforderungen an moderne Software (z. B. im Bereich des Internet of Things oder bei der Nutzung von Container-Technologien) machen es zunehmend erforderlich, dass Java auch auf kleinen und leistungsschwachen Geräten läuft. Dies können z. B. Anwendungen auf Routern, Spielekonsolen oder Bordcomputern von Autos sein. Vor Java 8 gab es nur die Möglichkeit, die JRE komplett zu installieren. Somit hatte eine Anwendung beispielsweise auch immer alle SQL- und Swing-Bibliotheken zur Verfügung, auch wenn die Software weder eine Datenbank noch Swing als Oberfläche nutzte. Mit Java 8 wurden die *Compact Profiles* eingeführt, mit der Hilfe drei verschiedene abgespeckte Versionen der JRE genutzt werden können. Um aber nur die Dinge von Java zu installieren, die wirklich für die Ausführung der Applikation notwendig sind, ist es notwendig, dass das Java SDK selber modularisiert vorliegt. Dadurch würde eine skalierbare Java-Plattform vorliegen, die den jeweiligen Begebenheiten höchst individuell angepasst werden könnte.

Compact Profiles

2.3 Zusammenfassung

Java als objektorientierte Sprache unterstützt grundsätzlich die Modularisierung, aber eben nur auf der Ebene von Klassen und Komponenten. Der Fokus hier liegt auf der Kapselung von Instanzvariablen. Was Java aber fehlt, ist Modularität auf höherer Ebene.

Bei Java werden Daten in Klassen gekapselt, diese in ein Paket gepackt und das Paket wiederum in einem JAR verschnürt. Ein JAR kann nicht die Sichtbarkeit seines Inhalts definieren und auch nicht seine eigene Abhängigkeit von anderen JARs definieren. Gleiches gilt für Pakete. Dieses wäre aber nicht nur wünschenswert, sondern auch eine Voraussetzung für Module. Das nächste Kapitel beleuchtet, was für Probleme sich aus der fehlenden Modularisierungsmöglichkeit auf höherer Ebene in Java ergeben und was die konkreten Ziele des Java-Modularisierungskonzepts sind.

Neben dem allgemeinen Streben nach lose, gekoppelten Systemen mit Modulen und Services, die sich je nach Bedarf dynamisch hinzuladen lassen, und den Anforderungen in der Zukunft, haben verschiedene Schwierigkeiten in der Java-Welt den Wunsch nach einem Java-Modularisierungskonzept vorangetrieben.

Die formulierten Ziele des mit Java 9 eingeführten Modularisierungskonzepts sind:

- Skalierbarkeit der Java-Plattform
- Erhöhung der Sicherheit
- Startup-Performance
- Unterstützung beim Entwurf modularer und gut wartbarere Anwendungen und Bibliotheken
- Explizite Abhängigkeitskontrolle

Mit dem ersten Wurf des Java-Modulkonzepts werden nicht alle Wünsche erfüllt werden, was sich in den nächsten Kapiteln noch zeigen wird, insbesondere im Vergleich mit OSGi. Aber die Modularisierung mit Java ist ein vielversprechender Schritt in die richtige Richtung und wird den Entwickler in seiner Arbeit unterstützen.

Der nächste Teil des Buches widmet sich ganz der Praxis und stellt die Entwicklung von Modulen mit Java und das modularisierte JDK vor.

Teil II

Module in der Praxis

Im zweiten Teil des Buches wird das Java-Modulsystem ausführlich behandelt und gezeigt, wie auf Basis von Modulen Anwendungen gebaut werden können. Das nun ebenfalls modularisierte JDK wird vorgestellt und die Vorteile und neuen Anwendungsmöglichkeiten werden erläutert, die sich durch die Plattformmodularisierung ergeben. Neben einer Einführung zum Testen von Modulen, wird das Thema Migration behandelt, um Ansätze zu zeigen, wie bestehende Anwendungen modularisiert werden können. Und neben einem kritischen Blick auf das Modulsystem werden nach einem Vergleich mit OSGi, die gängigsten Entwicklerwerkzeuge zum Bau von modularen Anwendungen betrachtet. Abgeschlossen wird der Teil durch ein praktisches Beispiel, welches alle wichtigen Themen zusammenfasst. Zu guter Letzt werden weitere Modularisierungsansätze wie Microservices und Container vorgestellt und ein Bezug zur Java-Modularisierung gezogen.

3 Das Java-Modulsystem

Dieses Kapitel stellt das Java-Modulsystem und das modularisierte JDK vor und zeigt, wie auf Basis dessen modularisierte Anwendungen und benutzerdefinierte JDK Run-Time Images gebaut werden können.

3.1 Das Modul

In Teil I des Buches wurde bereits detailliert dargestellt, was ein Modul ist. Zusammengefasst kann gesagt werden, dass ein Modul eine im Idealfall von anderen Modulen unabhängige verteilbare Einheit ist, bei der ein- und ausgehende Zugriffe ausschließlich über eine Schnittstelle erfolgen und die Implementierungsdetails des Moduls nach außen verborgen bleiben. Abbildung 3–1 zeigt den grundsätzlichen Aufbau.

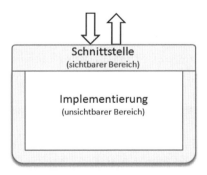

Abb. 3–1
Grundsätzlicher Aufbau eines Moduls

Ein Nutzer des Moduls kennt nur die Schnittstelle und die mit dieser zur Verfügung gestellten Methoden. Alle anderen Methoden und Ressourcen des Moduls bleiben im Verborgenen und sind von außen nicht zugreifbar. Dadurch reduziert sich die Komplexität der Implementierung für den Nutzer auf die Komplexität der Schnittstelle.

Bezogen auf die Java-Welt bedeutet dies, dass das Sichtbarkeitsprinzip der Objektorientierung (*public/private*) auf ganze Bibliotheken übertragen wird. Die Implementierung eines Moduls kann ohne Auswirkungen nach außen verändert werden und ein Modul kann unabhängig getestet und gewartet werden. Abbildung 3–2 verdeutlicht die

Abb. 3–2
Aufbau einer modularisierten Java-Anwendung

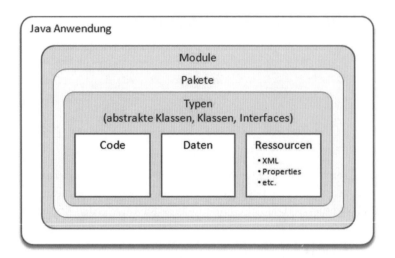

Verortung von Modulen im Java-Kontext. Eine Java-Anwendung besteht aus einer Menge von Typen, die innerhalb von Paketen strukturiert sind. Diese Pakete wiederum werden in Module verpackt, die zu einzelnen JARs kompiliert werden. Die Summe der Module ergibt schließlich die Anwendung oder den Service.

Struktur eines Java-Moduls

Mit einer Java-Version ab 9 lassen sich Module bestehend aus einem oder mehreren Paketen bauen, die Sichtbarkeiten und Abhängigkeiten steuern. Module stellen dabei einen Teil ihrer Pakete über die Modul-Schnittstelle nach außen zur Verfügung und deklarieren ihre Abhängigkeiten zu anderen Modulen. Zur Kompilierungszeit, wie auch zur Laufzeit, wird sichergestellt, dass keine Zugriffe an der Schnittstelle vorbei auf die Module erfolgen.

Den grundsätzlichen Aufbau eines Java-Moduls zeigt Abbildung 3–3.

Ein Java-Modul besteht aus seinem Modulnamen, einer Schnittstelle und der eigentlichen Implementierung. Mit der Schnittstelle können drei primäre Dinge deklariert werden:

- **exports:** Hiermit werden die nach außen zur Verfügung gestellten Pakete deklariert.
  exports <Paket>
  exports <Paket> to <Modul1>,<Modul2>, ...
- **requires:** Gibt an, welche Module importiert werden sollen und stellt damit die Modulabhängigkeiten dar. Das Schlüsselwort *static* wird verwendet, wenn die Abhängigkeit zur Laufzeit optional ist, und *transitive* für transitive Abhängigkeiten.

Abb. 3–3
Aufbau eines
Java Moduls

```
requires <Modulname>
requires transitive <Modulname>
requires static <Modulname>
requires transitive static <Modulname>
```
- **uses/provides:** Hier werden die Dienste (*Services*) aufgelistet, die ein Modul zur Laufzeit zur Verfügung stellt oder selbst benötigt.
  ```
  uses <Service-Interface> provides <Service-Interface>
  with <Service-Impl1>,<Service-Impl2>, ...
  ```
- **opens:** Pakete werden nach außen für den Reflection-Zugriff freigegeben.
  ```
  opens <Paket>
  opens <Paket> to <Modul1>,<Modul2>, ...
  ```

Die Schnittstelle wird in der Moduldefinitionsdatei (*Moduldeskriptor, engl. Module Descriptor*) `module-info.java` deklariert, die der Java-Compiler zur Klasse `module-info.class` übersetzt und die auf oberster Paketebene des Moduls bzw. des JAR-Archivs liegt (siehe Abbildung 3–4). Der restliche Inhalt des Moduls ist die gewohnte Paketstruktur mit seinen Klassen und Ressourcen.

Der Name eine Moduls kann frei gewählt werden, aber muss eindeutig sein, innerhalb der Anwendung. Empfohlen wird wie bei Paketen die umgekehrte Domainadresse (z. B. `de.firma.meinModul`). Dieser Name taucht dann innerhalb des Projekts üblicherweise mehrmals auf;

Abb. 3–4
Deklaration und
Implementierung eines
Java-Moduls

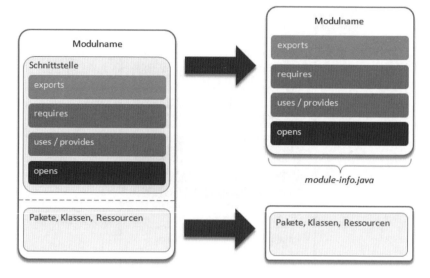

zum einen als Modulname, dann als Name der entstehenden JAR-Datei und als Verzeichnis- bzw. Paketstruktur innerhalb des Moduls.

Konvention zur Benamung von Modulen

> **Modulnamen vergeben**
>
> Zur eindeutigen Benamung von Modulen wird die Vorgehensweise nach der *Reverse Domain Name Notation* empfohlen, die auch bei der Bezeichnung von Java-Paketen ihre Anwendung findet; also die umgekehrte Domainadresse in Kleinschreibung.
>
> Beispiel:
> `de.firma.meinmodul`

Empfehlung Verzeichnisstruktur

Abbildung 3–5 verdeutlicht diesen Zusammenhang anhand einer möglichen Verzeichnisstruktur für zwei Module. Üblicherweise existiert ein Workspace- und Projektverzeichnis mit einem darunterliegenden src-Verzeichnis für alle Implementierungen.

Pro Modul existiert ein eigenes Verzeichnis, welches den Modulnamen trägt. Im Root des Modulverzeichnisses liegen der Moduldeskriptor `module-info.java` und die Paketstruktur. Zudem müssen Module einer Anwendung disjunkte Pakete enthalten, das bedeutet, dass jeder Paketname modulübergreifend eindeutig sein muss. Die empfohlene Namenskonvention gewährleistet dies allerdings schon. An dieser Stelle schon der Hinweis, dass beim Verpacken der Module in JARs, jedes Modul in einem eigenen JAR verpackt wird. Es können sich nicht mehrere Module ein JAR teilen.

```
[\MeinWorkspace\MeinProjektverzeichnis]
`- [src]
    |-- [de.firma.modMain]
    |    |-- [de]
    |    |    `-- [firma]
    |    |         `-- [modMain]
    |    |              `-- App.java
    |    `-- module-info.java
    |-- [de.firma.modA]
         |-- [de]
         |    `-- [firma]
         |         `-- [modA]
         |              `-- TestA.java
         `-- module-info.java
```

Abb. 3–5
Verzeichnisstrukur bei zwei Modulen

Im Folgenden wird ein einzelnes Modul mit dem Namen `de.firma.modmain` erstellt und dazu mit folgenden Befehlen eine passende Verzeichnisstruktur erzeugt:

1. `mkdir \MeinWorkspace`
2. `cd \MeinWorkspace`
3. `mkdir MeinProjektverzeichnis`
4. `cd MeinProjektverzeichnis`
5. `mkdir src\de.firma.modmain\de\firma\modmain`

Im Verzeichnis `de.firma.modmain` wird die einfachst mögliche Moduldeskriptor-Datei `module-info.java` mit folgendem Inhalt erstellt:

```java
module de.firma.modmain { }
```

Listing 3–1
module-info.java

Und die eigentliche Anwendung wird im Verzeichnis `\de.firma.modmain\de\firma\modmain` unter dem Namen `App.java` und folgendem Inhalt erstellt:

```java
package de.firma.modmain;

public class App {
        public static void main(String[] args) {
                System.out.println("Hello World!");
        }
}
```

Listing 3–2
App.java

Damit ist schon alles für ein erstes Modul getan und es kann gebaut und die Anwendung gestartet werden.

1. `javac -d classes`
   ↪ `--module-source-path src src\de.firma.modmain\*.java`
   ↪ `src\de.firma.modmain\de\firma\modmain\*.java`
2. `java -p classes -m de.firma.modmain/de.firma.modmain.App`

Mit der ersten Anweisung wird das Modul kompiliert und die zweite startet die Anwendung. Mit `--module-source-path` wird der Ort des Modulquellcodes angegeben, `-p` bezeichnet den Ort des kompilierten Modulquellcodes und mit `-m` wird das zu startende Modul mit dem Klassennamen, welchen die main-Methode enthält, angegeben. Genauere Erklärungen und auch wie Abhängigkeiten zu weiteren Modulen deklariert werden, sind Thema des nächsten Abschnittes.

3.2 Abhängigkeiten und Sichtbarkeiten

Basierend auf den im vorherigen Abschnitt vorgestellten Empfehlungen zur Benennung von Modulen und zum Aufbau einer geeigneten Verzeichnisstruktur werden im Folgenden anhand von Beispielen erste Module gebaut.

Es werden die beiden Module `de.firma.modmain` und `de.firma.moda` erstellt, wobei `de.firma.modmain` eine Abhängigkeit zu `de.firma.moda` hat (Abbildung 3–6).

Dafür wird zunächst eine passende Verzeichnisstruktur erzeugt:

1. `cd \MeinWorkspace`
2. `mkdir TwoModulesDep`
3. `cd TwoModulesDep`
4. `mkdir src\de.firma.modmain\de\firma\modmain`
5. `mkdir src\de.firma.moda\de\firma\moda`

Abb. 3–6
Deklaration und Implementierung eines Java Moduls

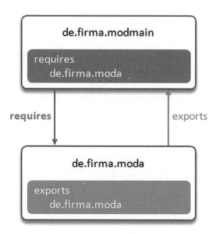

3.2 Abhängigkeiten und Sichtbarkeiten

Das Modul de.firma.modmain möchte Klassen aus dem Modul de.firma.moda verwenden. Damit dies möglich ist, importiert Modul de.firma.modmain das Modul de.firma.moda. Das Modul de.firma.moda wiederum deklariert über seine exports, dass das Paket de.firma.moda für andere Module sichtbar und zugreifbar ist. Per Default sind nach außen keine Pakete sichtbar. Durch diese Einstellung kann nun Modul de.firma.modmain auf Klassen innerhalb des Pakets de.firma.moda von Modul de.firma.moda zugreifen. Zu beachten ist, dass in diesem Beispiel die Paketstruktur de.firma.moda identisch mit dem Modulnamen de.firma.moda ist. Innerhalb dieses Moduls könnten auch noch weitere Pakete wie z. B. de.firma.moda.utils liegen, welches dann mit exports de.firma.moda.utils nach außen bekannt gegeben würde.

Innerhalb von Modulen gelten die gleichen Sichtbarkeitsmodifier, wie für Klassen, Methoden und Attribute (**public, private, protected, paket-sichtbar**). Über Modulgrenzen hinweg ist die exports-Einstellung allerdings höher priorisiert und wird immer als Erstes geprüft. Diese Zugriffsprüfung erfolgt zur Kompilierungs- wie auch zur Laufzeit. Das heißt, Zugriffe von außerhalb auf die Klasse eines Moduls, welches in einem nicht nach außen freigegebenen Paket liegt, führen während des Kompilierungsvorgangs zu einem Fehler. Auch einem Zugriff zur Laufzeit, z. B. per Reflection, wird nicht stattgegeben.

Sichtbarkeitsmodifier bei Modulen

Sichtbarkeiten = Zugriffsschutz

Zur Laufzeit wird immer erst geprüft, ob das aufrufende Modul das zu verwendende Modul importiert hat und ob dieses die entsprechenden Pakete nach außen sichtbar zur Verfügung stellt. Erst danach werden die gängigen Sichtbarkeitsmodifier geprüft. Zum Beispiel sind die als private deklarierten Methoden und Attribute auch weiterhin von außen nicht zugreifbar.

Die Moduldeklarationen für Modul de.firma.modmain und de.firma.moda sehen wie folgt aus:

```
module de.firma.modmain {
    // benötigtes Modul
    requires de.firma.moda;
}

module de.firma.moda {
    // exportiertes Paket
    exports de.firma.moda;
}
```

Listing 3–3 module-info.java Dateien

Jeder Modulimport und Package-Export muss separat angegeben werden, da es bewusst keine Wildcard-Unterstützung gibt. Der Abhängigkeitsgraph bzw. Modulgraph ist in Abbildung 3–7 dargestellt.

Modulgraph

Abb. 3–7
Deklaration und Implementierung eines Java Moduls

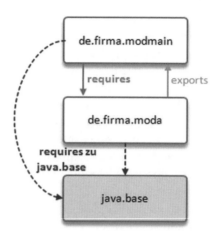

Neben den beiden definierten Modulen ist hier zusätzlich eine Abhängigkeit aller Module zum Modul java.base zu sehen. Wie in einem späteren Kapitel noch ausführlich behandelt wird, ist das JDK ebenfalls modularisiert worden. Eines der neuen Module ist das Modul **java.base**, welches alles Java-Basisklassen enthält. Unter anderem sind in diesem Modul die Pakete **java.lang, java.io, java.util** und **java.security** enthalten. Beispielsweise enthält das java.lang-Paket eine Reihe von fundamentalen Klassen, die grundsätzlich für die Programmiersprache Java benötigt werden. Da jedes Modul für seine Lauffähigkeit Basisklassen benötigt, erstellt das Java-Modulsystem für jedes einzelne Modul automatisch eine Abhängigkeit zu dem Modul java.base. Diese automatisch erzeugten Abhängigkeiten sind in der Abbildung zur Verdeutlichung als gestrichelte Linien dargestellt, aber es handelt sich um die gleiche Abhängigkeitsart (requires), wie bei der Abhängigkeit von de.firma.modmain zu de.firma.moda. Dieser Automatismus erspart das Schreiben von requires java.base in jedem Modul.

Um die beiden Module mit etwas Leben zu füllen, wird für jedes eine Klasse angelegt. Modul de.firma.modmain enthält die Klasse App:

Listing 3–4
App.java

```
package de.firma.modmain;

import de.firma.moda.TestA;

public class App {
    public static void main(String[] args) {
        System.out.println("Name des importierten
        Moduls: " + TestA.getName());
    }
}
```

3.2 Abhängigkeiten und Sichtbarkeiten

Und für das Modul de.firma.moda wird die Klasse TestA angelegt:

```java
package de.firma.moda;

public class TestA {
    public static String getName() {
      return TestA.class.getName();
   }
}
```

Listing 3–5
TestA.java

Die resultierende Projektstruktur mit den Moduldefinitionsdateien und den Klassen ist Abbildung 3–8 zu entnehmen.

```
[\MeinWorkspace\TwoModulesDep]
`- [src]
    |-- [de.firma.modmain]
    |    |-- [de]
    |    |    `-- [firma]
    |    |          `-- [modmain]
    |    |                `-- App.java
    |    `-- module-info.java
    |-- [de.firma.moda]
    |    |-- [de]
    |    |    `-- [firma]
    |    |          `-- [moda]
    |    |                `-- TestA.java
    |    `-- module-info.java
```

Abb. 3–8
Projektstruktur

Mit folgenden Schritten kann das Projekt (angenommen, es liegt unter \MeinWorkspace\TwoModulesDep) unter Windows auf der Konsole kompiliert werden:

Kompilieren eines Java-Moduls

1. `cd \MeinWorkspace\TwoModulesDep`
2. `javac -d classes --module-source-path src`
    ↪ `src\de.firma.modmain\*.java`
    ↪ `src\de.firma.modmain\de\firma\modmain\*.java`
3. `javac -d classes --module-source-path src`
    ↪ `src\de.firma.moda\*.java`
    ↪ `src\de.firma.moda\de\firma\moda\*.java`

Unter Linux funktioniert es wie folgt:

1. `cd ~/MeinWorkspace/TwoModulesDep`
2. `javac -d classes`
    ↪ `--module-source-path src $(find src -name "*.java")`

module-source-path   Zunächst wird in das Projektverzeichnis gewechselt und mit javac der Java-Compiler aufgerufen. Diesem wird das Zielverzeichnis classes mitgegeben und mittels **--module-source-path** der Ort der Modul-Sourcen. Die **module-info.java**-Dateien werden ebenfalls zu class-Dateien kompiliert, obwohl es sich dabei eigentlich nicht um echte Klassendateien handelt. Die Vorgehensweise mit **--module**-source-path funktioniert an dieser Stelle nur, wenn beim Kompilieren von de.firma.modmain auch de.firma.moda zur Verfügung steht. Wie Module einzeln kompiliert werden können, ohne dass alle Module-Sourcen vorliegen müssen, was sich gerade bei verteilten Projektteams anbieten kann, wird im weiteren Verlauf erläutert.

Starten der Anwendung   Die Anwendung kann nach der Kompilierung wie folgt gestartet werden:

```
java --module-path classes
     -m de.firma.modmain/de.firma.modmain.App
```

Mit dem Parameter **--module**-path wird der Pfad zu den kompilierten Modul-Sourcen angegeben und mit -m wird das Modul mit der auszuführenden Hauptklasse übergeben.

Modulpfad   Der Modulpfad ist mit Java 9 neu eingeführt worden und soll den Classpath ablösen. Bis Java 8 war es so, dass alle Klassen und JARs im gemeinsamen Namespace im CLASSPATH lagen und für alle Klassen öffentlich zugreifbar waren. Ab Java 9 besteht weiterhin die Möglichkeit, den konventionellen Classpath zu verwenden (Parameter -cp), Module mit dem Modulpfad zu verwenden (Parameter --module-path oder -p) oder beides zu kombinieren. Für die Nutzung des Java-Modulsystems mit all seinen Vorteilen, sollte allerdings der Modulpfad Verwendung finden, da die Module sonst nicht als einzelne vollwertige Module behandelt werden, wie später noch zu sehen ist. Die Summe aller Module – die der Java-Runtime-Umgebung und die Module, die im Modulpfad liegen – werden als **Observable Modules** bezeichnet.

Die beiden Module liegen jetzt als kompilierte Klassen vor und können nun noch in einzelne JAR-Dateien verpackt werden. Normale JAR-Bibliotheken sind per Zip verpackte Archive von .class-Dateien und Ressourcen. Verpackte Module unterscheiden sich von diesen durch den im Root-Verzeichnis liegenden Moduldeskriptor und werden als *Modular Jar*   **Modular Jars** bezeichnet.

Verpacken der Modul-Classes in JAR   Um nun aus den kompilierten Klassen pro Modul ein **Modular Jar** zu erstellen, müssen die kompilierten Klassen noch wie folgt zusammengepackt werden:

3.2 Abhängigkeiten und Sichtbarkeiten

1. `mkdir modules`
2. `jar --create`
   ↪ `--file modules/de.firma.modmain-1.0.jar`
   ↪ `--module-version 1.0`
   ↪ `--main-class de.firma.modmain.App`
   ↪ `-C classes/de.firma.modmain .`
3. `jar --create`
   ↪ `--file modules/de.firma.moda-1.0.jar`
   ↪ `--module-version 1.0`
   ↪ `-C classes/de.firma.moda .`
4. `java -p modules -m de.firma.modmain`

Zunächst wird hier das weitere Verzeichnis `modules` angelegt, in welchem die Modular Jars abgelegt werden sollen. Dem jar-Tool wird mit den Parametern `--create` und `--file` die Erzeugung einer jar-Datei und deren Name mitgeteilt. Der Parameter **--module**-version teilt die Modulversion mit und **--main-class** liefert den Einstiegspunkt für die Anwendung. Bei Angabe dieses Parameters wird automatisch eine entsprechende Manifest-Datei mit der Information zur Main-Klasse angelegt. Bei solch einem Modul wird auch von einem **Initial Modular Jar** gesprochen. Mit dem letzten Schritt wird die Anwendung gestartet. Falls die Main-Klasse nicht angegeben worden wäre, hätte hinter dem -m-Parameter `de.firma.modmain/de.firma.modmain.App` stehen müssen.

Abbildung 3–9 zeigt die resultierende Verzeichnisstruktur.

Kurzübersicht: Kompilieren – Verpacken – Ausführen

Hier in Kurzform die auszuführenden Schritte, um Module zu kompilieren, zu verpacken und auszuführen.

1. Kompilieren der Module-Sourcen

`javac -d <Zielverzeichnis Class-Dateien>`
   ↪ `--module-source-path <Ort der Modul-Sourcen>`

-d Verzeichnis, wo class-Dateien abgelegt werden sollen
--module-source-path Verzeichnisse, wo die Sourcen der Module zu finden sind

2. Verpacken der Modul-Class-Dateien in JARs

`jar --create --file <Name JAR-Archiv>`
   ↪ `--module-version <Modulversion>`
   ↪ `--main-class <Anwendungseinstiegspunkt>`
   ↪ `-C <Ort der Modul-Class-Dateien>`

Abb. 3–9
Resultierende Verzeichnisstruktur

```
[\MeinWorkspace\TwoModulesDep]
|-- [classes]
|       |-- [de.firma.modmain]
|       |       `-- ...
|       |-- [de.firma.moda]
|               `-- ...
|-- [distribution]
|       |-- [bin]
|       |       `-- ...
|       |-- [conf]
|       |       `-- ...
|       |-- [lib]
|       |       `-- ...
|       `-- release
|-- [modules]
|       |-- de.firma.modmain-1.0.jar
|       `-- de.firma.moda-1.0.jar
`- [src]
    |-- [de.firma.modmain]
    |       |-- [de]
    |       |    `-- [firma]
    |       |         `-- [modmain]
    |       |              `-- App.java
    |       `-- module-info.java
    |-- [de.firma.moda]
            |-- [de]
            |    `-- [firma]
            |         `-- [moda]
            |              `-- TestA.java
            `-- module-info.java
```

--**create** JAR-Archiv erstellen
--**file** (oder -f) Name des JAR-Archivs
--**module-version** Modulversion, die in dem JAR verpackt wird
--**main-class** Einstiegspunkt der Anwendung (wird in Manifest-Datei aufgenommen)
-**C** <Verzeichnis mit den Class-Dateien des Moduls>

3. Ausführung der Anwendung

```
java -p <Modulpfad, Ort der Module>
    ↪ -m <initiales Modul>[/<Hauptklasse mit main-Methode>]
```

--**module-path** (oder -**p**) <Modulpfad, eine mit ; getrennte Liste von Verzeichnis mit den Modulen>

-m \<Inititales Modul>[/\<Hauptklasse>] Bei dem initialen Modul handelt es sich um das Modul, welches die Klasse mit der main-Methode enthält. Falls beim Verpacken des Moduls die Main-Klasse angegeben wurde, reicht für den Start der Anwendung der Name des Moduls.

Das folgende Kapitel klärt den Umgang mit Modul-Sourcen, die auf verschiedenen Computern liegen.

3.2.1 Verteilter Modul-Quellcode

Im vorangegangenen Beispiel war es erforderlich, dass alle Modul-Sourcen zugreifbar waren. Die modulare Softwareentwicklung bietet aber gerade die Möglichkeit, dass z. B. verschiedene Projektteams für unterschiedliche Module verantwortlich sind. In diesem Fall werden die entwickelten Module auf unterschiedlichen Computern liegen, die dann üblicherweise über ein zentrales Repository ausgetauscht werden (Abbildung 3–10).

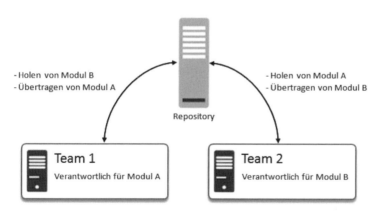

Abb. 3–10
Entwicklung mit verteiltem Modul-Quellcode

Computer von Team 1:

1. `cd \MeinWorkspace\TwoModulesDep`
2. `javac -d classes\de.firma.moda`
   ↳ `src\de.firma.moda\*.java`
   ↳ `src\de.firma.moda\de\firma\moda\*.java`
3. `jar --create`
   ↳ `--file modules/de.firma.moda-1.0.jar`
   ↳ `--module-version 1.0 -C classes/de.firma.moda .`

Transfer der resultierenden de.firma.moda-1.0.jar zum Computer von Team 2 in das modules-Verzeichnis und dann auf dem zweiten Computer:

1. `javac -p modules -d classes\de.firma.modmain`
   ↪ `src\de.firma.modmain\*.java`
   ↪ `src\de.firma.modmain\de\firma\modmain\*.java`
2. `jar --create`
   ↪ `--file modules/de.firma.modmain-1.0.jar`
   ↪ `--module-version 1.0`
   ↪ `--main-class de.firma.modmain.modmain`
   ↪ `-C classes/de.firma.modmain .`

Ausführung der Anwendung:

`java -p modules -m de.firma.modmain`

Was in der praktischen Arbeit mit Modulen immer wieder vorkommt, ist der Umstand, dass verschiedene Module, die gleichen Abhängigkeiten benötigen. Bei der Modellierung solcher Beziehungen, hilft die Unterstützung von transitiven Abhängigkeiten durch das Modulsystem, wie sie im folgenden Kapitel vorgestellt wird.

3.2.2 Transitive Abhängigkeiten

Die im vorangegangenen Beispiel verwendeten Module de.firma.modmain und de.firma.moda werden um die beiden weiteren Module de.firma.modb und de.firma.modc ergänzt, wobei Modul de.firma.moda von diesen beiden abhängt. Modul de.firma.modmain soll in diesem Beispiel nun ebenfalls Klassen aus de.firma.modc verwenden können. Dies lässt sich durch die Deklaration einer transitiven Abhängigkeit modellieren. Abbildung 3–11 zeigt den Modulgraphen.

Zunächst wird eine passende Verzeichnisstrukur erzeugt:

1. `cd \MeinWorkspace`
2. `mkdir FourModulesTransDep`
3. `cd FourModulesTransDep`
4. `mkdir src\de.firma.modmain\de\firma\modmain`
5. `mkdir src\de.firma.moda\de\firma\moda`
6. `mkdir src\de.firma.modb\de\firma\modb`
7. `mkdir src\de.firma.modc\de\firma\modc`

3.2 Abhängigkeiten und Sichtbarkeiten

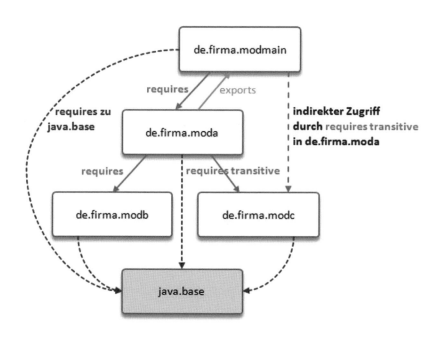

Abb. 3–11
Deklaration und Implementierung eines Java Moduls

Im Moduldeskriptor von Modul `de.firma.modmain` hat sich nichts geändert, wie folgendes Listing zeigt:

```
module de.firma.modmain {
    // benötigtes Modul
    requires de.firma.moda;
}
```

Listing 3–6
module-info.java

Der Moduldeskriptor von Modul `de.firma.moda` wurde um die beiden benötigten Abhängigkeiten erweitert:

```
module de.firma.moda {
    // benötigtes Module
    requires de.firma.modb;
    requires transitive de.firma.modc;

    // exportiertes Paket
    exports de.firma.moda;
}
```

Listing 3–7
module-info.java

Zudem zeigt das Listing eine mit **requires transitive** deklarierte transitive Abhängigkeit. Dadurch wird das Modul `de.firma.modc` für jedes andere Modul zugreifbar, welches Modul `de.firma.moda` importiert.

Transitive Abhängigkeiten helfen bei einer sauberen Strukturierung, da alle neben `moda` für `modmain` noch benötigten Abhängigkeiten vollständig mit der Deklaration von `moda` gekapselt werden können. Des

Weiteren hilft dieser Mechanismus bei der Erzeugung von Aggregator-Modulen; also Module, die einzig und alleine dafür da sind, eine Menge bestimmter Module zusammenzuführen und gebündelt nach außen anzubieten. Dadurch müssen anderen Module nur dieses eine Aggregatormodul lesen, ohne eine ganze Phalanx an Abhängigkeiten deklarieren zu müssen. Als Beispiele wären hier bei einer Schichtenarchitektur die mögliche Zusammenfassung einer Schicht als Modul zu nennen oder die mit Java 8 eingeführten Compact-Profiles, die im Kapitel über das modularisierte JDK nochmals genauer betrachtet werden.

Die entsprechenden Moduldeskriptoren der Module de.firma.modb und de.firma.modc sehen dabei wie folgt aus:

Listing 3–8
module-info.java Dateien

```
module de.firma.modb {
    // exportiertes Paket
    exports de.firma.modb;
}

module de.firma.modc {
    // exportiertes Paket
    exports de.firma.modc;
}
```

Im vorliegenden Beispiel bekommen die Module de.firma.modb und de.firma.modc noch jeweils eine Klasse. Modul de.firma.modb enthält die Klasse TestB:

Listing 3–9
TestB.java

```
package de.firma.modb;

public class TestB {
    public static String getName() {
        return TestB.class.getName();
    }
}
```

Und Modul de.firma.modc enthält die Klasse TestC:

Listing 3–10
TestC.java

```
package de.firma.modc;

public class TestC {
    public static String getName() {
        return TestC.class.getName();
    }
}
```

Die Main-Methode der Startklasse App wird nun um einen Zugriff auf das Modul de.firma.modc erweitert, obwohl in dem Moduldeskriptor von de.firma.modmain keine entsprechende Abhängigkeit explizit deklariert wurde:

Listing 3–11
App.java

```
package de.firma.modmain;

import de.firma.moda.TestA;
import de.firma.modc.TestC;

public class App {
  public static void main(String[] args) {
    System.out.println("Name des importierten
            Moduls A: " + TestA.getName());
    System.out.println("Name des transitiv
            erreichbaren Moduls C: " + TestC.getName());
  }
}
```

Transitive Abhängigkeiten

> **Transitive Abhängigkeiten**
>
> Transitive Abhängigkeiten werden im Moduldeskriptor module-info.java mit **requires transitive** de.firma.meinModul deklariert. Wenn die Abhängigkeit nur für bestimmte Module weitergereicht werden soll, kann auch **requires transitive to** geschrieben werden, mit dem entsprechenden Modul hinter **to**.
>
> Beispiel:
> ```
> module de.firma.moda {
>   requires transitive de.firma.modb;
>   requires transitive de.firma.modc to de.firma.modmain;
> }
> ```

Neben den fest deklarierten Abhängigkeiten zwischen Modulen, die bereits statisch während der Kompilierung vorliegen, gibt es auch einen Mechanismus, wo die direkte Abhängigkeit erst zur Laufzeit aufgelöst wird und was Thema des nächsten Kapitels ist.

3.3 Services

Seit Java SE 6 existiert in der Spezifikation ein Service-Provider-Mechanismus, der eine bessere Entkopplung zwischen Klassen unterstützt, indem Klassenabhängigkeiten erst zur Laufzeit aufgelöst werden. Dadurch wird eine erheblich stärkere Entkopplung zwischen den Provider-Klassen und den später auf diese zugreifenden Klassen erreicht. Letztere binden sich damit nicht direkt an die Implementierung, sondern nur an die Schnittstelle. Es wird davon gesprochen, dass eine Schnittstelle Dienste (*engl. Services*) beschreibt, auf die von anderer Stelle aus zugegriffen werden kann, und von dieser Schnittstelle können verschiedene Implementierungen existieren.

Das Service-Provider-Interface (SPI) beschreibt also die Dienste (reine Interfaces oder abstrakte Klassen) und die Service-Provider repräsentieren die Implementierungen. Über den sogenannten **ServiceLoader** kann dann auf die einzelnen Implementierungen zugegriffen werden. Damit können beispielsweise PlugIn-Systeme gebaut werden, bei denen PlugIns erst während der Laufzeit geladen werden. Aufbauend auf diesem Mechanismus existiert in der Java-Modulwelt ein entsprechendes Äquivalent.

Im Moduldeskriptor lassen sich Service-Provider (mit **provides**) und Service-Consumer (mit **uses**) definieren. Module, die als Service-Consumer fungieren, können dann zur Laufzeit das Service-Provider-Modul selber wählen, ohne dass zuvor eine explizite Abhängigkeit zwischen diesen Modulen deklariert wurde. Abbildung 3–12 verdeutlicht das grundlegende Konzept.

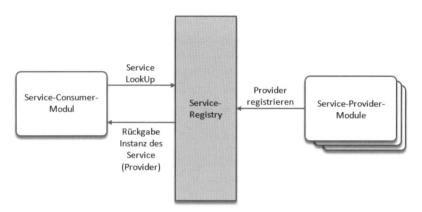

Abb. 3–12
Service-Provider-Konzept

Die zur Verfügung stehenden Service-Provider-Module werden an zentraler Stelle registriert. Wenn nun ein Service-Consumer-Modul auf einen bestimmten Provider-Module-Typ, durch das Service-Provider-Interface definiert, zugreifen möchte, wird ein LookUp auf der Registrierungsstelle ausgeführt und eine passende Implementierung des Provider-Module-Typs zurückgeliefert. Das Prinzip ist ähnlich der Funktionsweise von Dependency-Injection-Frameworks. Im Java-Modulsystem steht dem Entwickler allerdings keine explizite Registrierungsstelle zur Verfügung, wo die Provider-Module selbst registriert werden können, sondern die Service-Provider-Module werden vom Modulsystem automatisch ermittelt. Es ist dadurch also beispielsweise nicht möglich, über diesen Mechanismus Module zur Laufzeit zu entfernen oder ganz neu hinzuzufügen. Dafür liefert dieser Ansatz eine einfache Lösung für lose gekoppelte Module, die eine individuelle Konfiguration zur Laufzeit erlauben. Beispielsweise ist die grafische Oberfläche einer Anwendung in einem Modul gekapselt und je nach Auswahl des Benutzers wird ein anderes Modul mit einer anderen Oberfläche verwendet.

Nachfolgend wird zunächst gezeigt, wie der Service-Mechanismus vor Java 9 verwendet wurde und auch weiter verwendet werden kann, und danach wird der Service-Provider-Mechanismus im Kontext des Java-Modulsystems vorgestellt.

3.3.1 Services vor Java 9

Um die Funktionsweise zu verstehen, werden ein Interface und ein Provider erstellt und gezeigt, wie dieser Provider zur Laufzeit geladen wird.

1. Service-Provider-Interface erstellen

Als Erstes wird ein Interface angelegt, welches die Dienste beschreibt. In diesem Beispiel stellen die Services die Methode `getName()` zur Verfügung.

Listing 3–12
Service.java

```
package de.firma.spi

public interface Service {
  public String getName();
}
```

2. Provider erstellen

Als Nächstes ist ein Provider zu erstellen, der das Interface implementiert:

Listing 3–13
FirstService.java

```
package de.firma.provider

public class FirstService implements Service {
      @Override
      public String getName() {
            return "Erster Service.";
      }
}
```

Ein Provider wird häufig als einzelnes jar verpackt und in den Klassenpfad gelegt. Durch die sogenannte **Provider-Konfigurationsdatei** wird der Provider als solcher identifiziert und vom Classloader geladen. Bei der Provider-Konfigurationsdatei handelt es sich um eine Textdatei (*im UTF-8-Format encoded*), die den vollqualifizierten Namen des Interfaces trägt und im META-INF/services-Verzeichnis abgelegt wird:

Listing 3–14
de.firma.api.Service

```
META-INF/services/de.firma.api.Service
```

In diese Datei sind dann die vollqualifizierten Namen aller Klassen eingetragen, die das Interface implementieren. In diesem Fall enthält die Datei folgenden Inhalt:

```
de.firma.provider.FirstService
```

3. Zugriff auf die Provider

Der Zugriff auf die Provider erfolgt über den ServiceLoader, dessen Methode *load(<Interface>)* alle registrierten (*über die META-INF/services/ [Interface-Name] registriert*) Provider liefert.

```
ServiceLoader<MyService> services =
        java.util.ServiceLoader.load(MyService.class);
services.forEach(service -> {
        System.out.println(service.getName());
});
```

Der ServiceLoader implementiert die java.lang.Iterable Schnittstelle, wodurch leicht über die Service-Implementierungen iteriert werden kann.

Abb. 3–13
Services laden

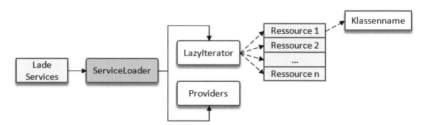

Beim Aufruf von ServiceLoader.load(Service.class) wird ein Cache für die Provider erzeugt und es steht ein Iterator zur Verfügung, der bei jedem Schritt die Provider-Konfigurationsdatei Zeile für Zeile liest (s. Abbildung 3–13). Weil jede Zeile in der Konfigurationsdatei genau einen vollqualifizierten Klassennamen beinhaltet, weiß der ServiceLoader genau, wo die Klasse zu finden und wie diese zu instanziieren ist. Die eigentliche Instanziierung einer Klasse wird erst bei einem konkreten Zugriff vorgenommen, wobei die instanziierte Providerklasse für zukünftige Zugriffe über den gleichen ServiceLoader in dem erzeugten Cache abgelegt wird (s. Abbildung 3–14).

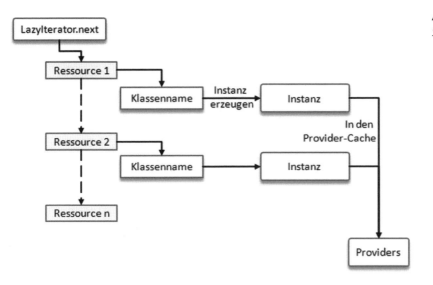

Abb. 3–14
Services laden

Mit Java 9 wurde dieser Mechanismus für die Verwendung mit Modulen erweitert, wie im nächsten Abschnitt gezeigt wird. Bei der Verwendung von Providern im Modulpfad und im Klassenpfad ist zu beachten, dass Provider in Named Modules, also im Modulpfad, immer vor Providern im Klassenpfad bzw. Provider in Unnamed Modules gefunden werden.

3.3.2 Services mit Modulen

Um zu zeigen, wie Services im Kontext des Java-Modulsystems verwendet werden, werden zunächst ein Service-Consumer-Modul und zwei Service-Provider-Module erstellt, die über ein Service-Provider-Interface in Beziehung zueinander stehen. Die Abhängigkeitsbeziehungen zwischen den Modulen ist in Abbildung 3–15 dargestellt.

Eine passende Verzeichnisstruktur ist zu erzeugen:

1. `cd \MeinWorkspace`
2. `mkdir ServiceProvider`
3. `cd ServiceProvider`
4. `mkdir src\de.firma.spi\de\firma\spi`
5. `mkdir src\de.firma.provider\de\firma\provider`
6. `mkdir src\de.firma.consumer\de\firma\consumer`

Abb. 3–15
Service-Provider-Graph

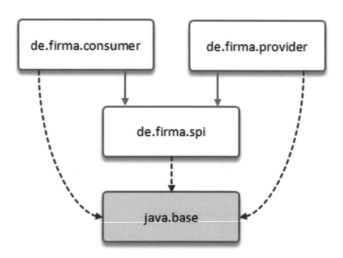

Danach werden die Moduldeskriptoren erstellt. Der Moduldeskriptor des Service-Provider-Interface im Verzeichnis src\de.firma.spi sieht so aus:

Listing 3–15
module-info.java

```
module de.firma.spi {
    exports de.firma.spi;
}
```

Und der Moduldeskriptor für den Service-Provider im Verzeichnis src\de.firma.provider enthält diese Angaben:

Listing 3–16
module-info.java

```
module de.firma.provider {
    requires transitive de.firma.spi;
    provides de.firma.spi.ServiceInterface
    with de.firma.provider.ServiceImplementierungA,
    de.firma.provider.ServiceImplementierungB;
}
```

In der module-info.java ist nun deklariert, dass das Provider-Modul de.firma.provider für das ServiceInterface die beiden Implementierungen ServiceImplementierungA und ServiceImplementierungB anbietet. Der Consumer kann dann zur Laufzeit entscheiden, welche Implementierung verwendet werden soll.

Desweiteren wird noch der Moduldeskriptor des Service-Consumers benötigt. Der Inhalt des entsprechenden Moduldeskriptor im Verzeichnis src\de.firma.consumer zeigt folgendes Listing:

```
module de.firma.consumer {
   requires de.firma.spi;
   uses     de.firma.spi.ServiceInterface;
}
```

Listing 3-17
module-info.java

Die eigentliche Implementierung des Service-Provider-Interfaces im Verzeichnis src\de.firma.spi\de\firma\spi sieht wie folgt aus:

```
package de.firma.spi;

public interface ServiceInterface {
   String getName();
}
```

Listing 3-18
ServiceInterface.java

Die Implementierung des ersten Providers im Verzeichnis src\de.firma .provider\de\firma\provider sieht wie folgt aus:

```
package de.firma.provider;

import de.firma.spi.ServiceInterface;

public class ServiceImplementierungA
            implements ServiceInterface {
  @Override
  public String getName() {
    return ServiceImplementierungA.class.getSimpleName()
      + " aus " + ServiceImplementierungA.class.getModule();
  }
}
```

Listing 3-19
Service ImplementierungA.java

Und die Implementierung des zweitens Providers so:

```
package de.firma.provider;

import de.firma.spi.ServiceInterface;

public class ServiceImplementierungB
            implements ServiceInterface {
  @Override
  public String getName() {
    return ServiceImplementierungB.class.getSimpleName()
      + " aus " + ServiceImplementierungB.class
                  .getModule();
  }
}
```

Listing 3-20
Service ImplementierungB.java

Zu guter Letzt wird noch ein Service-Consumer-Modul im Verzeichnis src\de.firma.consumer\de\firma\consumer erstellt. Das folgende Listing zeigt, dass die Auswahl des Providers, also die Auswahl der konkreten Implementierung, zur Laufzeit mithilfe des **java.util.ServiceLoader** erfolgt. Dieser liefert über einen Iterator alle beim Start der Anwendung vorhandenen Provider, wobei zur Startzeit mindestens ein Provider vorhanden sein muss, da die Anwendung ansonsten nicht startet. Die Auswahl des passenden Providers muss der Consumer bzw. die Anwendung selber vornehmen.

Listing 3–21
ServiceConsumer.java

```java
package de.firma.consumer;

import java.util.Iterator;
import java.util.ServiceLoader;
import de.firma.spi.ServiceInterface;

public class ServiceConsumer {
  public static void main(String[] args) {
    Iterator<ServiceInterface> iterator =
      ServiceLoader.load(ServiceInterface.class)
              .iterator();
    if(!iterator.hasNext()) {
      System.out.println("Keine Implementierung
        des ServiceInterface vorhanden.");
    }
    while(iterator.hasNext()) {
      System.out.println(iterator.next().getName());
    }
  }
}
```

Die endgültige Projektstruktur sieht wie folgt aus:

Die Module werden wie folgt gebaut und die Anwendung zur Ausführung gebracht:

1. Kompilieren und verpacken des de.firma.spi-Moduls

```
javac -d classes\de.firma.spi
    ↪ src\de.firma.spi\*.java
    ↪ src\de.firma.spi\de\firma\spi\*.java
jar --create --file=modules\de.firma.spi.jar
    ↪ -C classes\de.firma.spi .
```

```
[\MeinWorkspace\ServiceProvider]
`- [src]
    |-- [de.firma.consumer]
    |    |--[de]
    |    |    `— [ firma]
    |    |         `-- [consumer]
    |    |              `-- ServiceConsumer.java
    |    `-- module-info.java
    |-- [de.firma.provider]
    |    |-- [de]
    |    |    `-- [firma]
    |    |         `-- [provider]
    |    |              `-- ServiceImplementierungA.java
    |    |              `-- ServiceImplementierungB.java
    |    `-- module-info.java
    |-- [de.firma.spi]
         |-- [de]
         |    `-- [firma]
         |         `-- [spi]
         |              `-- ServiceInterface.java
         `-- module-info.java
```

Abb. 3-16
Service-Provider-Projektstruktur

2. Kompilieren und verpacken des de.firma.provider-Moduls

```
javac -p modules -d classes\de.firma.provider
    ↪ src\de.firma.provider\*.java
    ↪ src\de.firma.provider\de\firma\provider\*.java
jar --create --file=modules\de.firma.provider.jar
    ↪ -C classes\de.firma.provider .
```

3. Kompilieren und verpacken des de.firma.consumer-Moduls

```
javac -p modules -d classes\de.firma.consumer
    ↪ src\de.firma.consumer\*.java
    ↪ src\de.firma.consumer\de\firma\consumer\*.java
jar --create --file=modules\de.firma.consumer.jar
    ↪ --main-class=de.firma.consumer.ServiceConsumer
    ↪ -C classes\de.firma.consumer .
```

4. Starten der Anwendung

```
java -p modules -m de.firma.consumer
```

3.3.3 ServiceLoader und Module

Im obigen Beispiel wurde das Laden der Provider-Module mittels des ServiceLoader vorgestellt und gesagt, dass die Auswahl des passenden Providers von der Anwendung selbst vorgenommen werden muss. In diesem Abschnitt werden das Laden und die Auswahl des passenden Providers näher beleuchtet. Der vom ServiceLocator erzeugte Provider-Cache kann über dessen reload-Methode jederzeit gelöscht werden, was eine Neuermittlung der Provider nach sich zieht.

Lokalisierung von Providern

Bisher wurde der load()-Methode des ServiceLoader nur der Service-Typ mitgegeben, wodurch das eigentliche Laden der Klassen über den Klassenloader erfolgte, der dem aktuellen Thread zugeordnet ist. Weitere Möglichkeiten wären die explizite Übergabe des zu verwendenden Klassenloaders oder eines ModuleLayers. Im letzteren Fall werden nur die Provider-Module gefunden, die sich in dem übergebenen Modul-Layer oder dessen Parent-Layern befinden, und somit nur Provider in Named Modules. Im ersten Fall hingegen wird durch den Klassenlader nach Providern sowohl in Named Module, wie auch in Unnamed Modules gesucht. Grundsätzlich haben Provider in Named Modules Vorrang zu eventuell gleichnamigen in Unnamed Modules.

ServiceLoader.load()

- **load(Class service)**: Erzeugt einen neuen ServiceLoader für den übergebenen Service-Typ und verwendet den Klassenloader des aktuellen Threads zur Lokalisierung der Provider.
- **load(Class service, ClassLoader loader)**: Verwendet zur Lokalisierung der Provider den übergeben Klassenloader.
- **load(ModuleLayer layer, Class service)**: Sucht auf dem übergebenen ModuleLayer und dessen Eltern-Layer nach den Providern.

Auswahl und Filterung von Providern

In den bisherigen Beispielen wurde einfach über die zur Verfügung stehenden Provider iteriert und deren Funktionalität aufgerufen. In der Regel wird aber bei Zugriffen auf Provider eine bestimmte Service-Implementierung gewünscht sein. Eine Hilfe ist hierbei die stream()-Methode des ServiceLocator, wodurch sich ein Stream über die Provider holen lässt, auf welchem dann komfortabel gefiltert und selektiert werden kann.

Die Methoden-Signatur sieht wie folgt aus:

```
public Stream<ServiceLoader.Provider<S>> stream()
```

Die stream()-Methode liefert einen Stream von Instanzen des Service-Loader.Provider-Interfaces zurück. Die Methode type() der Service-Loader.Provider-Instanz liefert den Typ des Providers, also der Service-Implementierung, zurück und die Methode get() erzeugt bei Aufruf die eigentliche Instanz des Providers und liefert diesen zurück. Der Stream kann also beliebig gefiltert und bearbeitet werden und erst bei Aufruf der get()-Methode der ServiceLoader.Provider-Instanz wird der eigentliche Provider instanziiert und zurückgegeben.

Die folgenden Code-Beispiele zeigen die Verwendung etwas näher, wobei die ServiceInterface-Klasse das Service-Provider-Interface bezeichnet. Jeder Zugriff auf die Provider folgt grundsätzlich über die load()-Methode des ServiceLocator:

```
ServiceLoader<ServiceInterface> serviceIterator =
        ServiceLoader.load(ServiceInterface.class);
```

Dies liefert einen Iterator (*Serviceloader implementiert das Iterable-Interface*) über alle gefundenen Provider, die das ServiceInterface.class implementieren, in Form von Instanzen des ServiceLoader.Provider-Interfaces.

Es ist auch möglich, sich eine Collection oder Liste aller Service-Provider-Instanzen zurückgeben zu lassen:

```
Set<ServiceInterface> providerCollection =
        ServiceLoader.load(ServiceInterface.class)
  .stream().map(Provider::get)
  .collect(Collectors.toSet());

List<ServiceInterface> providerList =
        ServiceLoader.load(ServiceInterface.class)
  .stream().map(Provider::get)
  .collect(Collectors.toList());
```

Hier wird ein Stream erzeugt und durch map(Provider::get) auf jeder ServiceLoader.Provider-Instanz die get()-Methode aufgerufen, um eine Instanz des eigentlichen Service-Providers zu erzeugen und ein HashSet oder eine ArrayList der Instanzen zurückzugeben.

Mit findFirst() ließe sich auch gezielt nur der erste Eintrag der Provider-Liste zurückgeben:

```
Optional<ServiceInterface> providerOptional =
            ServiceLoader.load(ServiceInterface.class)
  .stream().map(Provider::get)
  .findFirst();
Provider provider = providerOptional.get();
```

Dies würde die konkrete Instanz des ersten auftretenden Service-Providers verpackt in einem `Optional` zurückliefern. Der Aufruf von `get()` auf dem `Optional` liefert die Provider-Instanz. Zu beachten ist, dass die Reihenfolge der gefundenen Provider zufällig ist und nur durch eine Sortierung des Streams festgelegt werden kann.

Folgender Code sortiert die Provider nach ihren Klassennamen alphabetisch und liefert eine Liste der Provider-Instanzen zurück:

```
List<ServiceInterface> providerList =
            ServiceLoader.load(ServiceInterface.class)
  .stream()
  .sorted(Comparator.comparing(provider
                      -> provider.type().getName()))
  .map(Provider::get)
  .collect(Collectors.toList());
```

Natürlich ist es auch möglich, sich direkt den Wert des `Optional` zurückgeben zu lassen, wie folgender Code zeigt:

```
ServiceInterface provider =
        ServiceLoader.load(ServiceInterface.class)
  .stream().map(Provider::get)
  .findFirst().orElse(null);
```

Es wird die `orElse()`-Methode der `Optional`-Klasse aufgerufen, die entweder den ersten Provider zurückliefert oder, wenn keiner gefunden wurde, das der Methode übergebene Objekt. In diesem Beispiel wird `null` zurückgeliefert, aber hier wäre es auch möglich, einen Default-Provider zurückzugeben.

Um den Stream zunächst nach verschiedenen Kriterien zu filtern, z. B. nach den Provider-Namen, kann Folgendes getan werden:

```
List<ServiceInterface> providerList =
            ServiceLoader.load(ServiceInterface.class)
  .stream()
  .filter(provider -> provider.type().getName()
                      .startsWith("de.firma"))
  .map(Provider::get)
  .collect(Collectors.toList());
```

Der Code liefert eine `ArrayList` der Provider, deren vollständiger Name mit *de.firma* beginnt. Eine besonders hilfreiche Möglichkeit der Filterung, ist die Verwendung von Annotations, wie folgender Code zeigt:

```
List<ServiceInterface> providers =
            ServiceLoader.load(ServiceInterface.class)
  .stream()
  .filter(provider -> provider.type()
                .isAnnotationPresent(ServiceAnnotation.class))
  .map(Provider::get)
  .collect(Collectors.toList());
```

Hier wird eine Liste aller Provider zurückgeliefert, die mit @Service-Annotation annotiert sind. Der nächste Abschnitt zeigt das obige um Annotations erweiterte Beispiel.

Beispiel mit Annotations

Wie im vorangegangenen Beispiel gibt es wieder die drei Module de.firma.spi, de.firma.provider und de.firma.consumer (Abbildung 3–17).

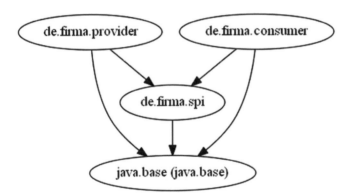

Abb. 3–17
Abhängigkeitsgraph

Das Interface-Modul de.firma.spi enthält unverändert das folgende Service-Provider-Interface und den Moduldeskriptor:

```
module de.firma.spi {
  exports de.firma.spi;
}
```

Listing 3–22
module-info.java

```
package de.firma.spi;

public interface ServiceInterface {
  String getName();
}
```

Listing 3–23
ServiceInterface.java

Dazu kommen nun jedoch noch die beiden Annotations @ServiceA und @ServiceB zur späteren Identifizierung der Provider.

Listing 3–24
ServiceA.java

```
package de.firma.spi;
import java.lang.annotation.Retention;
import java.lang.annotation.RetentionPolicy;

@Retention(RetentionPolicy.RUNTIME)
public @interface ServiceA {
}
```

Listing 3–25
ServiceB.java

```
package de.firma.spi;
import java.lang.annotation.Retention;
import java.lang.annotation.RetentionPolicy;

@Retention(RetentionPolicy.RUNTIME)
public @interface ServiceB {
}
```

Das de.firma.provider-Modul enthält zwei Service-Provider, die nun jeweils mit einem der Annotations markiert sind. Der Moduldeskriptor und die Provider sehen nun wie folgt aus:

Listing 3–26
module-info.java

```
module de.firma.provider {
    requires transitive de.firma.spi;
    provides de.firma.spi.ServiceInterface
        with de.firma.provider.ServiceImplementierungA,
            de.firma.provider.ServiceImplementierungB;
}
```

Und die annotierten Provider:

Listing 3–27
Service
ImplementierungA.java

```
package de.firma.provider;
import de.firma.spi.ServiceInterface;
import de.firma.spi.ServiceA;

@ServiceA
public class ServiceImplementierungA
                    implements ServiceInterface {
  @Override
  public String getName() {
    return ServiceImplementierungA.class.getSimpleName() +
      " aus " + ServiceImplementierungA.class.getModule();
  }
}
```

```java
package de.firma.provider;

import de.firma.spi.ServiceInterface;
import de.firma.spi.ServiceB;

@ServiceB
public class ServiceImplementierungB
                    implements ServiceInterface {
  @Override
  public String getName() {
    return ServiceImplementierungB.class.getSimpleName() +
      " aus " + ServiceImplementierungB.class.getModule();
  }
}
```

Listing 3–28
Service ImplementierungB.java

Im de.firma.consumer-Modul werden die Provider anhand ihrer Annotations ermittelt. Der Moduldeskriptor bleibt unverändert:

```java
module de.firma.consumer {
  requires de.firma.spi;
  uses     de.firma.spi.ServiceInterface;
}
```

Listing 3–29
module-info.java

```java
package de.firma.consumer;

import java.util.Iterator;
import java.util.ServiceLoader;
import de.firma.spi.ServiceInterface;
import de.firma.spi.ServiceA;
import de.firma.spi.ServiceB;

public class ServiceConsumer {
  public static void main(String[] args) {
    ServiceLoader<ServiceInterface> services =
      ServiceLoader.load(ServiceInterface.class);

    ServiceInterface serviceA = ServiceConsumer
      .getServiceByAnnotation(services, ServiceA.class);
    System.out.println(serviceA.getName());

    ServiceInterface serviceB = ServiceConsumer
      .getServiceByAnnotation(services, ServiceB.class);
    System.out.println(serviceB.getName());
  }
```

Listing 3–30
ServiceConsumer.java

```
      private static ServiceInterface getServiceByAnnotation(
       ServiceLoader<ServiceInterface> services, Class clazz) {
         return services.stream().filter(
          provider -> provider.type()
          .isAnnotationPresent(clazz))
          .map(ServiceLoader.Provider::get).findFirst().get();
       }
     }
```

Beim Service-Provider-Mechanismus, wie generell bei Anwendungen, bestehen diese in der Regel immer aus mehreren Modulen. Diese enthalten neben den Klassen auch meistens Ressourcen in verschiedenster Form (z. B. Properties-Dateien, Bilder usw.). Im nächsten Kapitel wird behandelt, wie auf diese Ressourcen inerhalb eines Moduls, aber auch modulübergreifend zugegriffen werden kann.

Inhalt Moduldeskriptor

Terminologie Moduldefinition

- **module:** Mit diesem Schlüsselwort beginnt die Moduldefinition gefolgt vom Modulnamen.
- **requires:** Wird verwendet, um anzugeben, wovon das Modul abhängt. Hinter diesem Schlüsselwort steht ein Modulname.
- **transitive:** Wird hinter dem *requires*-Schlüsselwort angegeben und bedeutet, dass jedes Modul, welches von dem Modul abhängt, wo die *requires transitive <modulename>* definiert ist, eine implizite Abhängigkeit zum Modul *<modulename>* erhält.
- **exports:** Nach diesem Schlüsselwort steht der Paketname, der von dem Modul nach außen sichtbar und zugreifbar sein soll.
- **opens:** Das hinter diesem Schlüsselwort angegebene Paket wird zur Laufzeit nach außen freigegeben und ist per Reflection zugreifbar. Dies ist wichtig für Frameworks, wie z. B. Hibernate.
- **uses:** Gibt die verwendete Service-Schnittstelle an, die dieses Modul verwendet. Hinter diesem Schlüsselwort wird der vollständige Klassenname der Schnittstelle angegeben.
- **provides ... with:** Hiermit wird beschrieben, dass ein Modul für eine Service-Schnittstelle eine Implementierung zur Verfügung stellt. Mehrere Provider-Implementierungen werden durch Kommata getrennt angegeben. Hinter dem *provides*-Schlüsselwort wird der vollständige Klassenname der Service-Schnittstelle angegeben und hinter dem *with*-Schlüsselwort, die entsprechende Implementierung oder die Implementierungen der Schnittstelle.

3.4 Ressourcen

In diesem Kapitel wird geklärt, wie aus einer Anwendung heraus auf Ressourcen zugegriffen werden kann. Zu beachten ist hier insbesondere der Umstand, dass ab Java 9 neben den Klassen auch die Ressourcen in Modulen gekapselt sein können und somit nicht ohne Weiteres modulübergreifend auf diese zugegriffen werden kann.

Die Methoden zur Auffindung von Ressourcen finden sich in diesen Klassen:

- java.lang.Class
- java.lang.ClassLoader
- java.lang.Module

Die ersten beiden Klassen existierten bereits vor Java 9 und deren Methoden für den Ressourcen-Zugriff funktionieren unter Berücksichtigung der Modulgrenzen wie gewohnt. Mit der neuen Modul-Klasse ist die Methode getResourceAsStream() hinzugekommen, die einen InputStream auf eine Ressource innerhalb eines Moduls zurückliefert.

Bei den Ressourcen-Bezeichnungen sind grundsätzlich Namen mit und ohne führenden Schrägstrich zu unterscheiden. Eine Bezeichnung mit Schrägstrich bezeichnet dabei einen absoluten Ressourcennamen.

Beispiele wären:

de/firma/resources/text.properties
/de/firma/resources/text.properties

Gelesen von links nach rechts wird alles bis zum letzten Schrägstrich als Paketname der Ressource interpretiert. Ist dieses Paket in dem Modul, in welchem nach der Ressource gesucht wird, vorhanden, dann wird von einer gekapselten Ressource gesprochen. Ressourcen zu kapseln ist immer sinnvoll, wenn diese innerhalb der Anwendung eindeutig sein sollen und der Zugriff zu kontrollieren ist.

Ob eine Ressource innerhalb eines Named Module gefunden bzw. zugreifbar ist, hängt von Folgendem ab:

- Wenn ein Ressourcenname mit *.class* endet, dann ist die Ressource nicht gekapselt und zugreifbar.
- Wenn aus dem Ressourcennamen ein *gültiger* Paketname des Moduls abgeleitet wird und es sich nicht um eine Ressource mit Endung *.class* handelt, dann kann auf diese nur zugegriffen werden, wenn die Ressource aus dem gleichen Modul heraus aufgerufen wird oder das Paket im Falle eines modulübergreifenden Zugriffs mit **opens** geöffnet wurde.

- Wenn die Ressource einen nicht gültigen Paketnamen hat (z. B. /META-INF), dann ist sie nicht im Modul gekapselt und es kann immer auf diese zugegriffen werden.

Ein paar Beispiele verdeutlichen die Zugriffsmöglichkeiten:

```
URL url = App.class.getResource("App.class");
```

Wenn `App.class` in einem Named Module liegt, dann wird die `getResource()`-Methode versuchen, die Ressource im gleichen Modul zu finden. Da die Klasse nach sich selber sucht, wird diese natürlich auch fündig.

Anders verhält es sich mit folgendem Code:

```
URL url = App.class
    .getResource("/java/lang/Object.class");
```

Es wird nach der Ressource im Modul gesucht, welches die `App.class` enthält. Die Ressource liegt allerdings im `java.base`-Modul und wird daher nicht gefunden. Funktionieren würde hingegen:

```
URL url =
    Object.class.getResource("/java/lang/Class.class");
```

`Object.class` und `Class.class` liegen beide im Modul `java.base`. Möglich ist auch der Ressourcen-Zugriff über die Modulklasse:

```
InputStream layoutStream = App.class.getModule()
    .getResourceAsStream(de/firma/main/test.properties);
```

Hier wird zunächst das Modul, in welchem die Klasse `App.class` liegt, geholt und die Methode `getResourceAsStream()` zum Auffinden der Ressource verwendet. Die alternative Möglichkeit wäre:

```
URL cssURL = App.class
    .getResource(/de/firma/main/test.properties);
```

Falls alle geladenen Module eines ModuleLayers nach einer Ressource durchsucht werden sollen oder während der Laufzeit zwar der Modulname bekannt ist, aber nicht direkt zu referenzieren ist, kann auch zunächst eine Suche nach dem Modul über den Layer angestoßen werden:

```
ModuleLayer bootLayer = ModuleLayer.boot();
Optional<Module> moduleOpt =
  bootLayer.findModule("de.firma.test");
if (module.isPresent()) {
  Module module = moduleOpt.get();
  String resource ="de/firma/modules/text.properties";
```

```
    InputStream inputStream =
            module.getResourceAsStream(resource);
    if (inputStream != null) {
        // gefunden
    }
}
```

Um die Zugriffsmöglichkeiten in einem vollständigen Beispiel zu zeigen, werden als Nächstes zwei Module erzeugt, bei dem eines auf Ressourcen des anderen zugreift.

3.4.1 Modulübergreifender und -interner Zugriff

Anhand eines Beispiels mit zwei Modulen werden im Folgenden die Möglichkeiten für den modulübergreifenden Zugriff gezeigt. Das auf die Ressourcen zugreifende Modul sei durch folgenden Moduldeskriptor deklariert:

```
module de.firma.ref.main {
    requires de.firma.ref.resources;
}
```

Das Modul mit den Ressourcen ist beschrieben durch:

```
module de.firma.ref.resources {
        exports de.firma.ref.resources.exported;
        opens de.firma.ref.resources.opened;
}
```

Die Verteilung der Klassen und Ressourcen auf die beiden Module ist den Projektstrukturen in Abbildung 3–18 zu entnehmen. Das Gesamtprojekt ist als Multi-Maven-Projekt angelegt mit den beiden Java-Modulen als Unterprojekte.

Die verschiedenen Zugriffsmöglichkeiten auf die Ressourcen sind aus der App-Klasse ersichtlich:

```
package de.firma.ref.main;

import java.io.IOException;
import java.io.InputStream;
import java.net.URL;
import java.util.Optional;
import java.util.Properties;
```

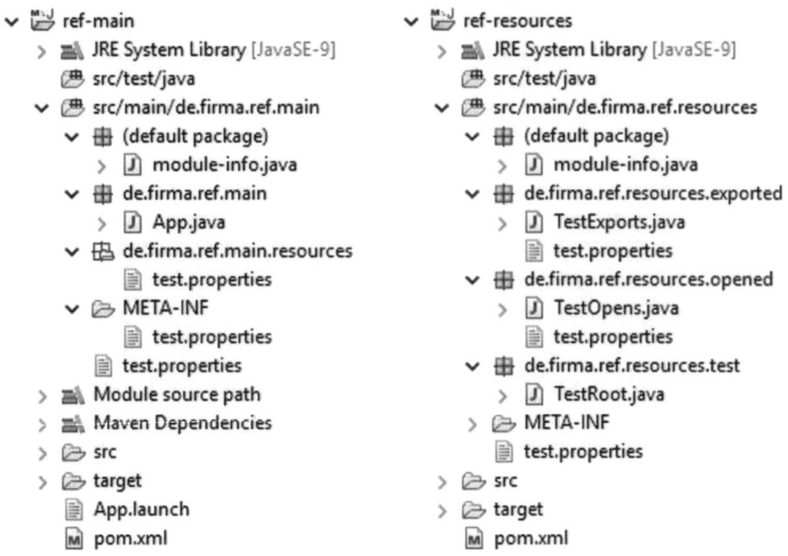

Abb. 3-18
Projektstruktur mit den Ressourcen

```
v 🗁 ref-main                                    v 🗁 ref-resources
  > ⬛ JRE System Library [JavaSE-9]               > ⬛ JRE System Library [JavaSE-9]
    📁 src/test/java                                📁 src/test/java
  v 📁 src/main/de.firma.ref.main                v 📁 src/main/de.firma.ref.resources
    v ⊞ (default package)                          v ⊞ (default package)
      > 🗋 module-info.java                          > 🗋 module-info.java
    v ⊞ de.firma.ref.main                        v ⊞ de.firma.ref.resources.exported
      > 🗋 App.java                                  > 🗋 TestExports.java
    v 🗂 de.firma.ref.main.resources                📄 test.properties
      📄 test.properties                         v ⊞ de.firma.ref.resources.opened
    v 🗁 META-INF                                   > 🗋 TestOpens.java
      📄 test.properties                            📄 test.properties
      📄 test.properties                         v ⊞ de.firma.ref.resources.test
  > ⬛ Module source path                            > 🗋 TestRoot.java
  > ⬛ Maven Dependencies                         > 🗁 META-INF
  > 🗁 src                                           📄 test.properties
  > 🗁 target                                    > 🗁 src
    📄 App.launch                                > 🗁 target
    📄 pom.xml                                     📄 pom.xml
```

```java
public class App {
  public App() {
  }
  public static void main(String[] args) throws Exception {
    // -------------------------------------
    // Zugriffe innerhalb des Moduls
    // -------------------------------------
    ClassLoader cLoader = App.class.getClassLoader();
    InputStream inputStream = cLoader
      .getResourceAsStream("META-INF/test.properties");
    printProperties(inputStream);

    // fuktioniert, da META-INF ist kein Paket
    inputStream = App.class.getModule()
      .getResourceAsStream("META-INF/test.properties");
    printProperties(inputStream);

    url = App.class.getResource("/META-INF/test.properties");

    inputStream = App.class.getModule()
      .getResourceAsStream(
        "de/firma/ref/main/resources/test.properties");
    printProperties(inputStream);

    url = App.class.getResource(
      "/de/firma/ref/main/resources/test.properties");
```

```java
    // -------------------------------------
    // Zugriffe modulübergreifend
    // -------------------------------------
    ModuleLayer bootLayer = ModuleLayer.boot();
    Optional<Module> moduleOpt =
     bootLayer.findModule("de.firma.ref.resources");
    if (moduleOpt.isPresent()) {
      Module module = moduleOpt.get();
      inputStream = module.getResourceAsStream(
                "META-INF/test.properties");
      if (inputStream != null) {
        printProperties(inputStream);
      }

      inputStream = module.getResourceAsStream(
        "de/firma/ref/resources/test/TestRoot.class");

      // paket nur exported, daher kein Zugriff auf .properties
      inputStream = module.getResourceAsStream(
        "de/firma/ref/resources/exported/test.properties");
      // aber zugriff auf .class möglich
      inputStream = module.getResourceAsStream(
       "de/firma/ref/resources/exported/TestExports.class");

      // Paket mit opens freigegeben, daher Zugriffe möglich
      inputStream = module.getResourceAsStream(
         "de/firma/ref/resources/opened/test.properties");
      inputStream = module.getResourceAsStream(
         "de/firma/ref/resources/opened/TestOpens.class");
    }
  }
  private static void printProperties(InputStream inputStream)
                                              throws IOException {
    Properties properties = new Properties();
    properties.load(inputStream);
    String woher = properties.getProperty("woher");
    System.out.println("Woher: " + woher);
  }
}
```

> **Modulübergreifender Ressourcenzugriff**
>
> Das Paket, in welchem die Ressource liegt, die für andere Module zugreifbar sein soll, mit **opens** nach außen öffnen und wie folgt zugreifen:
> ```
> InputStream inputStream = module.getResourceAsStream(
>   "[Paket ohne führendem Schrägstrich]/[Dateiname]")
> ```

Nachdem nun der Ressourcen-Zugriff gezeigt wurde und in den Kapiteln davor, wie Module generell erstellt und genutzt werden können, stellt sich die Frage, wie mit JAR-Bibliotheken umgegangen wird, die keine Module sind, oder wie solche Nicht-Module in Modulen verwendet werden können. Diese Möglichkeit ist wichtig für die Abwärtskompatibilität von Java und für die Nutzung von Modulen in Anwendungen, die mit Java vor Version 9 erstellt wurden. Das nächste Kapitel zeigt, wie diese Fragen gelöst wurden.

3.5 Arten von Modulen

Das Java-Modulsystem unterscheidet folgende fünf Arten von Modulen:

- Platform Explicit Modules
- Application Explicit Modules
- Automatic Modules
- Open Modules
- Unnamed Module

Abb. 3–19
Modularten

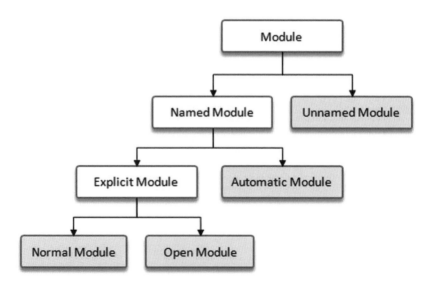

Alle Module außer der Modulart **Unnamed Module** haben einen Modulnamen und sind daher der Gruppe der **Named Modules** zuzuordnen. Die Gruppe **Named Modules** teilt sich in **Explicit Modules** und **Automatic Modules** auf. Bei Letzteren handelt es sich um gewöhnliche JARs, die im Modulpfad liegend vom Modulsystem automatisch als Module behandelt werden. Diese bringen keinen eigenen Moduldeskriptor mit im Gegensatz zu den **Explicit Modules**. Letztere werden nochmals in normale Module und **Open Modules** unterteilt. Die **Open Modules** sind zur Laufzeit für jeglichen Reflection-Zugriff geöffnet. Abbildung 3–19 liefert eine Überblickshierarchie über alle Modularten, die nicht zu den Java-Plattform-Modulen gehören.

Die nächsten Kapitel beleuchten kurz das Wesen der einzelnen Modularten und erläutern, wie diese miteinander im Zusammenhang stehen und zudem für eine Abwärtskompatibilität von Java sorgen und wie die Modularten die Softwaremigration unterstützen.

3.5.1 Platform Explicit Modules

Die Java Runtime selbst ist seit Java 9 ebenfalls modularisiert, wobei hier von den sogenannten Plattform-Modulen gesprochen wird. Weitere Details lassen sich dem Kapitel über das modularisierte JDK entnehmen, insbesondere wie individuell zusammengestellte Java Runtimes erstellt werden können. Das einzige Plattform-Modul, das immer benötigt wird, ist das java.base-Modul, welches die Kernfunktionalität von Java enthält, sowie das Java-Modulsystem selbst. Bei diesem Modul handelt es sich um ein **Aggregatormodul**, dass eine Reihe von Modulen kapselt.

```
module java.base {
    exports java.io;
    exports java.lang;
    exports java.lang.annotation;
    exports java.lang.invoke;
    exports java.lang.module;
    exports java.lang.ref;
    exports java.lang.reflect;
    exports java.math;
    exports java.net;
        exports sun.net.www to
                java.desktop,
                javafx.web,
                jdk.deploy
    ...
}
```

Der Ausschnitt des Moduldeskriptors zeigt, dass ein Teil der Modulnamen mit dem Präfix java beginnen und andere mit jdk. Alle in der Java SE 9-Plattform-Spezifikation definierten Module, auf die innerhalb von Anwendungen direkt zugegriffen wird, beginnen mit java, und alle anderen, die wichtig für das JDK sind, beginnnen mit jdk.

3.5.2 Application Explicit Modules

Bei Modulen dieser Art handelt es sich um Module von Anwendungen, die einen Moduldeskriptor enthalten (*module-info.java*) mit allen deklarierten Abhängigkeiten und Sichtbarkeiten. Bei den in den bisherigen Beispielen erstellten Modulen, handelt es sich um eben diese, die gepackt auch als **Modular Jars** bezeichnet werden.

Es reicht also ein Moduldeskriptor, wie z. B. folgender, und die Verortung des resultierenden JARs in den Modulpfad, um ein Application Explicit Module zu erhalten.

```
module de.firma.moda {
        exports de.firma.moda;
}
```

3.5.3 Automatic Modules

Diese Module sind besonders wichtig für die Abwärtskompatibilität und für die Migration von Anwendungen hin zu einer auf Java-Modulen basierenden, modularisierten Architektur. Wenn JAR-Bibliotheken, die keinen Moduldeskriptor besitzen, in den Modulpfad gelegt werden, dann werden diese JARs als sogenannte Automatic Modules behandelt. Das bedeutet, dass diese JARs, die aufgrund des fehlenden Moduldeskriptors eigentlich keine Module darstellen, aufgrund ihrer Positionierung im Modulpfad als solche speziellen Module behandelt werden. Das Modulsystem verwendet den JAR-Dateinamen als Modulnamen (ohne Versionsnummer und Endung) und exportiert automatisch alle enthaltenen Pakete. Zusätzlich importiert das Automatic Module alle anderen verfügbaren Module und kann somit auf alle exportierten Pakete anderer Module zugreifen. Application Explicit Modules können umgekehrt auf Automatic Modules zugreifen.

Beispiel: Die bekannte Bibliothek guava-22.0.jar wird in den Modulpfad gelegt. Das JAR enthält keinen Moduldeskriptor und das Java-Modulsystem behandelt diese Bibliothek beim Start als Automatic Module und weist diesem den Modulnamen guava zu.

Der Moduldeskriptor eines Application Explicit Modules, der diese Bibliothek nutzen möchte, könnte dann so aussehen:

```
module de.firma.moda {
      exports de.firma.moda;
      requires guava;
}
```

3.5.4 Namensfestlegung für Automatic Modules

Neben der automatischen Namenszuweisung für Automatic Modules durch das Java-Modulsystem ist es möglich, den Namen festzulegen. Hierfür wird die MANIFEST.MF-Datei des JARs um den Eintrag Automatic-Module-Name ergänzt.

Eine gültige Manifest-Datei könnte dann wie folgt aussehen:

```
Manifest-Version: 1.0
Created-By: Apache Maven 3.5.0
Build-Jdk: 9
Automatic-Module-Name: supermod
```

Listing 3–31
MANIFEST.MF

Ein JAR mit diesem Manifest, welches auf dem Modulpfad liegend als Automatic Module behandelt wird, würde dann von anderen Modulen über requires supermod referenziert werden können.

Das folgende Beispiel zeigt das Modul de.firma.modmain und das als Automatic Module behandelte JAR modauto-1.0-SNAPSHOT.jar. Letzterem würde vom Modulsystem automatisch der Name modauto zugewiesen werden, aber im Beispiel wird beim Bau der Anwendung der Name supermod festgelegt.

Das Automatic Module besteht nur aus folgender Klasse:

```
package de.firma.modauto;

public class Test {
  public static String getInfo(){
    return "Info von de.firma.modauto";
  }
}
```

Das Explicit Module bekommt folgenden Moduldeskriptor und die ausführbare Klasse App:

```
module de.firma.modmain {
  requires supermod;
}
```

```
package de.firma.modmain;

import de.firma.modauto.Test;

public class App {
  public static void main(String[] args) {
    System.out.println("modmain called");
    System.out.println(Test.getInfo());
  }
}
```

Beim Verpacken der Klasse Test in ein JAR, soll das Manifest automatisch erweitert werden. Hier für wird die Datei manifestModAuto.txt mit dem entsprechenden Eintrag erzeugt:

Listing 3–32
manifestModAuto.txt

```
Automatic-Module-Name: supermod
```

Zu beachten ist, dass hinter der namensgebenden Zeile zwingend ein Zeilenumbruch erfolgen muss, da die Zeile sonst nicht in das erzeugte Manifest aufgenommen wird.

Die Kompilierung und das Verpacken des Automatic Modules erfolgt wie folgt:

```
javac -d classes\modauto
    ↪ modauto\src\main\java\de.firma.modauto
    ↪ \de\firma\modauto\*.java
jar --create
    ↪ --file modules\modauto.jar
    ↪ --manifest=manifestModAuto.txt
    ↪ -C classes\modauto .
```

Danach wird das Explicit Module erstellt:

```
javac -p modules
    ↪ -d classes
    ↪ --module-source-path modmain\src\main\java
    ↪ modmain\src\main\java\de.firma.modmain\*.java
    ↪ modmain\src\main\java\de.firma.modmain
    ↪ \de\firma\modmain\*.java
jar --create
    ↪ --file modules\de.firma.modmain.jar
    ↪ --main-class de.firma.modmain.App
    ↪ -C classes\de.firma.modmain .
```

Gestartet werden kann die Anwendung dann auf diesem Wege:

`java -p modules -m de.firma.modmain`

Bei der zum Buch vorhandenen Quellcode-Sammlung liegt dieses Beispiel zusätzlich als Maven-Variante vor.

3.5.5 Open Modules

Grundsätzlich gilt bei der Entwicklung von Modulen: Was nicht exportiert wird, ist nach außen auch nicht sichtbar. Dieser restriktive Zugriffsschutz ist bei der Anwendungsentwicklung richtig und genügt dem Modularisierungsprinzip. Nun ist es in der realen Java-Welt aber so, dass sich viele Konzepte und Frameworks wie z. B. Context and Dependency Injection (CDI) und die Persistierung mittels der Java Persistence API (JPA) etabliert haben, die fleißig Gebrauch machen vom Klassenzugriff per Reflection. Dazu gesellen sich viele Implementierungen vergangener Zeit, die als Teil einer bestehenden Anwendung vielleicht hin zu Modulen migriert werden sollen. Bei der Entstehung der Spezifikation des Java-Modulsystems mit dem Projekt Jigsaw wurde dieser Punkt über einen langen Zeitraum intensiv diskutiert. Beim trivialen Ansatz wird das Paket, auf welches mit Reflection zugegriffen werden soll, einfach exportiert. Dies würde aber in den meisten Fällen der gewünschten Modulkapselung völlig zuwiderlaufen. Aus diesem Grund wurden die Open Modules ersonnen.

Diese Module sind ähnlich zu den Explicit-Modules, aber mit dem Unterschied, dass **zur Laufzeit** alle Pakete für **Deep Reflection** exportiert bzw. zugänglich gemacht werden. Mit Deep Reflection ist der Zugriff auch auf nicht öffentliche Typen gemeint, also die Möglichkeit des kompletten Zugriffs per Reflections, wie er auch vor Java 9 genutzt werden konnte. Diese Module weichen das Konzept der starken Kapselung ganz offensichtlich auf, wurden aber nach langen Diskussionen als diese zusätzliche Modulart in die Spezifikation aufgenommen, was sich darauf begründet, dass gerade bei der Migration viele Module aufgetaucht sind, die den Reflections-Mechanismus benötigen. Bei der modularen Softwareentwicklung sollte allerdings sehr genau überlegt werden, ob der Zugriff per Reflections wirklich in eigenen Modulen zulässig sein soll. Diese Art von Modulen ist neben den Automatic Modules insbesondere bei der Migration von Anwendungen hin zu einer modularisierten Form hilfreich.

Der folgende Moduldeskriptor zeigt, wie ein Modul als Open Modul deklariert wird, wodurch alle seine Pakete automatisch für den Zugriff durch Deep Reflection freigegeben sind:

```
open module de.firma.moda {
  // alle Pakete für Deep Reflection geöffnet
}
```

Eine andere Möglichkeit ist die Freigabe von Pakete für Deep Reflections innerhalb von Nicht-Open-Modules:

```
module de.firma.moda {
  // Paket sichtbar nach außen
  exports de.firma.moda.paketa;
  // opens erlaubt Zugriff per Deep Reflection
  opens de.firma.moda.internal;
  // Paket sichtbar nach außen und Zugriff
  // per Deep Reflection möglich
  exports de.firma.moda.paketb;
  opens de.firma.moda.paketb;
}
```

Das Paket paketa des Moduls de.firma.moda wird zur Kompilierungs- und Laufzeit exportiert. Dahingegen ist das Paket internal nach außen nicht sichtbar, aber zur Laufzeit für Deep-Reflection-Zugriffe geöffnet. Auch lassen sich beide Schlüsselwörter für das gleiche Paket verwenden. Im obigen Moduldeskriptor ist das Paket paketb nach außen sichtbar und wird zur Kompilierungs- und Laufzeit exportiert und ist ebenfalls für Deep Reflection geöffnet.

3.5.6 Unnamed Module

Wie in einem vorherigen Abschnitt bereits erläutert, ist es möglich, neben dem Modulpfad auch weiter den klassischen Classpath zu nutzen. Falls nun ein Classpath definiert ist und sich in diesem Klassen und JAR-Bibliotheken befinden, dann werde diese alle zusammen dem sogenannten Unnamed Module zugeordnet. JAR-Bibliotheken im Classpath können keine Java-Module sein, selbst wenn diese über einen Moduldeskriptor verfügen sollten. Echte Java-Module müssen also immer im Modulpfad liegen, selbst wenn der Classpath mit genutzt werden soll. Alle Klassen im Unnamed Module können untereinander beliebig aufeinander zugreifen, wie es auch aus Java bis Version 8 bekannt ist. Zudem kann das Unnamed Module auf alle anderen Java-Module zugreifen. Der umgekehrte Weg, also der Zugriff auf das Unnamed Module, ist nur den Automatic Modules gestattet, aber nicht den Application Explicit Modules. Dies macht auch Sinn, da Application Explicit Modules das Modul, auf welches sie zugreifen wollen, explizit lesen müssen (requires [Modulname]) und das Unnamed Module hat keinen

Namen. Zudem wäre eine zuverlässige Konfiguration einschließlich des Modulgraphen gar nicht möglich. Pro Classloader kann es maximal ein Unnamed Module geben. Um dem potenziellen Problem der Namensgleichheit von Paketen im Classpath und Modulpfad vorzubeugen, gibt es zudem die Regel, dass Named Modules immer dem Unnamed Module gegenüber bevorzugt werden. Wenn also ein Paket sowohl in einem Named Module, wie auch in einem Unnamed Module liegt, wird immer das Paket im Named Module gelesen. Dies ist wichtig, um weiterhin einen eindeutigen Abhängigkeitsgraphen bilden zu können.

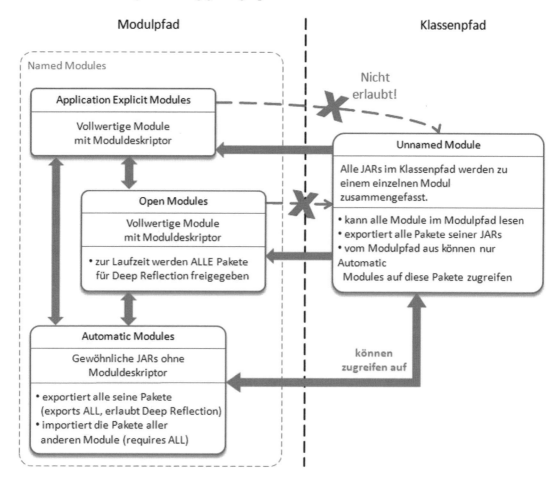

Abb. 3–20
Arten von Modulen mit Zugriffsrechten

3.6 Reflection

Der Zugriff auf nicht exportierte Packages ist zwar grundsätzlich untersagt, aber wie im Zusammenhang mit den Open Modules (3.5.5) bereits erläutert, gibt es die Möglichkeit der Öffnung von Paketen für den Zugriff durch Deep Reflection.

Bis Java 8 war es möglich, durch ein setAccessible(true) auf als private oder protected geschützte Typen zuzugreifen. Diese Zugriffsmöglichkeit wird als **Deep Reflection** bezeichnet im Gegensatz zum **Shallow Reflection**, der den Reflection-Zugriff bezeichnet, der ohnehin erlaubt ist. Das Schlüsselwort opens für Pakete bzw. open für Module erlaubt nun die Öffnung von Paketen zur Laufzeit für Deep-Reflection-Zugriffe und wird im Folgenden anhand eines Beispiels vorgestellt.

Abbildung 3–21 zeigt den Zusammenhang der Module untereinander. Es existieren die beiden Application Explicit Modules de.firma.modmain und de.firma.moda, sowie das Open Module de.firma.modb. Modul de.firma.modmain hat zudem eine Lese-Beziehung zum Modul de.firma.moda, welches sein Paket de.firma.moda.paketa exportiert und für Deep-Reflection-Zugriffe öffnet und sein Paket de.firma.moda.internal ausschließlich für Deep-Reflection-Zugriffe freigibt. Das Open Module de.firma.modb wird zur Laufzeit geladen, aber von keinem anderen Modul importiert. Alle drei Module liegen im sogenannten Bootlayer. Worum es sich darum genau handelt, wird im nächsten Kapitel 3.7 beschrieben. An dieser Stelle reicht es, zu wissen, dass die Module in einer gemeinsamen Schicht liegen.

Die Moduldeskriptoren sehen wie folgt aus:

Listing 3–33
module-info.java

```
module de.firma.modmain {
    requires de.firma.moda;
}


module de.firma.moda {
    // Paket sichtbar nach aussen
    exports de.firma.moda.paketa;
    // fuer Zugriff auf private-Methoden in paketa
    opens de.firma.moda.paketa;
    // opens erlaubt Zugriff per Deep Reflection
    opens de.firma.moda.internal;
}


open module de.firma.modb {
    // alle Pakete für Deep Reflection freigegeben
}
```

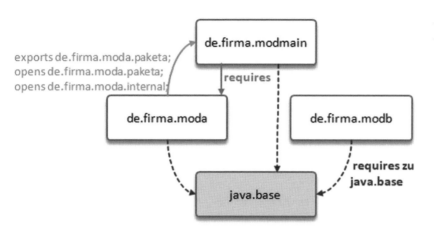

Abb. 3–21
Abhängigkeiten der Module

Die Pakete aller Module bekommen jeweils eine Klasse mit einer public-Methoden test und einer private-Methode testPrivate, die jeweils von der Klasse App im de.firma.modmain aufgerufen werden sollen. Folgende Klassen werden hierfür angelegt:

```
package de.firma.moda.paketa;

public class TestA {
  public String test(String call) {
    return "TestA.test aufgerufen: " + call;
  }
  private String testPrivate(String call) {
    return "TestA.testPrivate aufgerufen: " + call;
  }
}
```

Listing 3–34
TestA.java

```
package de.firma.moda.internal;

class Internal {
  public String test(String call) {
    return "Internal.test aufgerufen: " + call;
  }
  private String testPrivate(String call) {
    return "Internal.testPrivate aufgerufen: " + call;
  }
}
```

Listing 3–35
Internal.java

Listing 3–36
TestB.java

```java
package de.firma.modb;

public class TestB {
  public String test(String call) {
    return "TestB.test aufgerufen: " + call;
  }
  private String testPrivate(String call) {
    return "TestB.testPrivate aufgerufen: " + call;
  }
}
```

Da das Paket de.firma.moda.paketa exportiert wird, ist dieses nach außen sichtbar und die innerhalb dieses Pakets enthaltene Klasse TestA kann mit import de.firma.moda.paketa.TestA; direkt importiert werden. Auf die public-Methoden kann dann wie folgt, direkt und per Shallow Reflection zugegriffen werden:

```java
TestA testA = new TestA();
testA.test("direkter Aufruf")

Method m = testA.getClass().getMethod("test", String.class);
m.invoke(testA, "Aufruf per Reflection")
```

Und da das Paket durch das Schlüsselwort opens auch mittels Deep Reflection freigegeben wurde, ist auch ein Zugriff auf die private Methode möglich:

```java
Method m = testA.getClass()
.getDeclaredMethod("testPrivate", String.class);
m.setAccessible(true);
m.invoke(testA, "Aufruf per Reflection")
```

Weiter soll nun auch auf die Klasse TestB des Open Module zugegriffen werden, welches allerdings vom Modul de.firma.modmain nicht importiert wird. Wie in Abbildung 3–21 zu sehen, liegen alle Module im Bootlayer, was nun die Möglichkeit eröffnet, auf dieser Schicht nach dem Open Module de.firma.modb zu suchen und danach auf dieses zuzugreifen.

Zunächst wird auf dem Bootlayer nach dem Modul gesucht:

```java
Optional<Module> optModule = ModuleLayer.boot()
.findModule("de.firma.modb");
```

Danach wird der Klassenloader des Moduls geholt und über diesen die Klasse TestB geladen und eine Instanz von dieser erzeugt:

```
Module modb = optModule.get();
Class<?> testBClass = modb.getClassLoader()
.loadClass("de.firma.modb.TestB");
Constructor<?> constructor = testBClass
.getDeclaredConstructor();
constructor.setAccessible(true);
Object testB = constructor.newInstance();
```

Bei Vorhandensein einer Instanz des Moduls kann dann per Deep Reflection auf alle Methoden der Klasse zugegriffen werden. Listing 3–37 zeigt den entsprechenden Inhalt der App-Klasse.

Listing 3–37
App.java

```
package de.firma.modmain;

import de.firma.moda.paketa.TestA;
import java.lang.reflect.Constructor;
import java.lang.ModuleLayer;
import java.lang.reflect.Method;
import java.lang.Module;
import java.util.Optional;

public class App {
  public static void main(String[] args) throws Exception {
    TestA testA = new TestA();

    // direkter Aufruf: public Methode
    System.out.println(testA.test("direkter Aufruf"));

    // Aufruf per Reflection: public Methode
    Method m = testA.getClass()
                    .getMethod("test", String.class);
    System.out.println(m.invoke(testA,
                       "Aufruf per Reflection"));

    // Aufruf per Reflection: private Methode
    m = testA.getClass()
      .getDeclaredMethod("testPrivate", String.class);
    m.setAccessible(true);
    System.out.println(m.invoke(testA,
                       "Aufruf per Reflection"));

    // Modul de.firma.modb wurde in den Bootlayer geladen,
    // aber es existiert ueber den Moduldeskriptor von
    // de.firma.modmain keine Import-Beziehung
```

```
      Optional<Module> optModule = ModuleLayer.boot()
        .findModule("de.firma.modb");
      if (optModule.isPresent()) {
        System.out.println("Modul de.firma.modb gefunden");
        Module modb = optModule.get();

        Class<?> testBClass = modb.getClassLoader()
          .loadClass("de.firma.modb.TestB");
        Constructor<?> constructor =
        testBClass.getDeclaredConstructor();
        constructor.setAccessible(true);
        Object testB = constructor.newInstance();

        // Aufruf per Reflection: public Methode
        m = testB.getClass().getMethod("test", String.class);
        m.setAccessible(true);
        System.out.println(m.invoke(testB,
          "Aufruf per Reflection"));

        // Aufruf per Reflection: private Methode
        m = testB.getClass()
          .getDeclaredMethod("testPrivate", String.class);
        m.setAccessible(true);
        System.out.println(m.invoke(testB,
                          "Aufruf per Reflection"));
      } else {
        System.out.println("Modul de.firma.modb nicht
          gefunden. Muss mit '--add-modules de.firma.modb'
          hinzugefuegt werden");
      }
    }
  }
}
```

Die resultierende Verzeichnisstruktur zeigt Abbildung 3–22. Der Quellcode lässt sich wie folgt kompilieren:

1. javac -d classes
    ↪ --**module**-source-path src
    ↪ src\de.firma.modmain*.java
    ↪ src\de.firma.modmain\de\firma\modmain*.java
2. javac -d classes
    ↪ --**module**-source-path src src\de.firma.moda*.java
    ↪ src\de.firma.moda\de\firma\moda\paketa*.java
    ↪ src\de.firma.moda\de\firma\moda\internal*.java

3.6 Reflection

```
▼ MeinWorkspace
    ▼ 5-Reflection
        ▼ src
            ▼ de.firma.moda
                ▼ de
                    ▼ firma
                        ▼ moda
                            ▼ internal
                                Internal.java
                            ▼ paketa
                                TestA.java
                module-info.java
            ▼ de.firma.modb
                ▼ de
                    ▼ firma
                        ▼ modb
                            TestB.java
                module-info.java
            ▼ de.firma.modmain
                ▼ de
                    ▼ firma
                        ▼ modmain
                            App.java
                module-info.java
```

Abb. 3-22
Verzeichnisstruktur

3. `javac -d classes`
   ↪ `--module-source-path src src\de.firma.modb\*.java`
   ↪ `src\de.firma.modb\de\firma\modb\*.java`

Für das Starten des Programmes ist es wichtig, dass mit `--add-modules` das Modul `de.firma.modb` hinzugefügt wird, da dieses sonst nicht in den Bootlayer geladen würde. Der Grund ist, dass mit `-m de.firma.modmain/de.firma.modmain.App` das Modul mit der main-Methode, also das initiale Root-Modul, angeben wird, welches aber keine direkte Abhängigkeit zum Modul `de.firma.modb` hat, und die JVM damit keine Veranlassung sieht, dieses Modul mit zu laden.

```
java -p classes --add-modules de.firma.modb
    ↪ -m de.firma.modmain/de.firma.modmain.App
```

Im Folgenden wird nun genauer erklärt, was Schichten sind und was es insbesondere mit dem Bootlayer auf sich hat.

3.7 Schichten und Klassenloader

Das Klassenlader-Konzept (*engl. Class Loader*) von Java behält auch ab Java 9 seine Gültigkeit, allerdings gibt es mit dem Einzug der modularisierten Plattform einige Änderungen.

Das Wesen des Klassenloaders (`java.lang.ClassLoader`) ist jedoch gleich geblieben:

- Der Klassenlader lädt Bytecode (als byte-Array), erzeugt Class-Objekte (*java.lang.Class*) und bringt diese in die Laufzeitumgebung ein. Dabei wird eine Klasse eindeutig durch seinen voll qualifizierten Namen und den Klassenloader, der die Klasse geladen hat, bestimmt. Durch diese Kombination ist es möglich, dass Klassen des gleichen Namens zur gleichen Zeit in der Laufzeitumgebung existieren, so lange diese von verschiedenen Klassenladern geladen wurden. Zu beachten ist, dass solche zwei Klassen nicht mehr typkompatibel zueinander sind, obwohl sie von der gleichen class-Datei erzeugt wurden.
  Einen eigenen Klassenlader zu erzeugen und eine Klasse zu laden, geht z. B. wie folgt:
  ```
  Class<?> meineKlasse = new MeinClassLoader()
                    .loadClass("neueKlasse");
  ```
- Darüber hinaus verfolgt der Klassenlader das Konzept der Delegation. Die Klassenlader stehen in einer hierarchischen Beziehung zueinander. Wenn ein Klassenlader eine Klasse laden soll, schaut er zunächst nach, ob er diese Klasse nicht bereits geladen hat. Ist dies nicht der Fall, delegiert er an seinen übergeordneten Klassenlader usw. Wenn niemand die Klasse bereits geladen hat, wird die Delegationskette wieder zurückgelaufen und bei jedem Klassenlader wird versucht, die Klasse zu laden.

Ab Java 9 gibt es immer noch drei Standard-Klassenloader, wenn auch der Extensions class loader nicht mehr existent ist. Die Java-Laufzeitumgebung beherbergt nun die folgenden drei Standard-Klassenlader:

1. Bootstrap class loader
2. Platform class loader
3. System class loader

Der Bootstrap class loader ist der Klassenlader der JVM, der die Core Java SE- und JDK-Module lädt und in der Hierarchie ganz oben steht. Plattform-Klassen werden vom Platform class loader (lädt die Java-SE-Plattform-APIs und JDK-spezifischen Laufzeitklassen) geladen, der den Bootstrap class loader als Parent-Klassenlader hat. Der System class loader (auch als Application class loader bezeichnet) ist der Standard-Loader für Named Modules und lädt Klassen typischerweise vom Anwendungsklassenpfad oder vom Modulpfad. Dieser ist es, der die eigentliche Anwendung lädt und startet und den Platform class loader als Parent-Loader hat.

Neu ab Java 9 ist das Konzept der Schichten (*engl. Layer*). Abbildung 3–23 zeigt den größeren Zusammenhang zwischen ModuleLayer, Modulen und Loadern.

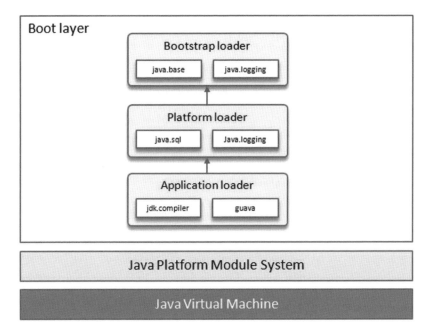

Abb. 3–23
Zusammenhang zwischen Layern, Modulen und Loadern

Beim Starten einer Anwendung wird von der JVM der Modulgraph ausgehend vom initialen Modul (also das Modul, welches die Klasse mit der main()-Methode enthält) erzeugt und auf Basis dessen die Boot-Schicht (*engl. Boot Layer*), die jedem Modul einen eindeutigen Klassenloader zuordnet. Dieser Klassenloader ist dann zuständig für das Laden der in diesem Modul enthaltenen Typen. Für die meisten Java-Anwendungen reicht dies bereits aus und der Entwickler muss sich nicht weiter um die Layer kümmern.

Ein Layer kapselt Module zur Laufzeit und ist programmatisch jederzeit zu erreichen, wie das folgende Beispiel zeigt:

```
ModuleLayer.boot().modules()
.stream()
.sorted((mod1, mod2) -> mod1.getName()
.compareTo(mod2.getName()))
.forEach(mod -> {
  ModuleDescriptor descriptor = mod.getDescriptor();
  System.out.println("Geladene Module: " + mod.getName()
  + " - version: " + descriptor.version());
});
```

In diesem Beispiel werden alle vorhandenen Module des Boot-Layers ermittelt und ausgegeben. Mit der statischen Methode `boot()` der `ModuleLayer`-Klasse, wird die aktuelle Boot-Layer-Instanz referenziert und von dieser mittels der Methode `modules()` werden alle dort vorhandenen Module ermittelt. Die Methode liefert eine Kollektion von `Module`-Objekten, die den Zugriff auf den Moduldeskriptor (`ModuleDescriptor`) ermöglichen.

Folgender Klassenausschnitt zeigt die Möglichkeiten der Modul-Klasse, die instanziiert ein Modul zur Laufzeit repräsentiert:

Listing 3–38
Module.java

```
package java.lang.reflect;

public final class Module {
    public String getName();
    public ModuleDescriptor getDescriptor();
    public ClassLoader getClassLoader();
    public boolean canRead(Module target);
    public boolean isExported(String packageName);
}
```

Das Java-Modulsystem bietet darüber hinaus die Möglichkeit zur Erstellung eigener Layer, was eine große Bandbreite neuer Möglichkeiten eröffnet. Damit lassen sich beispielsweise gleiche Module in verschiedenen Versionen nutzen oder Klassen dynamisch nachladen. Genauere Details zur Erzeugung des Modulgraphen und des darauf basierenden Layers ist Kapitel 3.9 zu entnehmen. Im nächsten Abschnitt wird erläutert, wie eigene Layer erstellt werden und wie Module verschiedener Versionen genutzt werden können.

3.7.1 Anlegen neuer Schichten

Dieser Abschnitt behandelt die Erzeugung neuer Layer und zeigt anhand eines Beispiels, welche Möglichkeiten sich daraus ergeben. Dafür wird gezeigt, wie zwei in unterschiedlichen Versionen vorliegende Module in einer Anwendung gleichzeitig verwendet werden können. Im Klassenpfad ist es nicht möglich, zwei gleiche Bibliotheken in unterschiedlichen Versionen zu verwenden, und auch wenn das Java-Modulsystem keine Versionierung direkt unterstützt, ist es möglich, auf Basis von Layern verschiedene Versionen eines JARs gleichzeitig zu verwenden. In Abbildung 3–24 sind die neu zu erzeugenden Layer 1 und 2 dargestellt, die jeweils eine andere Version des Moduls de.firma.greeting beinhalten. Beide Layer haben den Boot-Layer als Parent, um auch auf dessen Module zugreifen zu können.

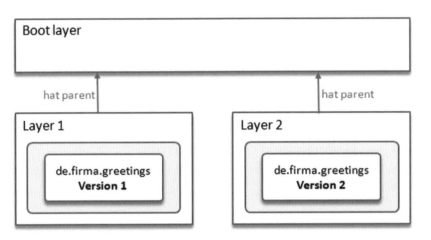

Abb. 3–24
Eigene Schichten

Zunächst wird der Moduldeskriptor des de.firma.greetings-Modul erzeugt und die Klasse App, um die Anwendung zu starten. Das Test-Modul macht nichts Weiteres, als einen 'Hallo Welt!'-String auszugeben.

```
module de.firma.greetings {
        exports de.firma.greetings;
}
```

Listing 3–39
module-info.java

```
package de.firma.greetings;

public class App {
        public static void main(String[] args) {
                System.out.println("Hallo Welt!");
        }
}
```

Listing 3–40
App.java

Der Einfachheit halber wird das Modul nach dessen Kompilierung zweimal unter Angabe verschiedener Versionen in zwei JARs verpackt.

1. ```
   javac -d classes
       ↪ --module-source-path src
       ↪ src\de.firma.greetings\*.java
       ↪ src\de.firma.greetings\de\firma\greetings\*.java
   ```
2. ```
   jar --create
       ↪ --file mod-version-1\de.firma.greetings-1.0.jar
       ↪ --module-version 1.0 -C classes\de.firma.greetings .
   ```
3. ```
   jar --create
       ↪ --file mod-version-2\de.firma.greetings-2.0.jar
       ↪ --module-version 2.0 -C classes\de.firma.greetings .
   ```

An dieser Stelle nochmals der Hinweis, dass es sich bei der mit dem Parameter --module-version übermittelten Versionsangabe um eine reine Meta-Information handelt, die wir zur Laufzeit auslesen können und nicht um eine vom Modulsystem unterstützte Versionierung. Das kompilierte Modul wird in die beiden JARs de.firma.greetings-1.0.jar und de.firma.greetings-2.0.jar verpackt.

Als Nächstes wird das Modul erstellt, dass als erstes geladen wird und sich um die Erzeugung der Layer und das Nachladen der de.firma.greetings-Module kümmert. Der Moduldeskriptor benötigt keinerlei Abhängigkeiten:

Listing 3–41
module-info.java

```
module de.firma.world {
}
```

Mit den Methoden defineModulesWithOneLoader, defineModulesWithManyLoaders und defineModules des Layer-Objekts lassen sich neue Layer erzeugen. Für das Suchen von Modulen in Verzeichnissen liefert das ModuleFinder-Objekt Unterstützung. In Kapitel 3.9 werden diese Klassen noch detaillierter vorgestellt, für das Beispiel soll an dieser Stelle die Erklärung zur Verwendung dieser Klassen ausreichen.

Nach dem Starten der Anwendung wird zunächst in den Verzeichnissen /mod-version-1 und /mod-version-2, in denen zuvor die JARs de.firma.greetings-1.0.jar und de.firma.greetings-2.0.jar abgelegt wurden, nach den zu ladenden Modulen gesucht. Danach wird ausgehend von dem geladenen Modul der Modulgraph erstellt, der in einem Configuration-Objekt abgebildet wird, und auf Basis dessen wird ein neuer Layer erstellt. Folgender Programmcode zeigt die Umsetzung:

```
ModuleFinder finder =
      ModuleFinder.of(Paths.get(modulePath));
ModuleLayer parent = ModuleLayer.boot();
Configuration newCfg = parent.configuration()
  .resolve(finder, ModuleFinder.of(),
    Set.of(MODULE_NAME));
```
```

3.7 Schichten und Klassenloader

```
Layer neuerLayer =
  parent.defineModulesWithOneLoader(newCfg,
        ClassLoader.getSystemClassLoader());
```

Was sich genau hinter der Erstellung des Modulgraphen und des damit verbundenen `Configuration`-Objekts verbirgt sowie der Zusammenhang dessen mit einem Layer, wird genauer in Kapitel 3.9 besprochen. Nachdem die neuen Layer mit den Modulen erzeugt wurden, werden die `main`-Methoden der beiden `App`-Klassen ausgeführt. Dafür wird sich an dieser Stelle des gleichen Ansatzes bedient, wie er im Reflection-Kapitel 3.6 beschrieben wurde. Die beiden neuen Layer werden durchlaufen und jeweils nach dem `de.firma.greetings`-Modul gesucht. Wenn das Modul gefunden wurde, wird dessen Version aus dem Moduldeskriptor, wie er beim Verpacken des Moduls in ein JAR angegeben wurde, ausgelesen.

```
Optional<Module> optMod = layer.findModule(MODULE_NAME);
Module mod = optMod.get();
ModuleDescriptor modDescriptor = mod.getDescriptor();
System.out.println(modDescriptor.toNameAndVersion());
```

Danach wird die Klasse `App` des Moduls geladen, erzeugt und dessen `main`-Methode aufgerufen. Listing 3–42 zeigt die gesamte Klasse.

Listing 3–42
App.java

```java
package de.firma.world;

import java.lang.module.Configuration;
import java.lang.module.ModuleDescriptor;
import java.lang.module.ModuleFinder;
import java.lang.reflect.Constructor;
import java.lang.reflect.InvocationTargetException;
import java.lang.ModuleLayer;
import java.lang.reflect.Method;
import java.lang.Module;
import java.nio.file.Paths;
import java.util.Arrays;
import java.util.List;
import java.util.Optional;
import java.util.Set;
import java.util.stream.Collectors;
```

```java
public class App {
  private static final String MODULE_NAME =
                              "de.firma.greetings";
  private static final String MODULE_CLASS =
                              "de.firma.greetings.App";

  public static void main(String[] args) {
    String[] modulePaths =
            {".\\mod-version-1",".\\mod-version-2"};

    List<Layer> layers = Arrays.stream(modulePaths)
                .map(App::createLayer)
                .collect(Collectors.toList());
    layers.stream().forEach(App::lookUpAndStartModule);
  }

  private static ModuleLayer createLayer(String modulePath) {
    ModuleFinder finder =
    ModuleFinder.of(Paths.get(modulePath));
    ModuleLayer parent = ModuleLayer.boot();
    Configuration newCfg = parent.configuration()
      .resolve(finder, ModuleFinder.of(),
      Set.of(MODULE_NAME));
    return parent.defineModulesWithOneLoader(newCfg,
                ClassLoader.getSystemClassLoader());
  }

  private static void lookUpAndStartModule(Layer layer) {
        Optional<Module> optMod =
                    layer.findModule(MODULE_NAME);
    if (optMod.isPresent()) {
     try {
       Module mod = optMod.get();
       ModuleDescriptor modDescriptor = mod.getDescriptor();
       System.out.println(modDescriptor.toNameAndVersion());

       Class<?> testBClass = mod.getClassLoader()
            .loadClass(MODULE_CLASS);
       Constructor<?> constructor =
          testBClass.getDeclaredConstructor();
       constructor.setAccessible(true);
       Object testB = constructor.newInstance();
```

```
      Method mainMethod = testB.getClass()
        .getMethod("main", String[].class);
      String[] params = null;
      System.out.println(
      mainMethod.invoke(null,(Object) params));
    } catch (Exception e) {
      System.out.println(e);
    }
  }
 }
}
```

Um das Modul zu kompilieren, zu verpacken und schließlich die Anwendung zu starten, sind folgende Anweisungen nötig:

1. `javac -d classes`
    ↪ `--module-source-path src src\de.firma.world\*.java`
    ↪ `src\de.firma.world\de\firma\world\*.java`
2. `jar --create --file mainmodule\de.firma.world.jar`
    ↪ `--main-class de.firma.world.App`
    ↪ `-C classes\de.firma.world .`
3. `java -p mainmodule -m de.firma.world`

Ein Ausschnitt der resultierenden Verzeichnisstruktur ist in Abbildung 3–25 dargestellt.

Layer sind ein mächtiges Konzept, welches viele Anwendungsmöglichkeiten bietet. Im vorliegenden Beispiel wurde im Grunde auch nicht nur die gleichzeitige Nutzung von dem gleichen Modul in verschiedenen Versionen gezeigt, sondern darüber hinaus, dass die Layer-Technik es erlaubt, verschiedene Anwendungen zur gleichen Zeit auszuführen, die doch miteinander in Verbindung stehen. Das erlaubt viele interessante Designansätze für eine Anwendung. Im obigen Beispiel wurde über den Reflection-Mechanismus auf die Klasse des neuen Layers zugegriffen, natürlich sind auch Services machbar, die dann bequem per ServiceLoader vom neuen Layer geholt werden.

Gewöhnlich wird sich eine Anwendung mit seinen Modulen jedoch nur auf dem Bootlayer bewegen. Und um der wachsenden Zahl an Modulen einer Anwendung Herr zu bleiben, liefert das Java JDK verschiedene Möglichkeiten zur Modulanalyse, die Thema des nächsten Kapitels sind.

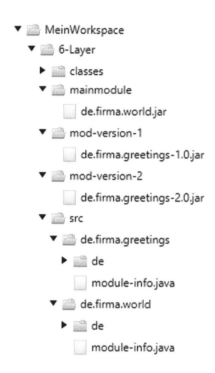

Abb. 3-25
Ausschnitt Verzeichnisstruktur

3.8 Analyse von Modulen

Mit Java 8 wurde das Analysewerkzeug **jdeps** (**Java Dependency Analysis Tool**) eingeführt. Mit diesem ist es möglich, statische Abhängigkeiten innerhalb eines Projektes zu ermitteln und alle referenzierten Pakete aufzulisten. Dieses Tool erlaubt mit Einführung von Java 9, nun auch die Modulabhängigkeiten zu analysieren und anzuzeigen.

Nachfolgend wird gezeigt, wie jdeps verwendet wird und wie sich der Modulgraph visualisieren lässt und was für weitere Analysemöglichkeiten existieren.

Hilfreiche Analysemöglichkeiten neben jdeps sind:

- `javap module-info.class`
  Anzeigend des Moduldeskriptors einer Class-Datei.
- `java -p <Modulpfad> -describe-module <Modulname>`
  Beschreibt ein Modul durch Auswertung des Moduldeskriptors (z. B. Auflistung der Abhängigkeiten)
- `java -p <Modulpfad> -validate-modules`
  Validiert die Module auf dem Modulpfad und ermittelt potenzielle Fehler.

Die Modulabhängigkeiten lassen sich mit `jdeps` auflisten, wobei der Parameter -s eine Zusammenfassung liefert:

```
jdeps -s [Modulname].jar
jdeps [Modulname].jar
jdeps *.jar
```

Moduldeskriptoren lassen sich mit dem Parameter

`--check <module-name>[,<module-name>...]`

ausgeben:

`jdeps --check [Modulname] --module-path [Modulpfad]`

Für die Analysierung der Abhängigkeiten von Modulen und die Ausgabe des Moduldeskriptors bei gleichzeitiger Identifizierung von unbenutzten Exporten ist der Parameter

`--check <module-name>[,<module-name>...]`

sehr dienlich:

`jdeps --check [Modulname] --module-path [Modulpfad]`

Modul-Informationen einer JMOD-Datei auslesen:

`jmod describe [Dateiname].mod`

Die Werkzeuge `jdeps`, `jar` und `javap` bieten natürlich noch eine Menge mehr Möglichkeiten, die jeweils mit dem Parameter --help aufgelistet werden können. Der nächste Abschnitt zeigt, wie sich die Abhängigkeiten grafisch visualisieren lassen.

3.8.1 Visualisierung des Modulgraphen

Bei Projekten, die viele Modulabhängigkeiten aufzuweisen haben, kann es sehr hilfreich sein, sich diese grafisch darstellen zu lassen. Mit dem jdeps-Tool bietet sich die Möglichkeit, Modulabhängigkeiten im DOT-Format zu speichern, um diese dann weiterzuverarbeiten.

DOT wurde ursprünglich von AT&T und den Bell Labs entwickelt. Dabei handelt es sich um eine einfache Beschreibungssprache für die visuelle Darstellung von Graphen. Für die Interpretation und grafischen Darstellung von DOT-Dateien gibt es verschiedene Renderer (manche IDEs unterstützen dies auch schon direkt oder per zusätzlichem PlugIn). Im Folgenden wird gezeigt, wie DOT-Dateien erzeugt werden, und es wird ein Renderer zur Darstellung vorgestellt.

Für die Erzeugung einer DOT-Datei mit allen Modulabhängigkeiten wird das jdeps-Tool wie folgt verwendet:

```
jdeps -dotoutput [Ausgabeverzeichnis der DOT-Datei]
    ↪ [Verzeichnis mit den Modular JARs]/*.jar
```

Dies erzeugt eine summary.dot-Datei mit den Informationen über die Abhängigkeiten. Für die grafische Visualisierung wird an dieser Stelle auf die freie Software Graphviz zurückgegriffen, die ebenfalls von AT&T und den Bell-Labs entwickelt wurde. Das Programm bietet eine Reihe von Möglichkeiten bzgl. der Graphendarstellung, wie z. B. Einfluss auf das Layout und die Farbgestaltung der Graphen zu nehmen. Hier soll die Erzeugung und Ausgabe des Graphen in eine Grafikdatei reichen.

Mit folgenden Kommandos lässt sich eine mit jdeps erzeugte DOT-Datei zu einem Graphen weiterverarbeiten:

```
[Installationsverzeichnis Graphviz]
    ↪ \bin\dot.exe
    ↪ -Tpng [Ausgabeverzeichnis der DOT-Datei]
    ↪ /summary.dot > summary.png
```

Anzeige des Graphen unter Windows:

```
start summary.png
```

Für die Reflection-Anwendung aus Kapitel 3.6 sähe der Graph wie folgt aus:

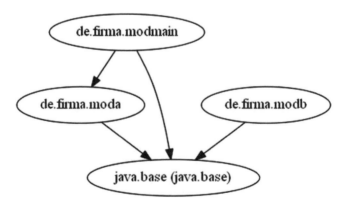

Abb. 3–26
Modulgraph der Reflection-Anwendung

Ab einer gewissen Projektgröße ist die Visualisierung der Modulabhängigkeiten ein nicht zu unterschätzendes Hilfsmittel, wobei IDEs wie NetBeans von Hause aus bereits in der Lage sind, die Abhängigkeiten grafisch aufzubereiten. Für Eclipse existieren bereits PlugIns zur Modulgraph-Visualisierung.

Bei der Erstellung und Verwendung von Java-Modulen sind aber nicht nur die Abhängigkeiten von Modulen wichtig, sondern auch die beteiligten Objekte zur Laufzeit. Um hier einen ersten Eindruck zu bekommen und zu verstehen, was für Objekte wie beteiligt und genutzt werden können, liefert das folgende Kapitel einen tieferen Einblick in die Internas des Java-Modulsystems.

3.9 Ein Blick unter die Motorhaube

Für ein tieferes Verständnis des Java-Modulsystems lohnt ein Blick auf die Entstehung des Modulgraphen und der beteiligten Objekte, die zur Laufzeit zur Verfügung stehen und hilfreich bei der Entwicklung spezieller Anforderungen sein können. Zentrale Klassen liegen dabei in den `java.lang.module`- und `java.lang.reflect`-Paketen des Moduls `java.base`. In den nachfolgenden Kapiteln werden einige dieser wichtigen Klassen und deren Zusammenhang näher beleuchtet.

3.9.1 Die Entstehung eines Modulgraphen

Der Prozess zur Auflösung von Modulabhängigkeiten sieht grundsätzlich so aus, dass ausgehend von Root-Modulen, also die Module, von denen ausgehend die Graphen aufgebaut werden, die Abhängigkeiten nach und nach ermittelt werden unter Zurhilfenahme einer vorhandenen Menge von Modulen, aus denen die abhängigen Module entnommen werden.

Angenommen, es existieren die vier Module mod1, mod2, mod3 und mod4 mit folgenden Moduldeskriptoren:

```
module mod1 { requires mod2; }
module mod2 { requires transitive mod3; }
module mod3 { }
module mod4 { }
```

Wenn das Root-Modul mod1 aufgelöst wird, ergeben sich folgende Abhängigkeiten:

mod1 → mod2   (d.\,h. mod1 liest mod2)
mod1 → mod3
mod2 → mod3

Abbildung 3–27 zeigt den entstandenen Graphen, wobei dieser auch unter übergeordneten Graphen hängen könnte, da das Modul mod1 selbst auch eine Abhängigkeit von anderen Modulen sein könnte. Falls

Abb. 3-27
Ermittelter Modulgraph von mod1

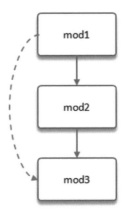

alle vorhandenen Module aufgelöst werden, würde sich schließlich ein Gesamtgraph ergeben.

Eine Besonderheit bei der Auflösung bilden die Services. Als weiteres Beispiel seien wieder vier Module mit nun folgenden Moduldeskriptoren angenommen:

```
module mod1 {
  exports package1;
  uses package1.ServiceInterface;
}
module mod2 {
  requires mod1;
  provides package1.ServiceInterface
    with package2.ServiceProvider2;
}
module mod3 {
  requires mod1;
  requires mod4;
  provides package1.ServiceInterface
    with package3.ServiceProvider3;
}
module mod4 { }
```

Für das Service-Provider-Interface package1.ServiceInterface gibt es die beiden Implementierungen package2.ServiceProvider2 und package3.ServiceProvider3, die von den beiden Modulen mod2 und mod3 zur Verfügung gestellt werden. Die oben beschriebene Auflösung des Moduls mod1 führt zunächst zu einem Graphen, der lediglich Modul mod1 enthält. Für die Berücksichtigung der Service-Provider, muss ein weiterer Schritt die Module mit den Providern in den Graphen induzieren. Hierbei wird vom Prozess des **Service Bindings** gesprochen, wo der Graph auf die *Service-use-Abhängigkeitsbeziehungen* hin untersucht und mit den entsprechenden Modulen angereichert wird.

Bei der Ermittlung des Modulgraphen nach der oben beschriebenen Vorgehensweise für alle Module ergibt sich:

mod2 → mod1
mod3 → mod1
mod3 → mod4

Der Prozess zur Ermittlung des Service-use-Graphen ergibt:

mod1 → mod2
mod1 → mod3

Die erste Zeile bedeutet, dass mod1 einen Service verwendet, der von mod2 angeboten wird, und die zweite Zeile, dass mod1 einen Service verwendet, der von mod3 angeboten wird.
Die angebotenen Service-Provider sind eben jene Implementierungen, über der Instanzen zur Laufzeit mittels des **java.util.ServiceLoader** iteriert werden kann.

Im Kontext des Java-Modulsystems wird davon gesprochen, dass bei der Auflösung eines Moduls sich eine Konfiguration ergibt, die den Graphen abbildet. Demtentsprechend gibt es im Modulsystem die Klasse Configuration, die im nächsten Kapitel näher vorgestellt wird.

3.9.2 Configuration

Beim Vorgang der Auflösung der Abhängigkeiten entsteht ein gerichteter Graph, der im Configuration-Objekt gekapselt wird. Die Knoten des Graphen, also die einzelnen Module, werden dabei durch ResolvedModule-Objekte repräsentiert und die Kanten des Graphen stellen die Lesbarkeit zwischen den Modulen dar.

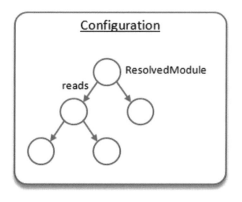

Abb. 3–28
Configuration kapselt den Modulgraphen

Abbildung 3–28 zeigt das Configuration-Objekt mit dem Graphen. Ein kurzer Klassenausschnitt macht die Verwendung klarer:

```java
public final class Configuration {
  // parent configurations in Suchreihenfolge
  private final List<Configuration> parents;

  // der Graph: welches ResolvedModul hat eine
  // Lesebeziehung zu welchen anderen Modulen
  private final Map<ResolvedModule,
          Set<ResolvedModule>> graph;

  // Liste alle in der Configuration
  // enthaltenen Modulen auf
  private final Set<ResolvedModule> modules;

  // Mapping zwischen Modulnamen
  // und ResolvedModule
  private final Map<String,
          ResolvedModule> nameToModule;

  public List<Configuration> parents() {
    return parents;
  }
  public Set<ResolvedModule> modules() {
    return modules;
  }
  // Findet ein ResolvedModule
  // mittels des Modulnamens
  public Optional<ResolvedModule>
              findModule(String name) {
    ...
  }
  public Configuration resolve(ModuleFinder before,
    ModuleFinder after, Collection<String> roots) {
    ...
  }
  // liefert die Liste der Module, die das
  // uebergebene Modul liest
  Set<ResolvedModule> reads(ResolvedModule m) {
    return Collections.unmodifiableSet(graph.get(m));
  }
```

```
  public Configuration resolve(ModuleFinder before,
    ModuleFinder after, Collection<String> roots) {
    ...
  }
  public Configuration resolveAndBind(
    ModuleFinder before, ModuleFinder after,
    Collection<String> roots) {
    ...
  }
  public static Configuration resolve(
    ModuleFinder before, List<Configuration> parents,
    ModuleFinder after, Collection<String> roots) {
    ...
  }
  public static Configuration resolveAndBind(
    ModuleFinder before, List<Configuration> parents,
    ModuleFinder after, Collection<String> roots) {
    ...
  }
  ...
}
```

Neben dem in einer `Map` abgelegten Graphen enthält die Konfiguration noch Verweise auf die eventuell vorhandenen Eltern-Konfigurationen und mappt die Modulnamen auf die `ResolvedModule`-Objekte. Falls bei der Ermittlung des Ableitungsgraphen, Module nicht in der aktuellen Konfiguration gefunden werden, wird in den Eltern-Konfigurationen weitergesucht. Darüber hinaus stehen verschiedene Methoden zur Auslesung dieser Informationen zur Verfügung und Methoden zur Ermittlung des Graphen. Bei Letzteren handelt es sich um die Methoden beginnend mit `resolve`.

Exemplarisch sei folgende Methode betrachtet:

```
public Configuration resolve(ModuleFinder before,
                             ModuleFinder after,
                             Collection<String> roots) {
    ...
}
```

Bei Ausführung dieser Methode wird eine Menge von Modulen ermittelt und auf Basis dieser ein Graph, bzw. eine Konfiguration erzeugt. Intern läuft dies so ab, dass zunächst die Module ermittelt werden, die unter Zuhilfenahme des übergebenen `ModuleFinder before` gefunden werden. Falls ein abhängiges Modul nicht gefunden werden sollte, werden die Eltern-Konfigurationen durchsucht und danach die Module, die mit dem übergebenen ModulFinder after ermittelbar sind. Über den Parameter roots kann eine Liste von Modulnamen übergeben werden, von denen aus die Graphen zu erstellen sind. Das heißt, wenn beispielsweise der einzelne Modulname mod1 übergeben wird, dann liefert die Methode eine Konfiguration mit mod1 als Root-Modul mit den darunter hängenden Abhängigkeiten. Nachdem alle Module aufgelöst wurden, wird der resultierende Graph auf Zykelfreiheit und Konsistenz geprüft und die Konfiguration zurückgeliefert.

Das folgende Beispiel löst das Modul mod1 auf und liefert die Configuration auf Basis des Boot-Layers:

```
ModuleFinder finder = ModuleFinder.of(dir1, dir2, dir3);

Configuration parent = ModuleLayer.boot().configuration();

Configuration cf = parent.resolve(finder,
  ModuleFinder.of(), Set.of("mod1"));
cf.modules().forEach(m -> {
  System.out.format("%s -> %s%n",
    m.name(), m.reads().stream()
    .map(ResolvedModule::name)
    .collect(Collectors.joining(", ")));
});
```

Beim ModulFinder handelt es sich um ein Interface, das unter anderem von ModulPath implementiert wird. Ein ModulFinder dient der Ermittlung von Modulen z. B. während der Ermittlung des Modulgraphen. Ein ModulFinder durchsucht Verzeichnisse und modular JARs nach Modulen und bei Nutzung während des Link-Vorgangs, werden zusätzlich noch JMOD-Dateien berücksichtigt. Es wird immer nach einem Modul bestimmten Namens gesucht und falls dieser in verschiedenen Verzeichnissen gefunden werden sollte, wird immer das zuerst gefundene Modul zurückgeliefern und der Rest ignoriert.

Beispiel:

```
Path dir1, dir2, dir3;
ModuleFinder finder = ModuleFinder.of(dir1, dir2, dir3);
Optional<ModuleReference> omref = finder.find("jdk.foo");
omref.ifPresent(mref -> ... );
```

Über die statische Methode of des ModulFinder-Interface wird eine ModulFinder-Instanz erzeugt und mittels find wird nach dem Modul jdk.foo in den übergebenen Verzeichnissen dir1, dir2 und dir3 gesucht.

Ein weiteres wichtiges Konzept ist das der Modulschichten, repräsentiert durch die `ModuleLayer`-Klassen, die im nächsten Kapitel näher beleuchtet werden.

3.9.3 ModuleLayer

Nachdem der Modulgraph einschließlich der resultierenden Konfiguration (`Configuration`) erzeugt wurde, kann aus der Konfiguration eine Modulschicht erzeugt werden, wodurch jedem Modul ein `Classloader` zugeordnet wird und wo die Informationen abgelegt werden, wo sich welche Klassenimplementierungen finden. Der Classloader kann für jedes Modul ein anderer sein oder die Module eines Layers teilen sich einen Classloader. Durch einen Layer und die in ihm enthaltenen Informationen, weiß die Java Virtual Machine darüber Bescheid, welche Klassen zu welchen Modulen gehören und wo diese konkret zu finden sind. Jeder Layer, außer ein komplett leerer, hat mindestens einen Parent-Layer und bei der Layer-Erstellung wird zu jedem `ResolvedModule` ein zugehöriges `Modul`-Objekt erstellt.

Zur programmatischen Erstellung eigener Layer dienen die Methoden `defineModulesWithOneLoader` und `defineModulesWithManyLoaders`. Mit diesen Methoden können bequem Layer mit Modulen erstellt werden, wo alle Module den gleichen Classloader haben oder jedes Modul seinen eigenen Classloader. Jede Java-Laufzeitumgebung hat mindestens eine nicht leere Schicht, und zwar den sogenannten **Boot-Layer**, der als Einziger das Modul `java.base` enthält. Die Module des Boot-Layers werden mit dem Bootstrap-Klassenloader und den anderen Klassenloadern gemapped.

Abbildung 3–29 verdeutlicht den Zusammenhang zwischen `Configuration` und `ModuleLayer`.

Der nachfolgende Ausschnitt der Klasse `ModuleLayer` verdeutlicht die Zusammenhänge:

```
public final class ModuleLayer {
  // die Konfiguration, auf der Basis
  // dieser Layer erstellt wurde
  private final Configuration cf;

  // parent layers
  private final List<ModuleLayer> parents;

  // mappt Modulnamen auf Module
  private final Map<String, Module> nameToModule;
```

Abb. 3–29
Zusammenhang zwischen Configuration und ModuleLayer

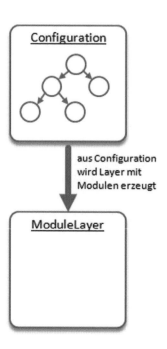

```
...

    private Layer(Configuration cf, List<Layer> parents,
      Function<String, ClassLoader> clf) {
      this.cf = cf;
      this.parents = parents;
      Map<String, Module> map;
      if (parents.isEmpty()) {
        map = Collections.emptyMap();
      } else {
        map = Module.defineModules(cf, clf, this);
      }
      this.nameToModule = map;
    }
    ...
}
```

Der ModuleLayer enthält die Configuration, auf der Basis der Layer erstellt wurde, die Liste aller Parent-Layer und ein Mapping der Modulnamen auf die erzeugten Module-Objekte. Ein Module-Objekt repräsentiert ein named oder unnamed Module zur Laufzeit. Diesem kann z. B. die Moduldeklaration in Form des ModuleDescriptor-Objekts ent-

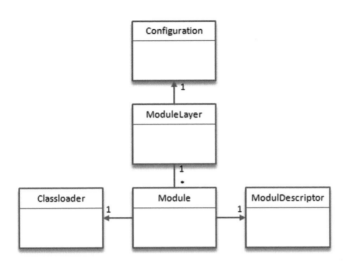

Abb. 3–30
Grober Gesamtzusammenhang

nommen werden. Abbildung 3–30 verdeutlicht den Gesamtzusammenhang.

Bei der Suche von Modulen auf ModuleLayern wird zunächst immer auf dem Layer gesucht, von dem die Suche aus gestartet wurde. Bei Nichtfinden des Moduls wird auf dem Parent-Layer weitergesucht und danach auf dem nächsten Parent-Layer usw. Abbildung 3–31 stellt solch eine Suche dar.

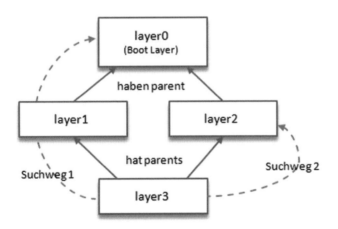

Abb. 3–31
Modulsuche auf einem ModuleLayer

In diesem Beispiel wurden die beiden ModuleLayer layer1 und layer2 erzeugt, die beide den Boot-Layer layer0 als Parent haben. Danach wurde layer3 erzeugt, der als Parent-Layer die beiden Layer layer1 und layer2 hat.

Nun soll ausgehend vom ModuleLayer layer3 ein Modul gesucht werden. Wenn dieses Modul in ModuleLayer layer2 enthalten sein sollte, sieht die Suchreihenfolge wie folgt aus:

```
layer3 -> layer1 -> layer0 -> layer2
```

Zunächst wird auf ModuleLayer layer3 die Suche gestartet. Hier wird das Modul nicht gefunden und es wird der erste Parent-Layer aus der Liste aller Parent-Layer von layer3 genommen. Dies ist layer1, auf welchem das Modul ebenfalls nicht gefunden wird und daher auf die Parent-Layer von layer1 zurückgegriffen wird. Dadurch gelangt die Suche auf den Boot-Layer layer0. Wenn auch hier das Modul nicht zur Verfügung steht, wird der nächste Parent-Layer aus der Liste der Parent-Layer von layer3 genommen. Dies ist layer2 und damit der Zielort des gesuchten Moduls.

Dieser kurze Blick unter die Motorhaube des Java-Modulsystems soll an dieser Stelle ausreichend sein, um ein tiefergehendes Gefühl für die Zusammenhänge zu bekommen. Bei der modularen Softwareentwicklung mit Java wird der Entwickler schnell auf die oben erwähnten Module, wie `Configuration`, `Layer`, `Module`, `ModuleDescriptor`, `ModuleFinder`, `ModulePath`, `ModuleInfo` und `ModuleReader` stoßen und dieses Kapitel soll helfen, einen schnelleren Einstieg zu finden. Diesem Zweck dient auch das nächste Kapitel, dass den Entwurf einer ersten, größeren modularisierten Anwendung zeigt.

3.10 Zusammenfassung

Es wurde gezeigt, wie mit dem Java-Modulsystem voneinander abgekapselte Module definiert werden können und Abhängigkeiten zwischen den Modulen zu deklarieren sind (mit `requires` und `exports`). Außer diesen direkten Abhängigkeiten können auch lose gekoppelte Service-Consumer (mit `uses`) und Service-Provider (mit `provides`) definiert werden, wobei im Unterschied zu anderen Frameworks wie z. B. OSGi keine dem Entwickler frei zur Verfügung stehende Service-Registry existiert, da die Auflösung der Provider von der Laufzeitumgebung durchgeführt wird. Das Laden von Service-Providern erfolgt über den ServiceLoader.

Es wurden die verschiedenen Arten von Named Modules und das Unnamed Module vorgestellt (Platform Explicit Modules, Application Explicit Modules, Automatic Modules, Open Modules, Unnamed Module), wobei es im Vergleich zu anderen Modulsystemen kein Life-Cycle-Modell für Module gibt und auch keine dynamische Versionierung und keine direkte Unterstützung für ein Nachladen von Modulen zur Laufzeit. Die gleichzeitige Nutzung unterschiedlicher Modulversionen zur Laufzeit oder das dynamische Nachladen lassen sich allerdings mit dem Konzept der Modulebenen (engl. Layer) realisieren. Zudem wird Modularisierung in allen Phasen geboten, insbesondere schon während des Kompilierungsvorgangs.

Ein weiterer Vorteil des Modulsystems ist, dass die modulare Softwareentwicklung an sich stärker in den Fokus rückt, welches insbesondere für die Wartbarkeit einen unschätzbaren Wert hat. Des Weiteren ist die Entwicklung von Modulen hervorragend für die agile Softwareentwicklung im Allgemeinen geeignet, bietet sie unter anderem die Möglichkeit, die Verantwortung für Module auf unterschiedliche Teams zu verteilen.

Um alle Vorteile der Java-Modularisierung zu nutzen, fehlt noch der Blick auf das modularisierte JDK und die damit verbundenen Möglichkeit, benutzerdefinierte Run-Time Images zu erstellen. Dies ist Thema des nächsten Kapitels. Die konkrete Nutzung von Entwicklungsumgebungen und die Erstellung von größeren Java-Anwendungen sind Thema der Kapitel 9 und 10.

4 Das modularisierte JDK

Mit dem Projekt Jigsaw sollte ab Java 9 nicht nur ein Java-Modulsystem für die Softwareentwicklung zur Verfügung stehen, sondern das JDK selbst sollte modularisiert werden. Die Hauptideen waren, dass sich dadurch eine dynamisch und einfach anzupassende Java-Laufzeitumgebung erstellen lässt und sich gleichzeitig die Sicherheit und Wartbarkeit erhöhen ließe. Die folgenden Kapitel stellen das Ergebnis vor. Zunächst wird kurz auf die Probleme mit dem JDK vor Java 9 eingegangen, die ersten richtigen Schritte in Richtung Modularisierung mit den Compact-Profiles in Java 8 werden vorgestellt und schließlich wird das modularisierte JDK eingeführt und wie die Erstellung individueller Java-Laufzeit-Images bewerkstelligt wird.

4.1 Das JDK war ein Monolith

Die Java-SE-Plattform startete im Jahre 1995 als kleines System mit dem ursprünglichen Ziel der Lauffähigkeit auf eingebetteten Geräten. Schon in den 90ern war hier die Vision, eine Sprache und Plattform zu schaffen, die überall lauffähig ist und auf jedem noch so kleinen Gerät eingesetzt werden kann. Lange vor der Bezeichnung des *Internet of Things* und einer flächendeckenden Verbreitung des Internets außerhalb des akademischen Betriebs wurde hier schon an dem Einsatz von Software auf eingebetteten Geräten und deren Vernetzung untereinander gedacht. Ideen und Bemühungen in dieser Richtung existierten auch schon davor, aber Java brachte einen neuen, innovativen Schwung mit und begeisterte viele Entwickler. Auch die Rede von speziellen Java-Prozessoren machte zur damaligen Zeit immer wieder die Runde, um dem Hauptproblem, der mangelnden Ausführgeschwindigkeit, Herr zu werden.

Über die Jahre ist die Java-Plattform dann gewachsen und gewachsen und mit ihr hat sich der gesamte Java-Kosmos zunehmend ausgedehnt. Die ursprünglich mit weniger als 10 Mb gestartete Plattform brachte es im Jahre 2014 mit Java 8 schon auf über 200 Mb (JDK + JRE). Dazu gesellten sich zahlreiche Bibliotheken aus der Java-

Welt und mannigfaltige Java-basierte Frameworks. Das Tolle daran war, dass sich dem Entwickler damit eine riesige Bandbreite von Möglichkeiten eröffnet hat und Java in den unterschiedlichsten Anwendungsbereichen eingesetzt werden konnte. Auf der Strecke geblieben ist dabei eines der ursprünglichen Ziele, nämlich eine schlanke Plattform für eingebettete Geräte zu schaffen.

Die Größe der Laufzeitumgebung von Java (JRE) ist zunehmend gestiegen (ab JRE 1.2 ~20 Mb bis JRE 8 ~153 Mb). Die CPUs von eingebetteten und mobilen Geräten sind mittlerweile sehr leistungsfähig, aber der zur Verfügung stehende Speicher zur Ausführung der Programme ist meist nicht ausreichend groß. Bei solchen Geräten und z. B. auch bei Clouds muss darauf geachtet werden, keine Ressourcen zu verschwenden, aber eine geladene, komplette JRE mit einer Vielzahl an Klassen, die die Anwendung überhaupt nicht benötigt, ist genau solch eine Verschwendung. Und grundsätzlich macht es auch keinen Sinn, z. B. eine JavaFX-Anwendung mit allen Swing-Bibliotheken auszuliefern.

Ein Blick in den Quellcode von Java vor Version 9 offenbart zudem noch ein weiteres Problem: Das JDK ist weitestgehend als monolithisches Softwaresystem entwickelt. Dadurch bedingt gibt es sehr viele Abhängigkeiten (auch viele zyklische), die bei der Weiterentwicklung sich eher noch verstärken. Zudem ist die Wartung eines solch großen Monolithen zunehmend komplex. Ohne zu sehr auf die Details einzugehen, ergeben sich dadurch Umstände, dass zum Beispiel für ein triviales »Hello World«-Kommandozeilenprogramm über 300 Klassen initialisiert und geladen werden und das Starten der Anwendung auch auf modernen Desktop-Computern knapp 100 ms benötigt. Die sich daraus ergebenden Folgen für große Anwendungen sind damit leicht abzuschätzen. Auch die Sicherheit war immer ein Thema, da in der Java-Welt grundsätzlich jede Klasse erreichbar ist, und sei es über Reflection. Dies führte weiter dazu, dass auch nicht offiziell freigegebene interne Pakete in Java von den Entwicklern genutzt wurden (z. B. sun.misc.* oder *.internal.*). Auch das Classpath-Konzept wurde im Laufe der Jahre immer überarbeitungswürdiger, wie ein Blick in die MANIFEST.MF-Datei einer großen Anwendung zeigt, wo sich der Classpath auch mal über viele Hundert Zeilen hinziehen kann.

Es soll allerdings nicht unerwähnt bleiben, dass sich in den Java-Versionen vor 9 bzgl. Performance immer viel getan hat und das Thema Performance-Verbesserungen nie aus den Augen verloren wurde. Mit der zunehmenden Digitalisierung der Gesellschaft und der damit einhergehenden Notwendigkeit, Software auf kleinen Geräten laufen zu lassen, und der Verbreitung von Cloud- und Container-Technologien ist jedoch der Punkt erreicht, wo etwas geschehen musste. Ganz abgesehen davon, dass der Java-Monolith auch weiter gewachsen wäre mit allen Problemen, die dies für die Wartung und Weiterentwicklung mit sich gebracht hätte. Das Ziehen der Notbremse war also längst überfällig, aber einen so großen Monolithen wieder beherrschbar zu machen, kostet natürlich Zeit. Alleine die Spezifizierung des neuen Modul-Formats und die Einigung auf die anzugehenden Themen mit dem Projekt Jigsaw hat Jahre gedauert. Das erste Licht am Horizont erschien dann mit Java 8 und den Compact Profiles, die Thema des nächsten Kapitels sind.

4.2 Compact Profiles

Ursprünglich war die Einführung des modularisierten JDK für Java 8 geplant. Dies war dann leider nicht der Fall, aber es gab zumindest einen ersten kleinen Modularisierungsansatz bzgl. des JDK, in dem es ab dieser Version möglich war, nicht mehr die komplette JRE ausliefern zu müssen, sondern lediglich Untermengen aller Bibliotheken. Diese Untermengen waren gebündelt in den sogenannten kompakten Profilen (*Compact Profiles*, siehe Abbildung 4–1):

- `compact1` umfasst alle grundlegenden Java-Pakete, die jede Anwendung benötigt. Dies beinhaltet grundlegende Sprachfeatures, Datenstrukturen, I/O, Netzwerk-Funktionalitäten und anderes.
- `compact2` erweitert `compact1` um Implementierungen zu SQL und Transaktionen, RMI DOM und XML.
- `compact3` beinhaltet `compact2` und umfasst zusätzliche Bibliotheken zu Reflections, Annotations, Namensdienste und weitere.

Der durch die Profile eingesparte Platz ist beträchtlich, wie alleine der Vergleich der rt.jar (rt = runtime, enthält alle kompilierten Klassen des JREs) in folgender Tabelle zeigt:

JRE	rt.jar (ohne Kompression)	rt.jar (mit Kompression)
JRE komplett	61,7 Mb	30,1 Mb
Compact 3	30,5 Mb	14,9 Mb
Compact 2	24,8 Mb	12,0 Mb
Compact 1	13,9 Mb	7,1 Mb

Die Compact Profiles sind mit der Version 9 kein Bestandteil mehr von Java.

Abb. 4–1
Übersicht der Compact Profiles

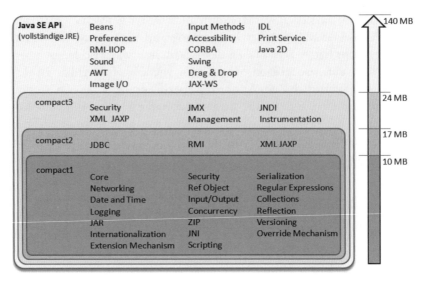

4.3 Die Modularisierung der Plattform

Mit der Modularisierung der Plattform wurde das JDK in verschiedene Module aufgeteilt, die sich für unterschiedliche Laufzeitkonfigurationen zusammenfügen lassen. Dabei wird zwischen Standardmodulen, deren Spezifikation dem Java Community Process (JCP) unterliegt, den JDK-spezifischen Modulen und den Modulen, die Teil der Java-SE-Plattformspezifikation sind, unterschieden.

Die Benennung der Modulnamen erfolgt dabei anhand bestimmter Regeln. Standardmodule beginnen mit der Zeichenkette java., die Module des JavaFX-Frameworks mit javafx. und mit jdk. starten die Namen aller weiteren Module.

Abbildung 4–2 zeigt einen Ausschnitt der modularen JDK-Struktur als Graphen. Jeder Knoten entspricht dabei einem Modul und jede Kanten steht für eine Abhängigkeitsbeziehung.

Das Modul java.base am unteren Ende hängt von keinem anderen Modul ab und enthält alle essenziellen Klassen der Java SE, wie z. B. java.lang.Object, wodurch alle Module zwingend von diesem abhängig sind. Im obersten Teil des Graphen befindet sich das Modul java.se, welches in der Funktion einer Aggregation sämtliche Java-SE-Module liest und deren Exporte reexportiert, ohne eigene Inhalte hinzuzufügen. Das java.se-Modul enthält also alle in der Java-SE-Spezifikation enthaltenen Module. Nicht-Standardmodule enthalten Debugger- und Servicewerkzeuge und JDK-spezifische APIs wie beispielsweise jdk.jconsole und jdk.jdi.

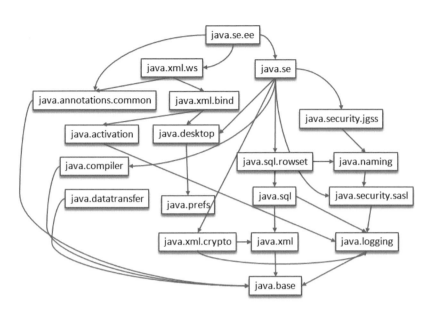

Abb. 4-2
Ausschnitt der
JDK-Modulstruktur

Mit der Modularisierung des Programmcodes hat sich auch die Struktur des JDK verändert, wie im nächsten Kapitel zu lesen ist.

4.3.1 JDK-Struktur

Dis bisherige Verzeichnisstruktur des JDK ist in Abbildung 4–3 ersichtlich. Im bin-Verzeichnis befinden sich alle im JDK enthaltenen Entwicklungswerkzeuge und das lib-Verzeichnis beherbergt alle Dateien einschließlich bestimmter Java-Bibliotheken, die die Entwicklungswerkzeuge benötigen. Im jre-Verzeichnis befindet sich die Java Runtime Environment (JRE), also die Laufzeitumgebung der Java-Plattform, die alles für die Ausführung von Anwendungen enthält und eine komplette Implementierung der Java-Plattform darstellt.

Mit Java 9 hat sich diese Struktur gänzlich geändert, wie Abbildung 4–4 zeigt. Zunächst einmal gibt es keiner Trennung mehr zwischen dem JDK und der JRE. Das JDK ist jetzt einfach ein Laufzeit-Image, welches alle Module enthält, einschließlich der Entwicklungstools. Auch existieren die beiden sehr bekannten Java-Bibliotheken rt.jar und tools.jar nicht mehr. Bei der rt.jar handelte es sich um die Laufzeit Bibliothek (*rt = runtime*), die mit dem JRE ausgeliefert wurde und alle Bootstrap-Klassen enthielt, also die gesamte Basisfunktionalität von Java (die Core Java API). Im lib-Verzeichnis des JDK befand sich bisher unter anderem die tools.jar, die Klassen enthielt, die von den Werkzeugen und Dienstprogrammen im JDK benötigt wurden. Des Weiteren wird der *Java Endorsed Standards Override Mechanism* und

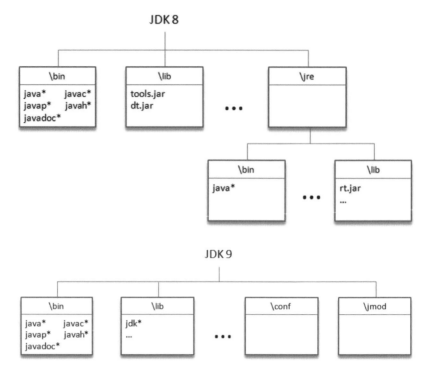

Abb. 4–3
JDK-Verzeichnisstruktur bis Java 8

Abb. 4–4
JDK-Verzeichnisstruktur von Java 9

der *Extension Mechanism* nicht mehr unterstützt. Die neue Struktur ist Abbildung 4–4 zu entnehmen.

- /**bin**: Enthält alle ausführbaren und binären Dateien des JDKs.
- /**conf**: Enthält *.properties*, *.policy* und andere Konfigurationsdateien, die zum Teil individuell angepasst werden dürfen.
- /**include**: Enthält C-Header-Dateien, die native Programmierung mit dem Java Native Interface und dem Java Virtual Machine (JVM) Debugger Interface unterstützen.
- /**jmod**: Enthält kompilierte Moduldefinitionen. Das JMOD-Format ist ein mit Java 9 neu hinzugekommenes Format, welches derzeit auf dem ZIP-Format basiert, aber inhaltlich über reine JAR-Dateien hinausgeht. JMOD-Dateien werden verwendet, um die Module des JDK selbst zu verpacken, dabei beinhalten sie nicht nur den reinen Modulcode, sondern auch nativen Code, Konfigurationsdateien und andere Daten. JMODs werden zur Kompilierungs- und Linkzeit verwendet, aber nicht mehr zur Laufzeit und sind daher kein Teil der JRE. Das Basieren auf dem ZIP-Format, sowie die Nicht-Nutzung der JMODs zur Laufzeit könnte sich in Zukunft noch ändern. Letzteres würde dann die Unterstützung von Native-Code-Bibliotheken innerhalb der JMODs zur Laufzeit bedeuten.

- **/lib**: Enthält Implementierungen des Laufzeitsystems, die nicht für den externen Gebrauch bestimmt sind und nicht geändert werden dürfen.
- **/legal**: Enthält Urheber- und Lizenzdateien für jedes Modul.

Die Verzeichnisstruktur der JRE sieht wie folgt aus:

- **/bin**: Enthält alle ausführbaren und binären Dateien, die vom Runtime-Image (JRE) benötigt werden.
- **/conf**: Enthält *.properties*, *.policy* und andere Konfigurationsdateien, die zum Teil individuell angepasst werden dürfen.
- **/include**: Enthält C-Header-Dateien, die native Programmierung mit dem Java Native Interface und dem Java Virtual Machine (JVM) Debugger Interface unterstützen.
- **/lib**: Enthält Implementierungen des Laufzeitsystems, die nicht für den externen Gebrauch bestimmt sind und nicht geändert werden dürfen.
- **/legal**: Enthält Urheber- und Lizenzdateien für jedes Modul.

Der hauptsächliche Größengewinn findet sich in den Verzeichnissen /bin und /lib, die in der JRE nur noch die Daten enthalten, die für die Anwendung wirklich notwendig sind.

Neben der besseren Wartbarkeit, dem leichteren Hinzufügen von Neuerungen, dem Performancegewinn und einer ganzen Reihe anderer Dinge des nun modularisierten JDKs, liegt für den Softwareentwickler der Hauptnutzen in der Erstellung eigener Laufzeitumgebungen, wie das nächste Kapitel zeigt.

4.4 Eigene modulare Laufzeit-Images erstellen

Für die Erstellung eigener JREs dient das mit Java 9 eingeführte **JLink**-Werkzeug. Als Beispiel soll das »Hello World«-Modul aus Kapitel 3.1 dienen.

Es wird zunächst eine passende Verzeichnisstruktur erzeugt:

1. `cd \MeinWorkspace`
2. `mkdir EigenesRunTimeImage`
3. `cd EigenesRunTimeImage`
4. `mkdir src\de.firma.modmain\de\firma\modmain`
5. `mkdir modules`

Im Verzeichnis src\de.firma.modmain wird der Moduldeskriptor angelegt:

Listing 4–1
module-info.java

```
module de.firma.modmain { }
```

Und im Verzeichnis src\de.firma.modmain\de\firma\modmain wird die Klasse App mit folgendem Inhalt erzeugt:

Listing 4–2
App.java

```
package de.firma.modmain;

public class App {
    public static void main(String[] args) {
        System.out.println("Hello World!");
    }
}
```

Die sich ergebende Verzeichnisstruktur stellt sich wie folgt dar:

Abb. 4–5
Resultierende Verzeichnisstruktur

Als Nächstes wird das Modul kompiliert und in ein JAR verpackt:

```
javac -d classes
    ↪ --module-source-path src src\de.firma.modmain\*.java
    ↪ src\de.firma.modmain\de\firma\modmain\*.java

jar --create --file modules\de.firma.modmain.jar
    ↪ --main-class de.firma.modmain.App
    ↪ -C classes\de.firma.modmain .
```

Und zu guter Letzt wird eine JRE einschließlich des erstellten Moduls erzeugt, wobei die JRE nur die für die Ausführung der Anwendung benötigten Teile beinhaltet:

```
jlink -p "%JAVA_HOME%\jmods;modules"
    ↪ --add-modules de.firma.modmain
    ↪ --output distribution --strip-debug --compress=2
```

Als Parameter wird als Modulpfad der Pfad zum /jmod- und /modules-Verzeichnis übergeben, das erstellte Modul explizit mit --add-modules hinzugefügt und das Ausgabeverzeichnis /distribution gewählt. Der --strip-debug-Parameter dient der Entfernung von Debug-Informationen und mit --compress=2 wird JLink angewiesen, eine ZIP-Kompression vorzunehmen.

Die resultierende JRE einschließlich des Moduls de.firma.modmain befindet sich nach der Ausführung des Befehles im /distribution-Verzeichnis und weist eine Gesamtgröße von rund 22 Mb auf, was im Vergleich zu den 185 Mb des JRE von Java 8 doch einen erheblichen Größenvorteil bedeutet.

Die Anwendung kann wie folgt auf Basis des neuen JRE ausgeführt werden:

```
distribution\bin\java -m de.firma.modmain
```

> **Laufzeitumgebung erstellen**
>
> Erzeugung einer eigenen Laufzeitumgebung für die Anwendung:
>
> ```
> jlink -p <Modulpfad>
> --add-modules <mod>[,<mod>...]
> --output <Zielverzeichnis>
> -c=<0|1|2> --strip-debug
> ```
>
> **--module-path** (oder **-p**) <Modulpfad, eine mit ; getrennte Liste vom Verzeichnis mit den Modulen>
>
> **--add-modules** Liste der Root-Module, Abhängigkeiten werden automatisch aufgelöst
>
> **--output** Zielverzeichnis für die erzeugte Laufzeitumgebung
>
> **--compress** (oder **-c**) Kompression der Ressourcen aktivieren
>
> Level 0: keine Kompression
> Level 1: Constant String Sharing
> Level 2: ZIP Kompression
>
> **--strip-debug** (**-G**) Debug-Informationen entfernen
>
> Beispiel:
>
> ```
> jlink --module-path "%JAVA_HOME%/jmods;modules"
> --add-modules de.firma.modmain
> --output distribution --compress=2 --strip-debug
> ```
>
> Ausführen der Anwendung:
>
> ```
> java -m de.firma.modmain
> ```

4.5 Zusammenfassung

In diesem Kapitel wurde das modularisierte JDK vorgestellt und gezeigt, was sich im Vergleich zu Java 8 geändert hat. Durch die Modularisierung ergeben sich viele Verbesserungen in Bereichen der Performance und der Wartung und Weiterentwicklung des JDK. Mit Java 9 wurde das JLink-Werkzeug eingeführt, mit dessen Hilfe es möglich ist, eigene Runtime-Images des JDK zu erstellen und somit eine JRE zu erhalten, die nur die Dinge enthält, die für die Ausführung einer erstellten Anwendung nötig sind. Dadurch ergeben sich schlanke Laufzeitumgebungen, die sich vor allem bei der Installation auf kleinen Geräten oder in Containern eignen. Die Darstellung des modularisierten JDK komplettiert die Behandlung des Java-Modulsystems und führt zum nächsten Kapitel, wo der Frage nachgegangen wird, wie bis Java 8 entstandene Anwendungen auf das modularisierte JDK migriert werden können.

5 Testen und Patchen von Modulen

Ein äußerst wichtiger Aspekt der Softwareentwicklung ist die Durchführung von Tests, die dabei helfen, sicherzustellen, dass die Anforderungen an die zu erstellende Software mit dem Ergebnis auch tatsächlich übereinstimmen und eine weitestgehend fehlerfreie Software angenommen werden kann. Softwaretests unterstützen somit auch die Qualität einer Software, welche sich nicht nur auf das fertige Produkt bezieht, sondern auch auf den Entstehungsprozess. Sie sind ein wichtiger Teil bei der Erstellung von langlebigen, wartbaren Systemen und werden in diesem Kapitel bezüglich der Anwendung auf Module behandelt. Das Thema Softwaretests ist sehr umfangreich und es ist eine große Anzahl von Testverfahren bekannt, sodass an dieser Stelle nur ein kleiner Ausschnitt behandelt werden kann. Der Schwerpunkt dieses Kapitels liegt auf der Darstellung, wie Java-Module konkret getestet werden können. Es werden zunächst ein paar wesentliche Kernpunkte von Softwaretests in sehr kurzer und knapper Form erläutert, um die beiden dann vorgestellten Testmethoden für Module etwas besser in das große Ganze einzuordnen. Um sich weiter in das sehr umfangreiche Thema des Testens einzuarbeiten, sei auf die einschlägige Literatur verwiesen.

5.1 Testen – kurz und knapp

Das Wichtigste bei der Softwareentwicklung ist letztlich, dass am Ende genau das System herauskommt, das gewünscht wurde. Das entstandene System sollte dann noch am besten fehlerfrei, aber vor allem wartbar, optimierbar und mit der Möglichkeit der Weiterentwicklung ausgestattet sein. Hierfür ist eine fortlaufende Überprüfung während der Erstellung des Systems notwendig, wo ein Soll-Ist-Vergleich angestellt wird, um zu prüfen, ob die Anforderungen an die Software mit den tatsächlichen Begebenheiten übereinstimmen und wo eventuell noch Fehler auftreten. Es sind Fragen nach der korrekten Umsetzung aller funktionalen Anforderungen zu stellen, ob das System auch unter Lastbedingungen fehlerfrei seinen Dienst vollführt oder ob die möglichen Benutzer-Interaktionen den Anforderungen entsprechen. Zur Beantwortung dieser und weiterer Fragen gibt es unterschiedliche Techniken (z. B. statische und dynamische Testverfahren), wobei Softwaretests die derzeit am häufigsten eingesetzte Technik ist. Sie helfen, die Softwarespezifikation zu verifizieren, Fehler in der Software aufzudecken und so das Vertrauen in die Software zu erhöhen und Benutzeranforderungen zu validieren.

5.1.1 Validierung und Verifizierung

Die Wünsche der Benutzer eines Systems, die Vorüberlegungen dazu, was für ein Softwaresystem entwickelt werden soll, werden zunächst als konkret beschriebene Anforderungen festgehalten. Diese bilden dann die Basis für die Softwarespezifikation, die wiederum während des Implementierungsprozesses zum fertigen System führt. Während dieses Prozesses findet eine fortwährend Validierung und Verifizierung statt, wie sie in Abbildung 5–1 dargestellt ist.

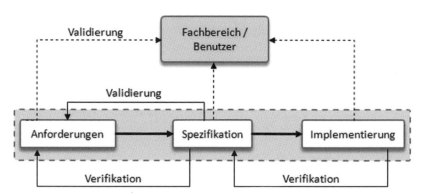

Abb. 5–1
Verifikation und Validierung

Die Validierung stellt dabei sicher, dass die richtige Software, und die Verifikation, dass die Software richtig entwickelt wird. Der Validierungsprozess beantwortet also die Frage, ob die Entwickler das Richtige gemacht haben, und findet auch während der Implementierung statt, wenn z. B. dem anforderungsgebenden Fachbereich, erste Ergebnisse der Software vorgestellt werden. Die Verifikation ist hingegen ein Abgleich der Implementierung mit der Spezifikation und dieser mit den Anforderungen, um die Frage zu beantworten, ob die Entwickler es richtig gemacht haben. In einem agilen Entwicklungsprozess ist der Fachbereich natürlich über die gesamte Zeitspanne eingebunden, sodass gegen deren Erwartungen in jeder Prozessstufe ebenfalls validiert werden kann.

5.1.2 Testplanung und -spezifikation

Das Testen in Softwareprojekten ist eine sehr aufwendige Angelegenheit und erfordert eine entsprechend gute Planung. Hierfür gibt es eine Reihe von bewährten Ansätzen, die eine Testplanung zum Teil schon vor und während der Phase der Anforderungsanalyse berücksichtigen. Die Planung resultiert dann in einem Testkonzept, welches aus verschiedenen Bestandteilen zusammengesetzt ist. Der gesamte Testprozess besteht aus der Spezifikation, welche Informationen über die einzelnen Testfälle, deren Priorisierung, die Testdaten und die Soll-Ergebnisse gibt. Des Weiteren ist die Testplanung mit der Aufwandsabschätzung an benötigten Ressourcen, sowie die eigentliche Testdurchführung mit der Testprotokollierung und den Fehlermeldungen an die Entwickler ein Bestandteil, sowie ein Testmanagement für die Prüfung der Testberichte.

5.1.3 Testarten

Die eigentlichen Tests unterscheiden sich in verschiedene Arten und Methoden: in statische Tests für das Testen von nicht-ausführbaren Artefakten wie z. B. Projektdokumente durch Reviews und in dynamische Tests für das Testen ausführbarer Artefakte, z. B. mithilfe von Testdaten. Die Auswahl verschiedener Methoden für das eigentliche Testen ist vielfältig, wobei im Nachfolgenden nur funktionale Tests und Strukturtests betrachtet werden. Die Wahl der Testfälle bei funktionalen Tests basiert auf der Spezifikation und wird als Black-Box-Test bezeichnet. Strukturtests basieren auf der eigentlichen Programmstruktur und sind auch als White-Box-Tests oder Glass-Box-Tests bekannt. Die Anwendung beider Testmethoden auf Java-Module wird im Folgenden vorgestellt.

Grundsätze und Empfehlungen

- Das vollständige Testen ist nicht möglich.
- Tests können das Vorhandensein von Fehlern nachweisen, aber nicht die Fehlerfreiheit von Testobjekten.
- Tests sollten Bestandteil aller Phasen der Softwareentwicklung sein, um früher Fehler zu erkennen.
- Fehler sind nicht gleichmäßig verteilt und treten oftmals gehäuft auf. Dies bedeutet, dass ist im Umfeld gefundener Fehler eine erhöhte Wahrscheinlichkeit besteht, dort weitere zu finden.
- Tests sind wie die zu prüfenden Artefakte einem fortlaufenden Entwicklungsprozess unterworfen und sollten auch aktualisiert und weiterentwickelt werden.
- Die Intensität des Testens ist projektabhängig. Sicherheitsrelevante Systemteile sind stärker zu testen als eine Internetpräsentation.
- Komplexität und Kosten im Auge behalten: So viel wie nötig testen, aber so wenig wie möglich.
- Ein System mit fehlerhfreien Tests bedeutet nicht, dass das System einer Validierung stand hält.

5.2 Black-Box-Test

Die erste vorgestellte Testmethodik für das Prüfen von Modulen ist der Black-Box-Test. Hierbei ist die innere Funktionsweise eines Moduls nicht bekannt und es wird gegen die Schnittstelle des Moduls getestet. Dies entspricht der Überprüfung, ob die Funktionsweise des von außen betrachteten Moduls mit der Spezifikation übereinstimmt (siehe Abbildung 5–2).

Abb. 5–2
Black-Box-Test

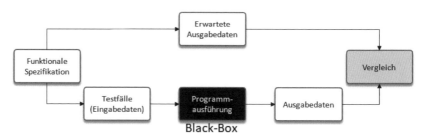

Als Beispiel für den Black-Box-Test eines Moduls, dient der folgende Programmcode, der bei einer Anwendung aus einer Zahlenreihe die größte Zahl ermittelt und auf der Konsole ausgibt. Die Anwendung besteht aus einem Modul, das eine ausführbare und nach außen sichtbare Klasse App enthält, die auf eine nicht nach außen sichtbare Klasse MathUtils zugreift. Zur Ermittlung des Maximums einer Zahlenreihe wird auf die Apache-Bibliothek commons-lang3 referenziert. Das Abtesten dieses Moduls geschieht über ein weiteres Modul, welches die Testklasse MathTest, die als JUnit-Test realisiert ist, enthält. Da es sich um einen Black-Box-Test handelt, kann die Testklasse nur auf die sichtbare Klasse App des nach außen exportierten Pakets des Anwendungsmoduls zugreifen und gegen diese testen.

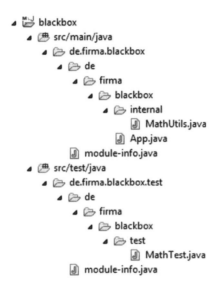

Abb. 5–3
Projektstruktur Black-Box-Test

Die Projektstruktur kann Abbildung 5–3 entnommen werden, wo auch zu sehen ist, dass zum automatisierten Testen die Unterstützung von Maven in Anspruch genommen wird, welches wie folgt konfiguriert ist:

```
<project xmlns:xsi="http://www.w3.org/2001/XMLSchema-instance"
        xmlns="http://maven.apache.org/POM/4.0.0"
        xsi:schemaLocation="http://maven.apache.org/POM/4.0.0
        http://maven.apache.org/xsd/maven-4.0.0.xsd">
   <modelVersion>4.0.0</modelVersion>

   <groupId>de.firma</groupId>
   <artifactId>blackbox</artifactId>
   <version>0.0.1-SNAPSHOT</version>
```

```xml
<properties>
  <project.build.sourceEncoding>
    UTF-8
  </project.build.sourceEncoding>
  <maven.compiler.source>9</maven.compiler.source>
  <maven.compiler.target>9</maven.compiler.target>
</properties>

<dependencies>
  <dependency>
    <groupId>org.apache.commons</groupId>
    <artifactId>commons-lang3</artifactId>
    <version>3.4</version>
  </dependency>
  <dependency>
    <groupId>junit</groupId>
    <artifactId>junit</artifactId>
    <version>4.12</version>
    <scope>test</scope>
  </dependency>
</dependencies>

<build>
  <plugins>
    <plugin>
      <groupId>org.apache.maven.plugins</groupId>
      <artifactId>maven-compiler-plugin</artifactId>
      <version>3.6.2</version>
    </plugin>
    <plugin>
      <groupId>org.apache.maven.plugins</groupId>
      <artifactId>maven-dependency-plugin</artifactId>
      <executions>
        <execution>
          <id>copy-dependencies</id>
          <phase>package</phase>
          <goals>
            <goal>copy-dependencies</goal>
          </goals>
```

```xml
            <configuration>
              <outputDirectory>
                ${project.build.directory}/lib
              </outputDirectory>
            </configuration>
          </execution>
        </executions>
      </plugin>
    </plugins>
  </build>
</project>
```

Der Moduldeskriptor des Anwendungsmoduls hat einen lesenden Zugriff auf die commons.lang3-Bibliothek und exportiert das Paket de.firma.blackbox, welches die ausführbare Klasse App enthält.

```java
module de.firma.blackbox {
 requires commons.lang3;
 exports de.firma.blackbox;
}
```

Listing 5–1
module-info.java

Die eigentliche Anwendung ruft eine Methode der MathUtils-Klasse auf, die in einem nach außen nicht sichtbaren Paket des Moduls liegt.

```java
package de.firma.blackbox;

import org.apache.commons.lang3.SystemUtils;
import de.firma.blackbox.internal.MathUtils;

public class App {
  public static void main(String[] args) {
    System.out.println("max(3,6,8,2,5) = "
            + MathUtils.max(3,6,8,2,5));
  }
  public static double getMax(double... array) {
    return MathUtils.max(array);
  }
}
```

Listing 5–2
App.java

Zur eigentlichen Berechnung des Maximums der Zahlenreihe verwendet die MathUtils-Klasse die Klasse NumberUtils der commons.lang3-Bibliothek.

```java
package de.firma.blackbox.internal;

import org.apache.commons.lang3.math.NumberUtils;

public class MathUtils {
  public static double max(double... array) {
    return NumberUtils.max(array);
  }
}
```

Das Modul mit dem JUnit-Test befindet sich innerhalb der Standard-Maven-Struktur im Verzeichnis src/test/java und wird dort automatisch gebaut und während der Maven-Test-Phase zur Ausführung gebracht.

Der Moduldeskriptor des Testmoduls hat eine lesende Beziehung auf die JUnit-Bibliothek, die als Automatic Module eingebunden wird und auf das eigentliche Anwendungsmodul.

```java
module de.firma.blackbox.test {
  requires junit;
  requires de.firma.blackbox;
}
```

Die Testklasse MathTest greift auf die App-Klasse des Anwendungsmoduls zu und prüft die Methode getMax().

```java
package de.firma.blackbox.test;

import static org.junit.Assert.*;
import org.junit.Test;
import de.firma.blackbox.App;

public class MathTest {
  @Test
  public void testMax(){
    System.out.println("max(3,6,8,2,5) = "
                + App.getMax(3,6,8,2,5));
    assertEquals((int) App.getMax(3,6,8,2,5), 8);
  }
}
```

Wenn das Projekt nun mittels mvn clean install gebaut wird, dann wird während der Testphase der JUnit-Test automatisch ausgeführt.

5.3 White-Box-Test

Im Gegensatz zum Black-Box-Test ist die innere Funktionsweise des Moduls bekannt und wird direkt überprüft (Abbildung 5–4).

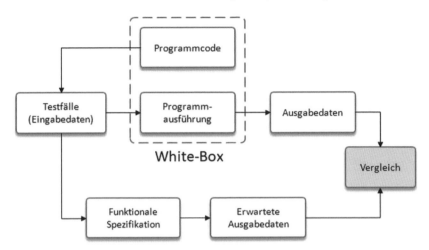

Abb. 5–4
White-Box-Test

Für das folgende Beispiel wird der Programmcode der Anwendung aus dem Black-Box-Test unverändert genutzt. Die neuen Tests müssen nun aber Zugriffmöglichkeiten für die nicht nach außen sichtbaren Pakete haben. Hierfür gibt es die Möglichkeit, das interne Paket internal explizit nur für das Testmodul freizugeben, indem exports de.firma.blackbox.internal to de.firma.blackbox.test in den Moduldeskriptor des Anwendungsmoduls aufgenommen wird, oder die Nutzung von --add-exports zur Kompilierungs- oder Laufzeit wie folgt:

```
javac --add-exports de.firma.blackbox/
    ↪ de.firma.blackbox.internal=de.firma.blackbox.test
java --add-exports de.firma.blackbox/
    ↪ de.firma.blackbox.internal=de.firma.blackbox.test
```

Beim nachfolgend beschriebenen Beispiel sind die Testklassen nicht in einem separaten Modul gekapselt, sondern Teil des Projekts. Wieder wird für die automatisierte Testausführung Maven genutzt, wobei die pom.xml sowie die Implementierungen der eigentlichen Anwendung, identisch mit dem zuvor beschriebenen Beispiel sind. Der wesentliche Unterschied wird bei Betrachtung der Projektstruktur in Abbildung 5–5 deutlich.

Die im src/test/java-Pfad liegende Testklasse ist nun nicht mehr in einem Modul gekapselt, sondern ein JUnit-Test, der in dem beliebigen Paket test liegt. Wie der Programmcode dieser Testklasse zeigt,

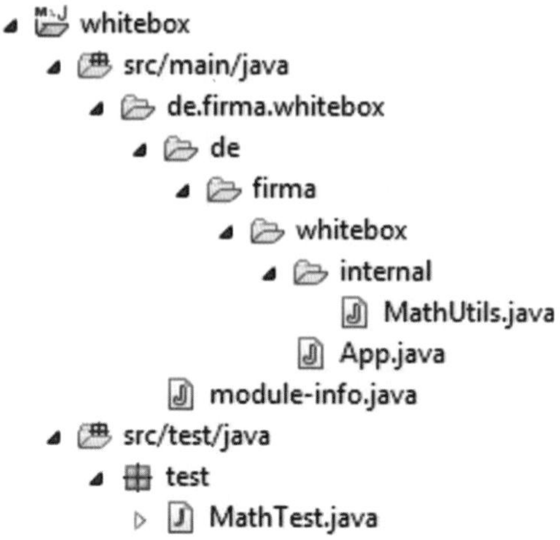

Abb. 5–5
*Projektstruktur
White-Box-Test*

```
▲ whitebox
  ▲ src/main/java
    ▲ de.firma.whitebox
      ▲ de
        ▲ firma
          ▲ whitebox
            ▲ internal
                MathUtils.java
              App.java
            module-info.java
  ▲ src/test/java
    ▲ test
      ▷ MathTest.java
```

kann hier problemlos auf das interne Paket de.firma.whitebox.internal zugegriffen werden, um dort die Klasse MathTest abzuprüfen.

```
package test;

import static org.junit.Assert.*;
import org.junit.Test;
import de.firma.whitebox.internal.MathUtils;

public class MathTest {
  @Test
  public void testMax(){
    System.out.println("max(3,6,8,2,5) = "
                       + MathUtils.max(3,6,8,2,5));
    assertEquals((int) MathUtils.max(3,6,8,2,5), 8);
  }
}
```

Auf diese Weise kann komfortabel ein White-Box-Tests des Moduls durchgeführt werden, ohne dass die Testklassen im resultierenden modularen JAR landen. Das nachfolgende Kapitel behandelt eine weitere Möglichkeit für das Testen.

5.4 Patchen

Das Patchen von Modulen ist eine weitere Möglichkeit des Testens oder für ein erweitertes Debuggen. Manchmal ist es durchaus sinnvoll, Klassen oder auch Ressourcen von Modulen während des Testens oder Debuggings mit alternativen Versionen zu ersetzen oder gänzlich neue Pakete, Klassen oder Ressourcen hinzuzufügen. Zu bewerkstelligen ist dies zur Kompilierzeit oder zur Laufzeit mit der Option --patch-module.

Die Syntax lautet:

```
--patch-module <module>=<file>(<pathsep><file>)*
```

Hierbei steht <module> für den Namen des zu patchenden Moduls und <file> für den Dateipfad zu einer Moduldefinition. Es können auch mehrere Dateien angegeben werden, wobei Hierbei steht <module> für den Namen des zu patchenden Moduls und <pathsep> das Pfadtrennzeichen der Hostplattform bezeichnet. Die Option --patch-module kann mehrmals, aber nur einmal pro Modulname verwendet werden. Das Patchen ist eine einfache Möglichkeit, Testcode in das Modul einzubringen, ohne dass es ein fester Teil des Moduls ist. Nicht möglich ist die Ersetzung oder Modifizierung der Modul-info.class-Moduldeskriptoren. Weiter ist zu beachten, dass mit dem Patchen eingebundene Pakete nicht automatisch exportiert werden und bei Bedarf mit der Option --add-export zusätzlich zu exportieren sind.

Die folgende, vorgestellte Anwendung besteht aus zwei Modulen, wobei ein Modul dahingehend gepatched wird, dass eine bestimmte Klasse ersetzt und das Modul um eine weitere Klasse ergänzt wird. Abbildung 5–6 beschreibt den Sachverhalt.

Das Hauptmodul de.firma.modmain enthält die ausführbare Klasse App der Anwendung und hat eine lesende Beziehung auf das Modul de.firma.moda. Letzteres ist das zu patchende Modul und enthält das Paket de.firma.moda mit der Klasse TestA. Diese Klasse wird durch eine andere TestA-Klasse ersetzt und das Paket wird des Weiteren um die Klasse TestB ergänzt.

Zunächst ist ein Blick auf den Moduldeskriptor des Hauptmoduls zu werfen:

```
module de.firma.modmain {
    requires de.firma.moda;
}
```

Das Modul erhält eine lesende Beziehung auf das Modul de.firma.moda und die ausführbare Klasse App greift auf die Klasse TestA zu, die im gleichnamigen Paket des Moduls de.firma.moda liegt.

Abb. 5–6
Patchen eines Moduls

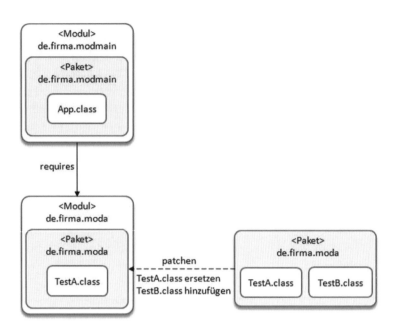

Listing 5–3
App.java

```
package de.firma.modmain;

import de.firma.moda.TestA;

public class App {
  public static void main(String[] args) {
    System.out.println("Info: " + TestA.getInfo());
  }
}
```

Der Moduldeskriptor des ungepatchten Moduls de.firma.moda enthält die Anweisung zur Exportierung des gleichnamigen Pakets de.firma.moda.

```
module de.firma.moda {
    exports de.firma.moda;
}
```

Die Klasse TestA enthält nur die Methode getInfo(), die den String »Klasse ungepatched.« zurückliefert.

```
package de.firma.moda;

public class TestA {
  public static String getInfo() {
    return "Klasse ungepatched.";
  }
}
```

Neben diesen beiden Modulen existieren noch die beiden Klassenimplementierungen TestA und TestB, die den gleichen Paketnamen aufweisen, wie das zuvor beschriebene Modul, nämlich de.firma.moda. Mit diesen beiden Klassen wird das Modul de.firma.moda gepatched, indem die Klasse TestA ersetzt wird und die Klasse TestB neu hinzugefügt wird.

```
package de.firma.moda;

public class TestA {
  public static String getInfo() {
    return "Klasse gepatched und " + TestB.getInfo();
  }
}
```

```
package de.firma.moda;

public class TestB {
  public static String getInfo() {
    return return "neue Klasse vorhanden.";
  }
}
```

Nach dem Programmstart mit dem nicht gepatchten Modul wird die Zeichenkette »Klasse ungepatched.« auf der Konsole ausgegeben. Nach dem Patchen erscheint der Text »Klasse gepatched und neue Klasse vorhanden.«.

Zunächst wird der Patch, bestehend aus den beiden Klassen TestA und TestB, kompiliert und als JAR verpackt. Das Patchen kann später auf Basis des JAR oder direkt auf Basis der kompilierten Klassen erfolgen.

```
javac -d patches\de.firma.moda-patch
    ↪ src\de.firma.moda-patch\de\firma\moda\*.java
jar --create
    ↪ --file patches-jar\de.firma.moda-patch.jar
    ↪ -C patches\de.firma.moda-patch .
```

Die kompilierten Klassen werden in das Verzeichnis `patches/de.firma.moda-patch` und das nicht-modulare JAR in das Verzeichnis `patches-jar` unter dem Namen `de.firma.moda-patch.jar` abgelegt.

Als nächstes werden die beiden Module kompiliert. Da beide im Verzeichnis `src` liegen, reicht die Angabe des Hauptmoduls, da das lesend referenzierte Modul vom Java-Compiler automatisch gefunden wird.

```
javac -d classes
    ↪ --module-source-path src
    ↪ src\de.firma.modmain\*.java
    ↪ src\de.firma.modmain\de\firma\modmain\*.java
```

Danach werden die kompilierten Modul-Sourcen zu modularen JARs verpackt.

```
jar --create
    ↪ --file modules\de.firma.modmain-1.0.jar
    ↪ --main-class de.firma.modmain.App
    ↪ -C classes\de.firma.modmain .
jar --create
    ↪ --file modules\de.firma.moda-1.0.jar
    ↪ -C classes\de.firma.moda .
```

Das Starten des Hauptmoduls, ohne dass das zweite Modul gepatched wurde, liefert die Zeichenkette »`Klasse ungepatched.`«:

```
java -p modules -m de.firma.modmain
```

Zum Patchen des Moduls `de.firma.moda` während des Startens ist folgende Anweisung auszuführen:

```
java --patch-module de.firma.moda=
    ↪ patches/de.firma.moda-patch
    ↪ -p modules
    ↪ -m de.firma.modmain
```

Hierbei wird das Modul `de.firma.moda` mit den Klassen, die im Verzeichnis `patches/de.firma.moda-patch` liegen, gepatched.

Das Patchen des Moduls auf Basis des nicht-modularen JARs `de.firma.moda-patch.jar` zur Startzeit geschieht wie folgt:

```
java --patch-module de.firma.moda=
    ↪ patches-jar/de.firma.moda-patch.jar
    ↪ -p modules
    ↪ -m de.firma.modmain
```

Gepatched werden kann aber auch schon während der Kompilierung:

```
javac --patch-module de.firma.moda=
    ↪ patches/de.firma.moda-patch
    ↪ -d classes
    ↪ --module-source-path src
    ↪ src\de.firma.moda\*.java
    ↪ src\de.firma.moda\de\firma\moda\*.java
jar --create
    ↪ --file modules\de.firma.moda-1.0.jar
    ↪ -C classes\de.firma.moda .
```

Die Möglichkeit des Patchens von Modulen liefert eine ganze Reihe von Möglichkeiten für das Testen oder auch für das Debuggen. Wiederholt anzumerken ist an dieser Stelle, dass das Patchen aber auch nur für diese Anwendungsmöglichkeiten gedacht ist.

5.5 Zusammenfassung

Die kurzen, einführenden Worte haben gezeigt, dass das Thema Testen sehr umfangreich ist und als eigenes Themengebiet hier nur grob angerissen werden konnte. Grundsätzlich ist festzuhalten, dass das Testen die Fehlerzahl verringern kann und das Vertrauen in die Software erhöht. Zunächst wurden ein paar grundsätzliche Dinge zum Thema Validierung, Verifizierung, Testplanung und Testmethoden erläutert, um die im Zusammenhang mit Modulen vorgestellten Testmöglichkeiten der Black- und White-Box-Tests in die Gesamtthematik des Testens einzuordnen. Danach wurde anhand eines Beispiels vorgestellt, wie diese Art von Tests auf Basis von Modulen und dem Built-Tool Maven behandelt werden kann. Abgeschlossen wurde das Kapitel mit einer Darstellung der Möglichkeit des Patchens von Modulen.

6 Migration von Anwendungen

Die vorangegangenen Kapitel haben sich mit der Erstellung von Modulen und dem modularisierten JDK beschäftigt. Die Ausgangslage dort war immer die Neuerstellung einer Java-Anwendung. Dieses Kapitel beschäftigt sich nun mit den Fragestellungen, wie Anwendungen, die vor Java 9 entstanden sind, ab Java 9 betrieben werden können und was es dabei zu beachten gilt und wie Anwendungen hin zu Modulen migriert werden können. Zunächst wird kurz geklärt, was überhaupt Migration bedeutet und was für Probleme bei der Umstellung auf das Java-Modulsystem auftreten können, um danach konkrete Wege aufzuzeigen, wie eine solche Migration durchgeführt werden kann.

6.1 Was bedeutet Migration?

Ganz allgemein wird unter Migration in der IT die Umstellung von wesentlichen Teilen eines Systems auf ein anderes verstanden, sowie der Transfer von Daten aus einer Umgebung in eine andere. Das Thema Migration betrifft häufig sogenannte Legacy-Systeme, bei der es um die Umstellung von Altanwendungen auf neue Systeme geht. Migration stellt immer eine Herausforderung dar und je nach Größe eines Systems kann bereits die Planung zur Durchführung sehr viel Zeit in Anspruch nehmen. Dabei sind Fragen nach der richtigen Migrationsstrategie zu beantworten, die jedoch trotz vieler bekannter Vorgehensweisen (z. B. Chicken Little, Cold Turkey, Butterfly etc.), nie pauschal zu beantworten sind, sondern nur im Kontext der Anwendung zu klären sind. Es gibt Anwendungen, die bereits sehr gut zerlegbar sind, wohingegen andere Systeme sich vielleicht nur teilweise zerlegen lassen oder aber ein monolithisches System ist zu migrieren. Die Anforderungen an eine Migration sind also sehr von der zu migrierenden Software abhängig, ganz abgesehen von der ebenfalls wichtigen Berücksichtigung wirtschaftlicher Aspekte.

In den folgenden Kapiteln geht es aber nicht um die Migration von Legacy-Systemen im Allgemeinen, sondern um die Umstellung von bestehenden Anwendungen auf Java-Module. Dabei sind zwei Fragen von primärer Bedeutung:

1. Läuft eine vor Java 9 entstandene Anwendung auf dem neuen JDK noch?
2. Wie wird eine Anwendung auf Java-Module umgestellt?

Zunächst werden im folgenden Kapitel einige der potenziellen Probleme erwähnt, die bei einer Migration hin zu Modulen auftreten könnten.

6.2 Fallstricke

Da die Abwärtskompatibilität auch mit der Entwicklung des Modulsystems bewahrt bleiben sollte, gibt es eine überschaubare Menge von Fallstricken, die bei der Umstellung zu beachten sind. Die wichtigsten im Auge zu behaltenden Inkompatibilitäten, die vor allem mit der Modularisierung des JDK Einzug gehalten haben, sind folgende:

- **Kein oder nur beschränkter Zugriff auf interne APIs**
  Eine Anwendung sollte nur von standardisierten und nicht veralteten Java SE APIs abhängen, da JDK-interne APIs ab sofort auch in Module gekapselt sind und durch die starke Kapselung keinerlei Zugriffsmöglichkeiten auf diese mehr vorhanden sind. Mit Java SE 8 kompilierte Anwendungen können mit `jdeps -jdkinternals <jars>` auf ihre Abhängigkeiten untersucht werden. Einige in der Java-Community sehr stark verwendeten interne Java SE APIs werden nach langer Diskussion auch noch mit Java 9 nutzbar sein. Beispielsweise wurde eine Übergangslösung für die weitere Nutzung der Klasse `sun.misc.Unsafe` geschaffen, wobei einige Methoden dieser Klasse in Java 9 bereits durch Alternativen ersetzt wurden und genutzt werden können. Auf lange Sicht wird die Zugriffsmöglichkeit auf die interne APIs sicher verschwinden, so dass eine entsprechende Anpassung empfehlenswert ist.
  Bis dahin kann das Modul `jdk.unsupported` importiert werden, welches die Pakete `sun.misc`, `sun.reflect` und `com.sun.nio.file` exportiert und die ersten beiden zusätzlich auch für Deep Reflection öffnet.
- **Split Packages**
  Es ist nicht möglich, Module mit gleichen Paketnamen zu verwenden. In einem solchen Fall würde die JVM mit einer Fehlermeldung den Start der Anwendung verweigern. Wenn zwei Module Pakete gleichen Namens verwenden, wird dies als Split Package bezeichnet. Falls ein Modul und eine gewöhnliche JAR-Datei, die im Klas-

senpfad und nicht im Modulpfad liegt, Pakete gleichen Namens haben, wird das Paket im normalen JAR ignoriert. Die Namensgleichheit von Paketen in einem Modul und einem gewöhnlichen JAR wird beim Start der Anwendung nicht geprüft.
- **Änderung der JRE/JDK-Struktur**
  Wie im Kapitel 4 über das modularisierte JDK vorgestellt wurde, hat sich die Struktur geändert, was einschließt, dass Dateien wie `rt.jar` und `tools.jar` nicht länger existieren. Falls Anwendungen die bisherige Verzeichnisstruktur des JRE/JDK oder das Vorhandensein bestimmter JARs voraussetzen, müssen diese angepasst werden. Zudem sind Klassenlader nicht mehr immer vom Typ `URLClassLoader`, so dass entsprechende Casts fehlschlagen könnten. Auch die URLs für Ressourcen-Zugriffe müssen eventuell angepasst werden.
- **Wegfall von Mechanismen**
  Mit Java 9 sind der *Endorsed Standards Override Mechanism* und der *Extension Mechanism* weggefallen sowie die Möglichkeit, den *Boot-Klassenpfad* zu überschreiben.

Um eine vor Java 9 entstandene Anwendung auf der modularisierten Runtime-Umgebung laufen zu lassen, gibt es prinzipiell vier Möglichkeiten. Das folgende Kapitel stellt die verschiedenen Migrationsstrategien vor.

6.3 Migrationsstrategien

Im Grundlagen-Kapitel des ersten Teils des Buches wurde bereits das Thema Migration behandelt und die beiden Standard-Vorgehensweisen wurden vorgestellt. Das für das Java-Modulsystem verantwortliche Team hat bei dessen Entwicklung den Migrationsaspekt bereits gut berücksichtigt und liefert Möglichkeiten der schrittweisen Migration von bestehenden Anwendungen. Dadurch besteht nicht die Notwendigkeit, eine Anwendung komplett auf einmal zu migrieren, sondern nach und nach Teile der Anwendung in Module zu überführen und nicht-modularisierte JAR-Bibliotheken von Dritten weiterhin zu nutzen. Dazu gesellen sich zwei Extremvarianten der Migrierung, bei der die Anwendung unverändert bleibt und einmal rein der Klassenpfad und einmal rein der Modulpfad genutzt wird. Zunächst werden die beiden extremen Varianten vorgestellt.

6.3.1 Reine Plattform-Migration

Mit Java 9 wurde der Klassenpfad durch den Modulpfad ersetzt, wobei aus Gründen der Abwärtskompatibilität der Klassenpfad weiter Bestand hat. Auf lange Sicht soll der Klassenpfad irgendwann komplett verschwinden, aber bis dahin wird es sehr viele Java-Bibliotheken geben, die noch nicht als Modul zur Verfügung stehen und daher die ausschließliche Verwendung des Modulpfads nicht möglich ist. Abbildung 6–1 zeigt die Variante, wenn eine Anwendung ohne jegliche Anpassung und unter Verwendung des Klassenpfads verwendet wird. Hierbei handelt es sich um eine reine Plattform-Migration, weil lediglich die Laufzeitumgebung ausgetauscht wird und die Anwendung ansonsten unverändert bleibt.

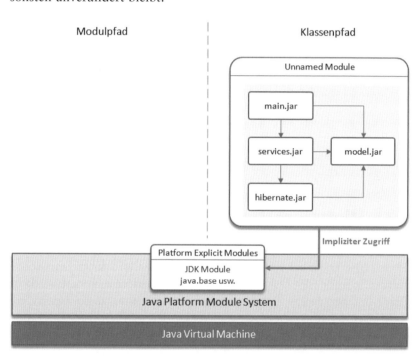

Abb. 6–1
Anwendung mit Klassenpfad-Verwendung

Zu sehen ist eine nicht auf dem Modulsystem basierende Anwendung, die den Klassenpfad verwendet. Unter Berücksichtigung der im vorangegangenen Kapitel beschriebenen Problem, ist die Anwendung ohne jegliche Anpassungen lauffähig. Die JAR-Dateien der Anwendung liegen alle im Klassenpfad und werden von der Laufzeitumgebung intern automatisch zu einem sogenannten Unnamed Module verpackt. Dieses Modul kann alle Module im Modulpfad sehen und auf deren exportierte Pakete implizit zugreifen. Insbesondere ist so der Zugriff der JARs des Klassenpfads auf die Plattformmodule möglich. Der umgekehrte

Zugriff von Named Modules im Modulpfad auf das Unnamed Module im Klassenpfad ist nicht möglich. Pro Klassenlader existiert sogar ein Unnamed Module, was an dieser Stelle aber erst mal keine Rolle spielen soll. Die Anwendung selbst, also das Unnamed Module, exportiert alle seine Pakete, was eine flexible Migration ermöglicht, wie später noch zu sehen ist. Zu beachten ist, dass das Modulsystem immer erst in Named Modules nach Paketen sucht und danach erst in dem Unnamed Module. Falls also ein Paket gleichen Namens in einem Named Module und in einem Unnamed Module existiert, dann wird das Paket im Unnamed Module ignoriert. Dies gewährleistet klare Abhängigkeiten und keine Verstrickungen des Modulpfads mit dem Klassenpfad.

Eine weitere Variante der reinen Plattform-Migration wäre die Nutzung des Modulpfads für alle herkömmlichen JARs. Hierbei würden alle herkömmlichen JARs dem Modulpfad hinzugefügt (`java --module-path <jars>`), wodurch jedes JAR zu einem sogenannten Automatic Module würde. Dies sei nur der Vollständigkeit halber erwähnt, führt dieser Ansatz häufig nicht zu einem funktionierenden Ergebnis. Zu bedenken ist hierbei beispielsweise die Zykelfreiheit bei den Abhängigkeiten und die Paket-Eindeutigkeit innerhalb von Modulen. Wenn zwei oder mehrere JARs die gleichen Pakete enthalten, kann nur eines ein Automatic Module werden. Und bei Anwendungen kommt es gar nicht selten vor, dass verschiedene JARs der Anwendung, Typen in gleichen Paketen zur Verfügung stellen.

Eine weitere extreme Form der Migration stellt die im nächsten Abschnitt vorgestellte Strategie vor.

6.3.2 Big-Bang-Migration

Bei dieser Strategie wird eine Anwendung komplett modularisiert. Die Anwendung wird analysiert und allen nötigen Refactorings unterzogen und alle resultierenden JARs erhalten einen entsprechenden Moduldeskriptor (`module-info.java`). Die Schwierigkeit, eine bestehende Anwendung in Java-Module zu überführen, hängt sehr stark von dessen Architektur ab und wie stark das Prinzip der Modularisierung beachtet wurde. Häufig existiert ein großes Abhängigkeitsgeflecht mit allerlei Zyklen, die es zunächst aufzulösen gilt. Wie aus den Code-Artefakten schließlich gute Module werden, ist ein höchst individuelles Problem und kann leider nicht mit einem Kochrezept gelöst werden. Das Grundlagen-Kapitel aus Teil I des Buches liefert hierfür ein unterstützendes Fundament. Es kann auch versucht werden, die bereits existierenden JAR-Archive direkt als Modul zu migrieren, aber um eine wirklich saubere Modularisierung zu erreichen, sollte bestehender Code einem Refactoring unterzogen werden.

Selbst wenn dieser Ansatz gewählt würde, stellt sich das Problem der Verwendung von Dritt-Bibliotheken, deren Modularisierung man nicht in der Hand hat. Nachfolgend werden die Vorgehensweisen der beiden Standardstrategien vorgestellt, um im dann folgenden Kapitel anhand eines Beispiels die konkrete Anwendung der Strategien zu zeigen.

6.3.3 Top-down-Migration

Die Top-Down-Migration geht von der eigentlichen Anwendung aus, indem es die einzelnen Artefakte auf deren Abhängigkeiten prüft und entsprechende Moduldeskriptoren erstellt. Die einzelnen JARs der Anwendung werden hierbei zu Modulen migriert. Wie bereits erwähnt, sollten natürlich auch die im Grundlagen-Kapitel beschriebenen Modularisierungskriterien hinreichend beachtet werden, um eine saubere Modularisierung zu erhalten.

Für jedes als Modul zu migrierendes JAR sind folgende Fragen zu beantworten:

1. Welche Abhängigkeiten benötigt das Modul (requires)?
2. Was für Pakete exportiert das Modul (exports)?

Bei mit Java 8 kompilierten JARs kann für die Beantwortung der ersten Frage das Werkzeug jdeps herangezogen werden. Mit *jdeps [Modulname].jar* lassen sich alle Abhängigkeiten auflisten, die dann als entsprechende requires übernommen werden können. Die zweite Frage muss vom Entwickler selbst beantwortet werden, in dem zu klären ist, was an Paketen exportiert wird und somit die öffentliche API darstellt. Dies wird dann als exports zusammen mit den requires der ersten Frage in die module-info.java aufgenommen.

Eine Besonderheit bilden Bibliotheken von Drittanbietern, die nicht als Modul vorliegen und, weil es sich hierbei um Fremdcode handelt, auch nicht einfach angepasst werden können. Abbildung 6–2 zeigt das entstehende Probleme, welches sich durch die Nutzung der Dritt-Bibliotheken ergibt. Die eigene Anwendung app.jar ist zu einem einzelnen Modul migriert in den Modulpfad gewandert. Diese Anwendung benötigt die Dritt-Bibliothek guava.jar, die im Beispiel nicht als Modul vorliegt und im Klassenpfad liegend dem Unnamed Module vom Modulsystem automatisch zugeordnet wurde. Bei der app.jar handelt es sich um ein Explicit Module, welches auf das Unnamed Module zugreifen möchte. Das geht nicht, zum einen, um das Modulkonzept nicht zu verwässern und den Modulpfad durch den Klassenpfadbezug zu kompromitieren, und zum anderen, weil in den requires-Angaben

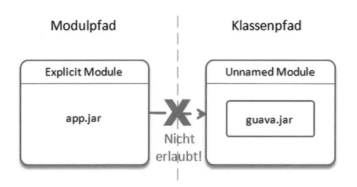

Abb. 6–2
Modularisierungsproblem bei Dritt-Bibliotheken

im Moduldeskriptor gar kein Modul angegeben werden kann, weil das Unnamed Module wie der Name schon ausdrückt, keinen Namen hat.

Zur Lösung des Problems dient das Konzept der Automatic Modules. Im Beispiel wird die guava.jar einfach in den Modulpfad, anstatt in den Klassenpfad gelegt, wodurch diese automatisch zu einem Modul mit dem Namen guava wird, einem sogenannten Automatic Module. Wie in Kapitel 3.5.3 bereits beschrieben, wird der Modulname ohne Versionnummer und Endung als Name des Automatic Modules herangezogen. Des Weiteren exportiert dieses Modul automatisch alle Pakete, wodurch app.jar nun problemlos auf die Klassen von guava.jar zugreifen kann (Abbildung 6–3).

Das Automatic Module schlägt zudem die Brücke zwischen dem Modulpfad und dem Klassenpfad, da Automatic Modules der direkte Zugriff auf das Unnamed Module gestattet ist. Falls also das Modul guava ebenfalls Zugriff auf weitere Bibliotheken benötigt, die noch im Klassenpfad liegen, ist dies möglich. Dadurch ergibt sich noch eine weitere Migrationsmöglichkeit, falls die Verschiebung eines Nicht-Moduls in den Modulpfad und dessen Umwandlung in ein Automatic Modul aus verschiedenen Gründen nicht möglich sein sollte. In diesem Fall ließe sich eine herkömmliche JAR bauen, die dann in den Modulpfad gesetzt als explizite Brücke zwischen den Named Modules und dem Unnamed Module fungiert.

Für die Migration einer Anwendung hin zu Modulen sind Automatic Modules das ultimative Hilfsmittel. Einen Ansatz von einer anderen Richtung aus als von den Anwendungsmodulen her wird im folgenden Kapitel erläutert.

6.3.4 Bottom-up-Migration

Dieser Ansatz betrachtet im Gegensatz zum Top-down-Ansatz zunächst die Abhängigkeiten auf unterster Ebene. Bei Betrachtung eines Abhän-

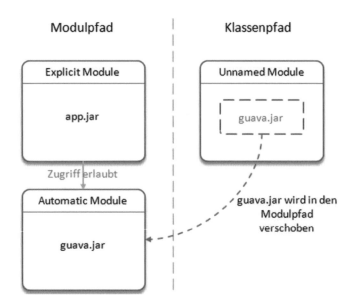

Abb. 6–3
Modularisierungslösung bei Dritt-Bibliotheken

gigkeitsbaums, bei dem die Anwendungsmodule auf oberster Ebene stehen, wird hier bei den Ausläufern des Baumes begonnen. Hierbei handelt es sich um abhängigkeitsfreie Artefakte, die sofort modularisiert werden können. Davon ausgehend wird sich dann sukszessive vorbei an Artefakten mit sehr wenigen Abhängigkeiten bis zu den Anwendungsmodulen hochgearbeitet. In der Regel wird dies im ersten Schritt zunächst Bibliotheksprojekte betreffen und die eigentliche Anwendung bleibt unverändert.

Auch hier sind für jedes potenzielle Modul zuerst die beiden Fragen zu beantworten:

1. Welche Abhängigkeiten benötigt das Modul (`requires`)?
2. Was für Pakete exportiert das Modul (`exports`)?

Und wie beim Top-down-Ansatz kann auch hier das `jedps`-Werkzeug zur Beantwortung der ersten Frage hilfreiche Dienste leisten.

> **Automatische Moduldeskriptor-Erzeugung**
>
> Mit dem `jdeps`-Werkzeug lässt sich aus einem JAR auf folgendem Wege automatisch eine `module-info.java`-Datei erstellen:
>
> `jdeps --generate-module-info <dir> <JAR-Datei>`
>
> Mit `<dir>` wird der Ort angegeben, wohin der Moduldeskriptor geschrieben werden soll, und die JAR-Datei bezeichnet die zu analysierende Bibliothek. Das Werkzeug jdeps leitet den Modulnamen aus dem JAR-Namen ab, ermittelt die Abhängigkeiten und exportiert alle Pakete. Nach der automatischen Erzeugung der Moduldeskriptor-Datei müssen dann die nicht gewollten Paket-Exporte aus der module-info.java entfernt werden. Diese Nutzung von `jdeps` hilft vor allem bei der Erzeugung eines ersten Entwurfs für einen Moduldeskriptor. Zur Erzeugung eine Moduldeskriptors gibt es neben `--generate-module-info` auch `--generate-open-module` zur automatischen Erzeugung eines Open Modules.

Automatische module-info.java Erzeugung

Der reine Bottom-up-Ansatz bietet sich für Bibliotheksprojekte an, die unabhängig von speziellen Anwendungen ihre Funktionalität zur Verfügung stellen. Bei Anwendungsprojekten wird meistens eine Mischung beider Strategien genutzt oder zumindest Top-down-Bewegungen innerhalb von für das Projekt individuell ausgearbeiteten Migrationsstrategien ausgeführt. Das folgende Kapitel stellt die möglichen Migrationsschnitte für eine Anwendung anhand eines Beispiels dar und zeigt den Umgang mit Bibliotheken, die von dem Reflection-Mechanismus Gebrauch machen.

6.4 Beispiel für die Vorgehensweise einer Migration

Die schrittweise Migration wird in diesem Kapitel anhand eines einfachen Beispiels durchgespielt. Angenommen sei eine Anwendung, die aus vier JAR-Artefakten besteht, die nach und nach hin zu Modulen migriert werden sollen. In Abbildung 6–4 ist die Ausgangslage dargestellt, bei der sich die Artefakte main.jar, services.jar, model.jar und hibernate.jar im Klassenpfad befinden.

Diese Artefakte sollen nun nach und nach in den Modulpfad hinübergezogen werden. Bei der hibernate.jar handelt es sich um das bekannte O-R-Mapping-Framework für die Persistierung von JPA-Entities und die restlichen JARs stellen die eigentliche Anwendung dar. Zunächst ist zu entscheiden, ob auf der Ebene der Anwendung mit der Modularisierung begonnen werden soll oder auf der Ebene der Dritt-Bibliotheken. Bei den meisten Projekten wird es so sein, dass Dritt-

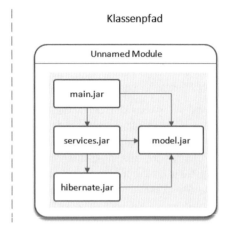

Abb. 6–4
Modularisierungslösung bei Dritt-Bibliotheken

Bibliotheken, falls diese vom Hersteller nicht bereits als Modul angeboten werden, bei der Migration zunächst unberücksichtigt bleiben und entweder als Letztes in den Modulpfad gezogen oder gänzlich im Klassenpfad belassen werden. Daher wird an dieser Stelle der Fokus zunächst auf die Artefakte der Anwendung gesetzt. Es gibt hier nicht den einzig richtigen Ansatz, aber einen recht pragmatischen. Im Sinne der Bottom-up-Strategie wird zunächst untersucht, welches Artefakt keine oder die geringsten Abhängigkeiten aufweist. Dies muss nicht zwangsläufig das JAR sein, das als Erstes behandelt werden soll, aber in diesem Beispiel trifft dies zu. Das model.jar hat keinerlei Abhängigkeiten, wird dafür von allen anderen JARs benötigt. Da das Unnamed Module, in welchem sich alle JARs der Anwendung befinden, Zugriff auf die exportierten Pakete der im Modulpfad befindlichen Module hat, bietet sich die Verschiebung von model.jar in den Modulpfad als erster Schritt an. Nachdem nun das Artefakt identifiziert ist, mit welchem die Migration begonnen wird, ist zu klären, was für eine Art von Modul es werden soll. Das Hauptziel sollte es immer sein, Explicit Modules zu haben, da eindeutig deklarierte Abhängigkeiten wünschenswert sind. Die zu beachtende Besonderheit hier ist die Nutzung der Klassen aus model.jar durch das Hibernate-Framework. Hibernate nutzt bei der Handhabung und Persistierung von Entities den Reflection-Mechanismus auf vielfältige Art und Weise, wodurch sich die Umsetzung des model.jar als Open Module anbietet. Dies sich daraus ergebenden Zusammenhänge zeigt Abbildung 6–5.

Als Nächstes soll das services.jar-Artefakt zu einem Modul migriert werden. Zu betrachten ist, welche JARs von diesem abhängen und ob diese nach der Migration der services.jar zu einem Modul weiter Zugriff auf diese haben. Weiter muss untersucht werden, ob das modu-

6.4 Beispiel für die Vorgehensweise einer Migration

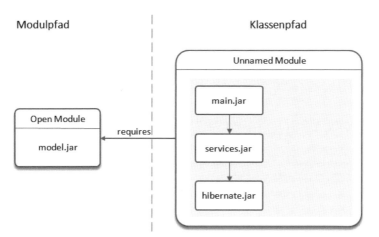

Abb. 6–5
Artefakt-Migration hin zum Open Module

larisierte services.jar selber auch Zugriff auf seine Abhängigkeiten hat, also auf das hibernate.jar. Das Unnamed Module hat automatisch Zugriff auf alle exportierten Pakete von allen anderen Modulen und somit auch weiterhin Zugriff auf das services.jar nach dessen Migration. Umgekehrt ist zu bedenken, dass aus dem Modulpfad heraus nur Automatic Modules Zugriff auf das Unnamed Module und damit auf das hibernate.jar haben. Damit ist klar, dass das services.jar zunächst ein Automatic Module werden muss durch Verschiebung des Artefakts in den Modulpfad ohne expliziter Erstellung eines Moduldeskriptors (siehe Abbildung 6–6).

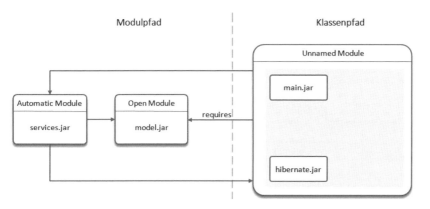

Abb. 6–6
Artefakt-Migration hin zum Automatic Module

Um die Anwendungsmigration abzuschließen, wird als Nächstes das main.jar zu einem Explicit Module migriert, wie in Abbildung 6–7 dargestellt.

Die eigentliche Anwendung ohne die Dritt-Bibliothek ist damit migriert. Um die Verwendung des Klassenpfades ganz zu beenden, kann nun noch die verbliebene Bibliothek migriert werden. Da diese nicht

Abb. 6–7
Artefakt-Migration hin zum Explicit Module

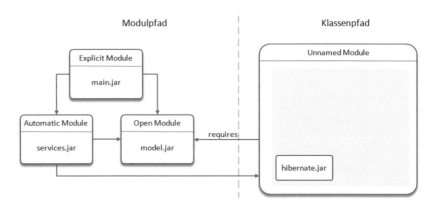

direkt zum Anwendungscode gehört, wird diese lediglich in den Modulpfad gezogen, um dort vom Modulsystem als Automatic Module erkannt zu werden. Um die vollständige Migration abzuschließen, fehlt noch ein letzter Schritt. Weiter oben stand, dass es eine Bestrebung sein sollte, Explicit Modules zu erstellen. Das services-Modul ist nur deshalb ein Automatic Module geworden, weil es den nun nicht mehr notwendigen Zugriff auf das Unnamed Module benötigte. Daher kann dieses nun durch Erstellung eines Moduldeskriptors zu einem Explicit Module umgewandelt werden. Abbildung 6–8 zeigt das Ergebnis der Migration.

Abb. 6–8
Ergebnis der Migration

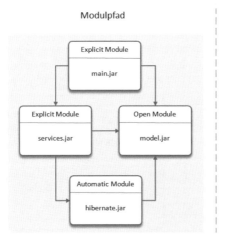

Die sich ergebenen Moduldeskriptoren sehen wie folgt aus:

```
module main {
  requires services;
  requires model;
}
```

```
module services {
  requires model;
  requires hibernate;
}

open module model {
}
```

Die Dritt-Bibliothek `hibernate` wird als Automatic Module vom Java-Modulsystem automatisch verwaltet.

6.5 Big Kill Switch

Der im Rahmen des Jigsaw-Projekts recht spät aufgenommene, sogenannte Big Kill Switch ist der Migrationsproblematik geschuldet und der Anforderung, dass Java-8-Anwendungen zunächst problemlos unter Java 9 lauffähig sein sollen. Grundsätzlich ist der Reflection-Zugriff auf Klassen untersagt, wenn nicht das entsprechende Paket dafür geöffnet wurde. Wie sich gezeigt hat, wird dies für viele Anwendungen zum Problem, da viele auf die Java-Basisklassen häufig solche Zugriffe ausführen. Damit solche Anwendungen auch auf Java 9 zunächst lauffähig sind und die Migrationsnotwendigkeit sich nicht direkt massiv in den Vordergrund drängt, ist der Switch aufgenommen worden, der den Reflection-Zugriff ausgehend vom Code des Klassenpfads standardmäßig erlaubt. Für zukünftige Java-Versionen ist bereits angekündigt, dass diese standardmäßige Einstellung entfallen wird oder der Switch sogar komplett entfallen könnte.

Falls die zu migrierende Anwendung nur auf wenige Klassen solche Zugriffe durchführt, ist es sinnvoller, sich nicht auf diesen Switch zu verlassen, sondern die entsprechenden Pakete explizit mit `--add-opens` freizugeben.

Der Switch lässt sich mit der Option `--illegal-access`, wie folgt konfigurieren:

- **--illegal-access=permit**
  Dies ist die Standardeinstellung von Java 9, bei der jedes Paket eines Moduls den Reflection-Zugriff vom Unnamed Module, also vom Klassenpfad ausgehende Zugriffe, erlaubt. Der erste normalerweise illegale Reflection-Zugriff zieht eine Warnung nach sich. Alle weiteren Zugriffe führen zu keiner Warnung mehr.
- **--illegal-access=warn**
  Bei dieser Einstellung wird jeder illegale Reflection-Zugriff weiterhin erlaubt, aber jedes Mal mit einer Warnung quittiert.

- --illegal-access=debug
  Auch hier werden die illegalen Reflection-Zugriffe zugelassen und bei jedem Zugriff eine Warnung erzeugt, aber zusätzlich wird auch noch der *stack trace* mitgeliefert.
- --illegal-access=deny
  Diese Einstellung deaktiviert alle illegalen Reflection-Zugriffe mit Ausnahme der explizit freigegebenen (z. B. mit --add-opens). Diese Einstellung wird in zukünftigen Java-Versionen die Standardeinstellung sein.

Im nächsten Kapitel wird anhand einer konkreten Anwendung ein möglicher Migrationsweg vorgestellt.

6.6 Praktisches Beispiel

Um den vorherigen Migrationskapiteln etwas mehr praktische Relevanz beizufügen und ein besseres Gefühl für die Migration hin zu Java-Modulen zu bekommen, wird in diesem Kapitel ein Beispiel für die Migration einer kleiner Anwendung vorgestellt. In der realen Welt wird die zu leistende Migrationsanstrengung natürlich erheblich größer sein und auch mehr Fallstricke bereithalten. Das folgende Beispiel kann an entsprechender Stelle als Maven und eclipse-Projekt heruntergeladen werden, wobei auch alle notwendigen Java-Befehle für das manuelle Bauen in Skript-Dateien hinzugefügt wurden.

6.6.1 Die Anwendung

Die zu migrierende Anwendung macht im Kern nichts anderes, als Java-Objekte in JSON-Strings zu überführen und auszugeben. Bei den Objekten handelt es sich um Informationen zu Angestellten eines Unternehmens, die den Namen, das Alter, die Position im Unternehmen, die Fähigkeiten und das Gehalt des Angestellten enthalten. Bei der Konvertierung nach JSON wird zudem automatisch berücksichtigt, ob die Informationen für einen Manager oder andere aufbereitet werden sollen. Im Fall des Managers wird das Gehalt in den JSON-String mit aufgenommen und bei allen anderen fortgelassen.

Für die Konvertierung der Objekte wird die stark verbreitete und unter der Apache-Lizenz laufende Bibliothek Jackson 2.x verwendet, die in der hier verwendeten Version nicht modularisiert vorliegt.

Die Anwendung besteht aus den drei Klassen App, Staff und Views und den benötigten Jackson-Bibliotheken jackson-databind-2.8.8.1.jar, jackson-core-2.8.8.jar und jackson-annotations-2.8.0.jar.

6.6 Praktisches Beispiel

Als Maven-Projekt realisiert ist nur eine anzugebende Abhängigkeit notwendig, die beiden weiteren Bibliotheken werden von dieser benötigt:

```
<dependencies>
  <dependency>
    <groupId>com.fasterxml.jackson.core</groupId>
    <artifactId>jackson-databind</artifactId>
    <version>2.8.8.1</version>
  </dependency>
</dependencies>
```

Abbildung 6–9 zeigt die Projektstruktur der Anwendung. Zum besseren Verständnis werden im Folgenden die Java-Befehle für den Bau der Anwendung genutzt, wobei das herunterladbare Beispiel als Maven-Projekt vorliegt. In der Projektstruktur ist zu sehen, dass die abhängigen Bibliotheken im lib-Verzeichnis liegen.

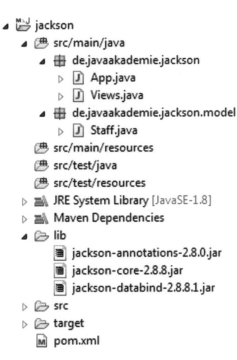

Abb. 6–9
Projektstruktur der zu migrierenden Anwendung

Bei der Klasse Staff zum Halten der Personalinformationen handelt es sich um eine einfache POJO, die noch um Jackson-spezifische @JsonView-Annotations ergänzt ist, wie folgendes Listing zeigt:

Listing 6–1
Staff.java

```java
package de.javaakademie.jackson.model;

import java.math.BigDecimal;
import java.util.List;
import com.fasterxml.jackson.annotation.JsonView;
import de.javaakademie.jackson.Views;

public class Staff {
  @JsonView(Views.Normal.class)
  private String name;

  @JsonView(Views.Normal.class)
  private int age;

  @JsonView(Views.Normal.class)
  private String position;

  @JsonView(Views.Manager.class)
  private BigDecimal salary;

  @JsonView(Views.Normal.class)
  private List<String> skills;

  // getter and setter
}
```

Die `@JsonView`-Annotations erlauben es, dem Json-Mapper mitzuteilen, welche Felder angezeigt bzw. gemappt werden sollen und welche nicht. Die entsprechenden Methoden sind:

```
mapper.writerWithView(<view class>).writeValue()
mapper.readerWithView(<view class>).readValue()
```

Bei den entsprechenden View-Klassen handelt es sich um leere Klassen, die wie folgt erzeugt werden:

Listing 6–2
Views.java

```java
package de.javaakademie.jackson;

public class Views {
  public static class Normal {
  };
  public static class Manager extends Normal {
  };
}
```

Die Hauptklasse mit der Main-Methode erzeugt ein Dummy-Staff-Objekt und gibt den konvertierten JSON-String einmal in der Manager-Sicht und einmal in der normalen Sicht auf der Konsole aus. Wie genau die Jackson-Bibliothek hier verwendet wird, spielt eine eher nebensächliche Rolle. Wichtig für die Migration ist lediglich, die abhängigen Bibliotheken zu kennen.

Listing 6–3
App.java

```java
package de.javaakademie.jackson;

import java.io.IOException;
import java.math.BigDecimal;
import java.util.ArrayList;
import java.util.List;
import com.fasterxml.jackson.databind.ObjectMapper;
import de.javaakademie.jackson.model.Staff;

public class App {
  public static void main(String[] args) {
    App obj = new App();
    obj.run();
  }
  private void run() {
    ObjectMapper mapper = new ObjectMapper();
    Staff staff = createDummyObject();
    try {
      // Normal View -> Salary will be hidden
      System.out.println("Normal View");
      String normalView = mapper.writerWithView(
        Views.Normal.class)
          .writeValueAsString(staff);
      System.out.println(normalView);

      String jsonInString = "{\"name\":\"Max\",
        \"age\":33,\"position\":\"Developer\",
        \"salary\":7000,\"skills\":[\"Java\",
        \"JavaScript\"]}";
      Staff normalStaff = mapper.readerWithView(
        Views.Normal.class).forType(Staff.class)
          .readValue(jsonInString);
      System.out.println(normalStaff);
```

```
        // Manager View -> Display everything
        System.out.println("\nManager View");
        String managerView = mapper.writerWithView(
          Views.Manager.class)
            .writeValueAsString(staff);
        System.out.println(managerView);

        Staff managerStaff = mapper.readerWithView(
          Views.Manager.class).forType(Staff.class)
            .readValue(jsonInString);
        System.out.println(managerStaff);
      } catch (IOException e) {
        e.printStackTrace();
      }
    }
  }
  private Staff createDummyObject() {
    ...
  }
}
```

Mit folgenden Befehlen wird die Anwendung gebaut, verpackt und ausgeführt:

1. Kompilieren der Klassen nach /classes

    ```
    javac -classpath "lib/*"
        ↪ -d classes src\main\java\
        ↪ de\javaakademie\jackson\model\*.java
        ↪ src\main\java\de\javaakademie\jackson\*.java
    ```

2. Verpacken der Klassen in ein JAR

    ```
    jar cfe target/jackson.jar de.javaakademie.jackson.App
        ↪ -C classes .
    ```

3. Starten der Anwendung

    ```
    java -cp lib/*;target/jackson.jar
        ↪ de.javaakademie.jackson.App
    ```

Diese kleine Anwendung soll nun in eine modulare Anwendung überführt werden, wobei zunächst untersucht werden muss, was alles zu migrieren ist.

6.6.2 Untersuchung auf Abhängigkeiten

Im Fall der vorliegenden kleinen Anwendung starten die Vorbereitungen mit der Untersuchung der Abhängigkeiten. Seit Java 8 hilft hierbei das Werkzeug `jdeps`, das bereits in den vorangegangenen Kapiteln vorgestellt und verwendet wurde.

Angewendet auf die Anwendung mit `jdeps -s jackson.jar` führt dies zu folgendem Ergebnis:

```
jackson.jar -> java.base
jackson.jar -> not found
```

Dies bedeutet, dass das `jackson.jar` das `java.base`-Modul benötigt und irgendetwas, was nicht gefunden wurde. Letzteres macht es erforderlich, den -s-Schalter fortzulassen und die Perspektive der reinen Modulbetrachtung zu verlassen und eine Ebene tiefer auf die Paket-Ebene zu gehen.

Abbildung 6–10 zeigt das Ergebnis nach Eingabe von `jdeps jackson.jar`.

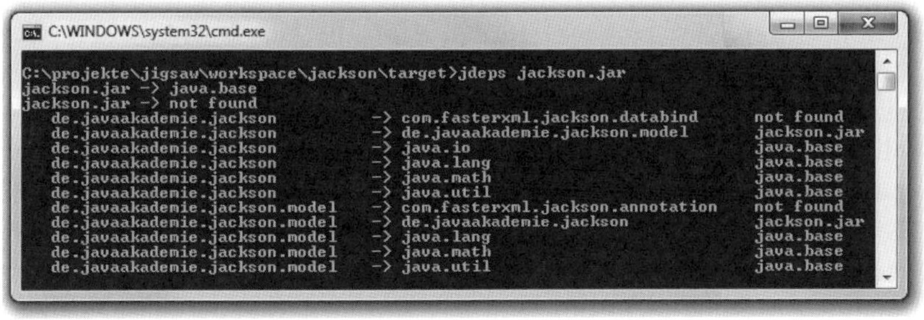

Abb. 6–10
jdeps Ergebnis

Dort ist zum einen zu sehen, welche Pakete der Java-Plattform benötigt werden (z. B. java.io, java.lang, java.util), und die Pakete `com.fasterxml.jackson.databind` und `com.fasterxml.jackson.annotation`, die keinem Modul zugeordnet werden können. Die benötigten Pakete der Java-Plattform sind sämtlich im Modul `java.base` enthalten, welches jedem Modul automatisch als Abhängigkeit hinzugefügt wird. Daher müssen wir uns um diese Pakete nicht weiter kümmern, da sie nach Migrierung der Anwendung zu einem Modul diesem automatisch zur Verfügung stehen.

Zu überlegen ist nun, wie mit den nicht zu Modulen auflösbaren Paketen umgegangen wird. In der Praxis werden sich unter Umständen viele solcher Abhängigkeiten finden, die zum einen zur eigenen Codebasis gehören und zum anderen zu Bibliotheken von Drittanbietern. Alles, was zur eigenen Codebasis gehört, muss ohnehin auf den Prüfstand kommen, um zu bewerten, was davon in eigenen Java-Modulen Platz findet. Im Falle des Beispiel ist diese Frage leicht zu beantworten, da alle drei Klassen in ein Java-Modul gepackt werden. Bei den hier nicht zu Modulen auflösbaren Abhängigkeiten handelt es sich um die Jackson-Bibliotheken. Der nächste Schritt könnte jetzt sein, mittels jdeps auch diese Bibliotheken auf ihre Abhängigkeiten zu untersuchen. In der Realität werden die Entwickler diese aber kennen oder z. B. über Maven-Repositories die Abhängigkeiten schnell ermitteln können. Im vorliegenden Fall ist es so, dass die jackson-databind-2.8.8.1.jar Abhängigkeiten zu jackson-core-2.8.8.jar und jackson-annotations-2.8.0.jar aufweist. Das heißt, wenn die Anwendung auf Basis von Java-Modulen umgestellt wurde, müssen die Pakete innerhalb dieser JARs zugreifbar sein. Die beiden folgenden Kapitel gehen der Frage nach, ob die Bibliotheken im Klassenpfad liegen bleiben dürfen, ob sie in den Modulpfad gelegt werden oder sich eine Verwendung beider Pfade anbietet.

6.6.3 Probleme bei der Migration vom Klassenpfad

Die erste Idee könnte sein, die Jackson-Bibliotheken einfach im Klassenpfad liegen zu lassen und nur den eigenen Code in ein Java-Modul zu überführen. Zur Laufzeit würden dann die Jackson-JARs dem Unnamed Module zugeordnet und wären als Modul verfügbar, aber hier liegt bereits das Problem. Bei der Anwendung würde es sich um ein vollwertiges Java-Modul handeln und wie in den vorangegangenen Kapiteln erklärt wurde, kann ein solches Modul nicht auf ein Unnamed Modul zugreifen. Die Anwendung müsste in seinem Moduldeskriptor eine entsprechende Abhängigkeit definiert haben und das ist zu einem Unnamed Module nicht möglich. Die einzige Modulart mit einer Zugriffsmöglichkeit auf ein Unnamed Module ist das Automatic Module. Daraus ergeben sich für die Anwendung die im nächsten Abschnitt beschriebenen beiden Möglichkeiten.

6.6.4 Integration nichtmodularer Abhängigkeiten

Die Jackson-Bibliotheken als nicht-modulare Abhängigkeiten können der Anwendung auf zwei Wegen zur Verfügung gestellt werden, wobei die Modulart Automatic Module die entscheidende Rolle spielt. Da die Anwendung auf die Jackson-Funktionalitäten zugreifen möchte, muss zumindest eines der JARs zwingend ein Automatic Module werden. Es ergeben sich nun zwei Möglichkeiten. Entweder alle drei JARs werden einfach dem Modulpfad hinzugefügt und werden damit zu Automatic Modules, die von der Anwendung genutzt werden können, oder es wird nur das jackson-databind-2.8.8.1.jar dem Modulpfad hinzugefügt und die beiden anderen bleiben im Klassenpfad. Dies ist möglich, da das `jackson-databind-2.8.8.1.jar` Abhängigkeiten zu den beiden anderen hat und als Automatic Module auf diese im Klassenpfad liegenden Bibliotheken zugreifen kann, wie auch diese auf das Automatic Module zugreifen können. Und über das Automatic Module kann die Anwendung indirekt auf die Pakete des Unnamed Module zugreifen. Beide Möglichkeiten werden im nächsten Kapitel gezeigt.

6.6.5 Die Migration der Anwendung

Zunächst wird die eigentliche Anwendung modularisiert, indem die drei Klassen zu einem Modul verpackt werden. Die resultierende Projektstruktur ist Abbildung 6–11 zu entnehmen.

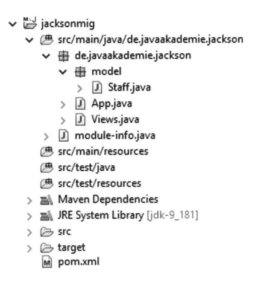

Abb. 6–11
Projektstruktur der zu migrierenden Anwendung

Die Pakete mit ihren Klassen wurden zum Modul `de.javaakademie.jackson` zusammengefasst und mit folgendem Moduldeskriptor versehen:

```
module de.javaakademie.jackson {
  requires jackson.databind;
  exports de.javaakademie.jackson.model to jackson.databind;
}
```

Listing 6–4
module-info.java

Das Modul erhält die direkte Abhängigkeit zum Automatic Module `jackson.databind` und das Paket mit dem Model-Objekt `Staff` wird für den Zugriff von diesem freigegeben. Der restliche Programmcode bleibt unverändert. Der Moduldeskriptor bleibt für beide Möglichkeiten unverändert.

Zunächst wird das Modul gebaut und verpackt:

1. `javac -p lib`
   ↪ `-d classes`
   ↪ `--module-source-path src\main\java`
   ↪ `src\main\java\de.javaakademie.jackson\*.java`
   ↪ `src\main\java\de.javaakademie.jackson`
   ↪ `\de\javaakademie\jackson\*.java`
   ↪ `src\main\java\de.javaakademie.jackson`
   ↪ `\de\javaakademie\jackson\model\*.java`

2. `jar --create`
   ↪ `--file modules\de.javaakademie.jackson.jar`
   ↪ `--main-class de.javaakademie.jackson.App`
   ↪ `-C classes\de.javaakademie.jackson .`

Die Art der Ausführung der Anwendung entscheidet über die verwendete Möglichkeit. Bei Möglichkeit 1 werden alle Non-Modular JARs (also die Jackson-Bibliotheken) durch Hinzufügung dieser zum Modulpfad zu Automatic Modules:

```
java -p modules;lib
    ↪ -m de.javaakademie.jackson/
    ↪ de.javaakademie.jackson.App
```

Möglichkeit 2 legt lediglich das `jackson-databind-2.8.8.1.jar` auf den Modulpfad (hier wird die entsprechende Datei in das /modules-Verzeichnis kopiert) und belässt die beiden anderen im Klassenpfad:

```
copy .\lib\jackson-databind-2.8.8.1.jar .\modules
java -classpath "lib/*"
    ↪ -p modules
    ↪ -m de.javaakademie.jackson/
    ↪ de.javaakademie.jackson.App
```

Die Migration einer solch kleinen Anwendung stellt kein Problem dar, aber bei großen Anwendungen ergeben sich viele Fallstricke, weswegen der nächste Abschnitt ein paar allgemeinen Tipps gewidmet ist.

6.7 Tipps für die Migration

Das Java-Modulsystem gibt es nicht schon seit vielen Jahren und somit sind die Erfahrungswerte für die Migration großer Systeme zugegeben gering bis nicht vorhanden. Die nächsten Jahre werden zeigen, ob sich bestimmte Vorgehensweisen als Best Practise herauskristallisieren werden oder die Spezifikation noch um hilfreiche Elemente für diesen Themenkomplex erweitert wird.

Grundsätzlich sollten bei jeder Migration die Fragen nach dem Warum und Wie gestellt werden und vor allem, ob eine Anwendung wirklich komplett auf das Java-Modulsystem migriert werden soll. So oder so sollte immer nur schrittweise migriert werden.

Ein häufig auftretendes Problem ist der Zugriff auf nicht mehr offene Pakete. Das Problem dieser Referenzierung (herausfindbar mit `jdeps -jdkinternals <jars>`) hat sich bei sehr bekannten Bibliotheken häufig erledigt, wenn auf eine neuere Version der Bibliothek umgestiegen wurde, wo diese Abhängigkeiten aufgehoben waren. Generell wird es in Zukunft lohnenswert sein, nach neueren Versionen zu schauen, da viele Anbieter von Bibliotheken bereits im Begriff sind, diese dem Java-Modulsystem anzupassen.

Wie bereits erwähnt sind zudem Pakete wie `sun.misc` und `sun.reflect` im Plattform-Modul `jdk.unsupported` zusammengefasst und zugreifbar. Allerdings wird dieses Modul wahrscheinlich nur übergangsweise verfügbar sein.

Beim Start einer Anwendung besteht außerdem die Möglichkeit, Pakete explizit zur Laufzeit für den Reflection-Zugriff zu öffnen oder nach außen bekannt zu machen. Dies geht sogar für ansonsten nicht zugreifbare Pakete innerhalb der Java-Plattform-Module. Zum Beispiel kann mit `--add-opens java.base/java.time=gson` dem gson-Modul der Reflection-Zugriff auf das `java.time`-Paket des `java.base`-Moduls freigegeben werden. Mit `--add-exports <Name Modul 1>/<Name Paket>=<Name Modul 2>` wird äquivalent ein Paket von Modul 1 nach außen für Modul 2 sichtbar gemacht.

Hilfreich kann auch die automatische Generierung des Moduldeskriptors sein, was ebenfalls mit `jdeps` möglich ist:

```
jdeps -- generate-module-info <Output Verzeichnis> <Liste JARs>
```

Häufig trat bei Migrationen auch das Split-Package-Problem bei Dritt-Bibliotheken auf. Bei kleinen zu migrierenden Projekten ohne die Reflection-Problematik konnten Dritt-Bibliotheken häufig einfach in den Modulpfad gezogen werden und waren als Automatic Module lauffähig. Manchmal gab es nur Split-Packages-Probleme bei Bibliotheken, die von einer einzigen Bibliothek referenziert wurden. Hier war es dann möglich, die referenzierten Bibliotheken auf dem Klassenpfad zu belassen und die Hauptbibliothek auf den Modulpfad zu legen. Dort, wo dies nicht geht, ist es eine Möglichkeit, alle Dritt-Bibliotheken auf dem Klassenpfad zu belassen und der modularisierten Anwendung ein eigenes Automatic Module beizufügen, was die Zugriffe auf die Dritt-Bibliotheken quasi kapselt. Beispielsweise weist die Apache-POI 3.16-Programmbibliothek mit seinen einzelnen JARs eine Reihe von Split Packages Problemen auf, welche bei einer Migration durch ein extra geschaffenes Automatic Module angebunden wurden. Abgeraten, aber möglich, sind Alternativen, bei denen JARs zusammengefasst werden oder dem Problem mittels Patching begegnet wird. Für den Austausch von JDK-Modulen während des Startens der Anwendung mit dem Java-Befehl gibt es zudem die Möglichkeit der Verwendung der Option `--upgrade-module-path`, was ebenfalls hilfreich sein kann.

6.8 Zusammenfassung

Softwaremigration ist in letzter Konsequenz ein stark projektabhängiger Prozess und die Vorgehensweisen müssen höchst individuell geplant und durchgeführt werden. Dennoch gibt es eine Reihe von bewährten Strategien, von denen einige, die besonders hilfreich für die Migration hin zu Java-Modulen sind, in den vorherigen Kapiteln behandelt wurden.

Nach der Klärung dessen, was überhaupt unter Softwaremigration zu verstehen ist, wurden einige der Fallstricke beschrieben, die auf dem Weg hin zu Modulen auftauchen können. Diese haben ihre Ursachen vor allem in der Änderung der JRE/JDK-Struktur, dem Zugriff auf nicht offiziell freigegebene und damit nicht spezifizierten Java-SE-APIs und Zugriffe per Reflection. Abgesehen von den möglichen Migrationsproblemen, gewährleistet die Abwärtskompatibilität eine reine Plattformmigration, welche das Betreiben einer Anwendung ermöglicht, ohne diese anpassen zu müssen. Dies im Gegensatz zur Big-Bang-Strategie, bei der eine Anwendung auf einmal migriert wird. Der Schwerpunkt der Kapitel lag auf der Darstellung einer schrittweisen Migration einer Anwendung im Top-down- oder Bottom-up-Verfahren. Im Top-down-Verfahren bekommen die JAR-Artefakte jeweils einen Moduldeskriptor und die direkt abhängigen Dritt-Bibliotheken werden als Automatic Modules eingebunden. Der Bottom-up-Ansatz geht den umgekehrten Ansatz und beginnt nicht bei den Anwendungsmodulen, sondern auf tieferen Ebenen, wodurch die Anwendung selber zunächst unverändert bleibt. Dieser Ansatz bietet sich vor allem bei reinen Bibliotheksprojekten an. Abgeschlossen wurde die Vorstellung der Migrationsstrategien durch ein Beispiel, anhand dessen zusätzlich erläutert wurde, wie Open Modules dabei helfen, in einer modularisierten Umgebung Frameworks zu nutzen, die ausgiebigen Gebrauch vom Reflection-Mechanismus machen.

Eine bereits auf Java-Modulen basierende Anwendung bietet auch für eventuell später nötige Migrationen einen erheblichen Nutzen, da eine Software, die auf schwach zusammenhängenden und über eindeutig definierte Schnittstellen kommunizierenden Modulen basiert, erheblich leichter zu migrieren ist, als nicht hinreichend modularisierte Systeme.

7 Kritik am Modulsystem

Frei nach Goethes Sprichwort »Wo Licht ist, ist auch Schatten«, beschäftigt sich dieses Kapitel mit den Problemen des Java-Modulsystems und übt Kritik, um auch die Schattenseiten nicht unter den Tisch fallen zu lassen.

Aus dem einführenden Kapitel zur Entstehung des Java-Modulsystems konnte schon die endlose Geschichte dahinter entnommen werden. Alleine das im Jahre 2005 mit dem JSR 277 begonnene Projekt Jigsaw findet seinen finalen Start nach vielen weiteren Verschiebungen erst Ende 2017. Und auch da herrscht nur Konsens in einer Feststellung, nämlich dass die Modularisierung des JDK eine herausragende Leistung war, aber das Modulsystem zur Modularisierung von Java-Anwendungen steht weiter unter Beschuss.

Der klassische Grabenkampf zwischen OSGi-Entwicklern und Jigsaw-Befürwortern wird sich aber in Zukunft weiter legen, wenn die Verbreitung des Java-Modulsystems erst einmal an Fahrt aufnimmt. Kritik wird und darf natürlich weiter geübt werden und das war und wird auch immer ein guter Motor für die Weiterentwicklung der Java-Sprache sein. Java steht heute im Wettbewerb zu vielen anderen einfach zu erlernenden Sprachen, die im Ruf stehen, wesentlich cooler zu sein. Damit Java nach Cobol nicht schneller als uns lieb zur Altherren-Entwicklersprache in Unternehmen wird, ist Weiterentwicklung und Innovation gefragt und vor allem Geschwindigkeit, was die Releasezyklen angeht. Gerade Letzteres ist wichtig, wenn Java in der aktuellen Bandbreite von Anwendungsgebieten auch zukünftig gesetzt sein soll.

Nachfolgend werden einige der Kritikpunkte vorgestellt, damit das Java-Modulsystem nicht völlig vorbehaltlos als die Ideallösung hingestellt wird. Jeder dieser Punkte lässt sich, je nachdem welcher Standpunkt eingenommen wird, sehr kontrovers diskutieren. Was für die einen schlecht designt ist, sehen andere als richtig und gewollt an. Eines ist aber klar, wie die meisten Java-Spezifikationen, wird sich auch die Java-Modulsystem-Spezifikation weiterentwickeln und auch bei den folgenden Punkten könnten sich noch Änderungen vollziehen. Um den Rahmen dieses Kapitels nicht zu sprengen, werden nur ein paar Kritikpunkte herausgegriffen und kurz kommentiert.

1. **Das Modulsystem zwingt uns in ein Korsett**
   Es ist nicht ganz von der Hand zu weisen, dass mit dem Betreten des Modulpfads eine Restriktion dahingehend stattfindet, dass man ab dann mit Java-Modulen arbeiten muss oder indirekt dazu genötigt wird (siehe Automatic Modules), was zusätzlich schwer wiegt, weil zumindest angekündigt ist, dass der Klassenpfad in ferner Zukunft gänzlich durch den Modulpfad ersetzt werden soll. Dies erzwingt zugegebenermaßen eine bestimmte Design-Philosophie, allerdings kann die Fokussierung auf die Modularisierung auch als sehr positiv bewertet werden, da es zumindest aktuell ein sehr machtvolles Instrument ist, und in der Praxis lässt sich vielleicht auch ein implementierungstechnischer Konsens zu anderen Philosophien finden.
2. **Probleme bei der Migration**
   Existierende Anwendungen auf das Java-Modulsystem zu migrieren wird vermutlich die größte Herausforderung sein, obwohl es fraglich ist, ob in naher Zukunft hier eine wirkliche Notwendigkeit besteht. Der Klassenpfad existiert zunächst weiter und kaum jemand wird sofort damit beginnen, ein wirklich großes und komplexes System zu migrieren. Als problematisch stellt sich bereits jetzt der Zugriff auf vielleicht in Zukunft nicht mehr offene APIs dar (siehe auch Kapitel zur Migration), generell Reflection-Zugriffe und Zyklen in Drittbibliotheken.
3. **Keine Modul-Versionierung**
   Dies ist der wohl am meisten aufgeführtete Kritikpunkt. Es ist keine Modul-Versionierung vorgesehen und somit können nicht zwei gleiche Module, sich nur in ihrer Version unterscheidend, geladen werden. Angemerkt sei, dass dies über Umwege (siehe Module-Layer) sehr wohl möglich wäre, aber eine Versionierung ist grundsätzlich nicht vorgesehen. Versionierung war für das ersten Release des Java-Modulsystems nicht vorgesehen und eine solche Unterstützung birgt auch eine Menge Komplexitätspotenzial in sich – für das Modulsystem, wie auch für die jeweilige Anwendung.
4. **Keine Split Packages**
   Die Verwendung von den gleichen Paketnamen in unterschiedlichen Modulen ist nicht zulässig. Wenn ja, bestünde die Gefahr, dass Klassen einmal auf Klassen des einen und andere auf die des anderen Pakets zugreifen. Kritiker räumen diesem zwar eine Sinnhaftigkeit ein, kritisieren aber die Behandlung dieses Problems auf Spezifikationsebene und würden dies lieber der Anwendung überlassen. Zudem begegnet man diesem Problem häufig bei der Migration von Dritt-Bibliotheken.

5. **Keine zyklischen Abhängigkeiten**
   Abhängigkeitszyklen zwischen Modulen waren zunächst während der Kompilierung, des Linkens und der Laufzeit nicht zulässig. Kritiker äußerten, dass die Verwendung von Zyklen gerade während des Kompilierungsvorgangs ein akzeptiertes Verhalten ist und der Wegfall dieser Möglichkeit zu Problemen bei bestehenden Systemen führt. Diese Einschränkung wurde in der letzten Version von Java 9 dahingehend aufgeweicht, dass Zyklen zumindest während der Laufzeit zulässig sind.
6. **Namensbeschränkungen der Module**
   Modulnamen müssen weitestgehend gültigen Java-Sprachnamen entsprechen. Die Namen in anderen Modulsystemen oder die Namen der Maven-Artefakte, bei denen z. B. auch der Bindestrich zulässig ist, widersprechen dieser Regel. Dies kann zu Problemen führen. Um den Kritikern hier etwas entgegenzukommen, gibt es die Möglichkeit für Automatic Modules, einen Namen in der MANIFEST.MF festzulegen.
7. **OSGi ist das bessere Modulsystem für Anwendungen**
   Ohne an dieser Stelle beide Modulsysteme direkt zu vergleichen, zumal im OSGi-Kapitel bereits etwas dazu gesagt wurde, sei zunächst einmal festzuhalten, dass Jigsaw keine OSGi-Kopie ist und sein möchte. Jigsaw ist aus einem völlig anderen Kontext heraus entstanden als OSGi und Jigsaw ist der Versuch eines gemeinsamen Nenners einer wirklich großen Entwicklergemeinde. Und selbst wenn mehr für OSGi sprechen würde als für Jigsaw, bleibt festzuhalten, dass OSGi viele Jahre Zeit hatte, sich in den Unternehmen breitgefächert zu etablieren, was es aber nicht tat. Ob das jetzt an OSGi selber oder an der mangelnden Modularisierungsfreudigkeit lag, spielt dabei erst einmal nur eine untergeordnete Rolle. Ohne das Java-Modulsystem würde in den meisten Unternehmen das Thema Modularisierung mit OSGi auch weiterhin kein Thema sein.

Diese Kritikpunkte stellen nur eine kleine Auswahl der hervorgebrachten Bedenken dar und zeigen, dass das Java-Modulsystem nicht vorbehaltlos angenommen wird.

Fazit

Alle Kritikpunkte, auch die nicht aufgeführten, lassen sich vortrefflich diskutieren und bei einigen Punkten ist eine Nachbesserung durchaus wünschenswert, wie auch die Praxis vielleicht Probleme aufzeigen wird, die mit einem späteren Java-Release noch bedacht werden müssen. Festzuhalten bleibt aber, dass alle Punkte über Jahre hinweg ausführlich diskutiert wurden und nun der erarbeitete gemeinsame Nenner vorliegt. Und dieses erarbeitete Ergebnis ist ein gut funktionierendes und leicht zu verstehendes Modulsystem, auf das lange gewartet wurde. Und die Kritikpunkte werden dafür sorgen, dass sich Jigsaw auch in Zukunft weiterentwickelt.

8 OSGi vs. Java-Modulsystem

Bevor mit Java 9 ein in die Spezifikation aufgenommenes Modulsystem Einzug gehalten hat, existierte in der Java-Welt bereits ein anderes Modulsystem namens OSGi. Aufgrund dessen Bedeutung wird in den folgenden Kapiteln dieses System kurz vorgestellt und ein Vergleich zum Java-Modulsystem gezogen und die einzelnen Vor- und Nachteile werden besprochen. Dies ist insbesondere für jene Entwickler interessant, die bisher OSGi nutzten und sich nun in das Java-Modulsystem einarbeiten wollen.

Zur besseren Unterscheidung der beiden Systeme wird im nachfolgenden Text bei dem in die Java-Spezifikation aufgenommenen System einfach vom Java-Modulsystem gesprochen und bei dem anderen vom OSGi Framework oder nur OSGi.

8.1 Was ist OSGi?

Die 1999 gegründete OSGi Alliance (früher Open Services Gateway initiative) ist ein Konsortium bekannter Hersteller und Organisationen, die eine herstellerunabhängige Spezifikation für eine dynamische Plattform erstellt haben, um Java-basierte Anwendungen zu modularisieren. Das Ziel war die Beherrschung von immer stärker vernetzten Systemen und die damit einhergehende wachsenden Komplexität. Dabei lag der Fokus zunächst auf der Spezifikation des eigentlichen Frameworks und von Diensten zur Geräteverwaltung für Home Gateways und einiger anderer Dinge. Nach und nach wurde die Spezifikation erweitert und lag im Jahre 2014 in der Version 6 vor.

Das als OSGi Framework bekannte Modulsystem wurde im Jahre 2000 in seiner Version verabschiedet und liegt neben einigen kommerziellen OSGi-Implementierungen auch in quelloffenen Implementierungen wie beispielsweise Equinox (worauf die Eclipse IDE basiert, Bundles werden hier PlugIns genannt), Apache Felix und Knopflerfish vor. Im nächsten Kapitel wird kurz auf die Funktionsweise von OSGi eingegangen, um dann auf die Unterschiede zum Java-Modulsystem einzugehen.

8.2 OSGi in Kürze

Ein Modul wird in OSGi als Bundle bezeichnet und wird durch eine normale JAR-Datei repräsentiert, die mit zusätzlichen Metainformationen in der Manifest-Datei META-INF/MANIFEST.MF angereichert wird, um dessen Abhängigkeiten über Import-Statements zu definieren. Jedes Bundle besitzt dabei einen eigenen Klassenlader, der ausschließlich Klassen innerhalb dieses Bundles lädt. Wenn ein Bundle ein Paket aus einem weiteren Bundle importiert und Zugriffe auf dessen Klassen benötigt (die im entsprechenden Bundle durch Export-Statements definiert wurden), geschieht das Laden der Klassen durch Delegation an den Klassenlader des zweiten Bundles oder an den System-Klassenlader (siehe Abbildung 8–1). Bundles werden in der OSGi-Runtime ausgeführt und besitzen einen Lebenszyklus, wodurch sie zur Laufzeit dynamisch geladen, gestartet, ausgetauscht, gestoppt und deinstalliert werden können. Bei der Deinstallation von Bundles werden auch der Klassenloader und damit alle mit diesem geladenen Klassen aus der JVM entfernt.

Modul = Bundle = PlugIn = Komponente = JAR + Manifest

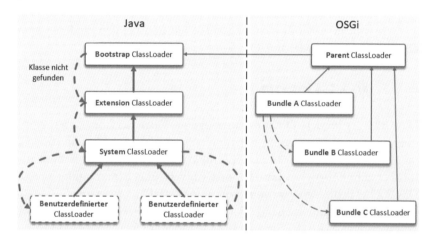

Abb. 8–1
OSGi Klassen laden

Laut Java-Spezifikation darf ein Klassenlader eine Klasse nur einmal laden und damit kann eine Klasse auch nicht während der Laufzeit ausgetauscht werden. Da jedes Bundle seinen eigenen Klassenlader hat, können in verschiedenen Bundles Klassen mit gleichem Namen, aber in verschiedenen Versionen mehrfach in der JVM vorhanden sein. Zudem können Bundles auch als Dienste zur Verfügung gestellt werden, wodurch eine weitere Entkopplung der Bundles untereinander möglich ist, da Bundles nur die Schnittstelle kennen müssen, über welche ein Dienst zur Verfügung gestellt wird.

Bundle als Dienst anbieten

Das OSGi Framework ist in mehreren Schichten unterteilt (Abbildung 8–2), die verschiedene modulbezogene Aufgaben erfüllen.

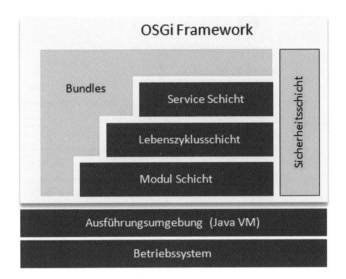

Abb. 8–2
Schichten des OSGi Frameworks

- **Ausführungsumgebung** (engl. *Execution Environment*)
Das OSGi Framework wurde ursprünglich so konzipiert, dass es auf unterschiedlichen Java-Plattformen lauffähig ist. Neben der Java SE (Standard Edition) war dies die Java ME (Micro Edition), die aber mit Einzug von Java 9 und seinem modularisierten JDK nun endgültig der Vergangenheit angehört. OSGi war von Anfang an dafür vorgesehen, auch auf kleinen Geräten wie Handys, Bordcomputern für Autos usw. lauffähig zu sein. Um die Lauffähigkeit auf verschiedenen Java-Plattformen zu gewährleisten, wurden sogenannte Execution Environments eingeführt, die bestimmte Klassen, Interfaces und Funktionen spezifizieren, die die zugrunde liegende Plattform zur Verfügung stellen muss.
- **Modulschicht** (engl. *Module Layer*)
Die unterste Schicht ist die Modulschicht, wo die modularen Aspekte eines Bundles verarbeitet werden. Bei der Installation eines Bundles werden die Metadaten des Moduls aus der Manifest-Datei gelesen und die dort deklarierten Abhängigkeiten verarbeitet. Falls Abhängigkeiten nicht aufgelöst werden können, wird das bundle nicht gestartet. Das Framework ermittelt den für jedes Bundle unabhängigen Klassenpfad und lädt über die entsprechenden Klassenloader die Klassen. Durch dieses Konzept ist zum einen gewährleistet, dass nur Pakete, die explizit von einem Bundle exportiert werden, auch von einem anderen gelesen werden können, und zum anderen ist der Betrieb mehrerer Versionen eines Pakets möglich.

OSGi Framework Schichten

Abb. 8–3
Zustände OSGi-Bundles

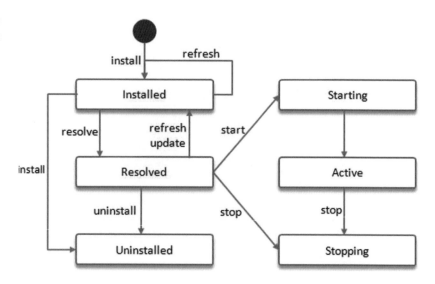

- **Lebenszyklusschicht** (engl. *Life Cycle Layer*)
  In der Lebenszyklusschicht sind die verschiedenen Zustände definiert, die ein Bundle durchlaufen kann. Zudem sind an dieser Stelle Funktionalitäten verortet, die für die Zustandsänderung der Bundles verantwortlich sind. Zustandsänderungen können über sogenannte Management Agents, deklarativ oder programmatisch erfolgen. Management Agents implementieren dabei eine Schnittstelle der OSGi Plattform, über die die Plattform von außen gesteuert werden kann. Programmatisch kann über BundleContext .getBundle(id) das Bundle ermittelt und durch dessen Methoden eine Statusänderung herbeigeführt werden. Darüber hinaus besteht die Möglichkeit, über die Manifest-Datei einen sogenannten Bundle-Activator zu definieren, dem eine Activator-Java-Klasse zugeordnet ist, in welcher dann mittels start()- und stop()-Methoden auf das Starten und Stoppen reagiert werden kann.
  Bundles können folgende Zustände einnehmen (Abbildung 8–3):
  - Uninstalled
  - Installed
  - Resolved
  - Starting
  - Active
  - Stopping

  Der normale Zustand eines Bundles ist Active.

- **Service-Schicht** (engl. *Service Layer*)
  Die Service-Schicht unterstützt den Aufbau einer serviceorientierten Architektur (SOA), indem Bundles auch Services zur Verfügung stellen können. Ein Service ist zunächst einmal ein einfaches Java-Objekt, das sich unter einem oder mehreren Schnittstellennamen an der sogenannten Service-Registry an- oder abmeldet. Die in der Service-Schicht lokalisierte Service-Registry übernimmt dabei die Rolle des Vermittlers, indem Bundles hierüber Dienste anfordern können und die Service-Registry den passenden Dienst ermittelt und zurückliefert (Abbildung 8–4). Zu beachten ist hier, dass Services grundsätzlich den gleichen Lebenszyklus wie Bundles haben können und damit zur Laufzeit auch deaktiviert sein können. Viele OSGi-Implementierungen stellen bereits eine Reihe von Services zur Verfügung, wie z. B. Services für das Logging und Monitoring.

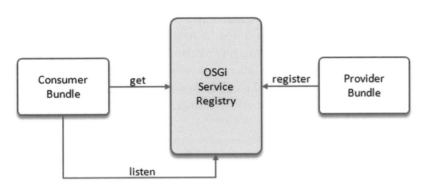

Abb. 8–4
OSGi Service-Registry--Mechanismus

- **Sicherheitsschicht** (engl. *Security Layer*)
  Die Sicherheitsschicht regelt die Signierung von Bundles und regelt die Vergabe von Rechten. Sie stellt dabei eine Erweiterung des JDK-Sicherheitsmodells dar, wodurch es z. B. möglich ist, Ausführungsrechte für jedes Modul separat zu definieren.

Ohne an dieser Stelle weiter ins Detail zu gehen, wird bereits ersichtlich, dass es sich bei dem OSGi Framework um ein ausgefeiltes und in der Vergangenheit auch bewährtes Framework zur Modularisierung von Anwendungen handelt. Das nächste Kapitel betrachtet die Unterschiede zwischen dem OSGi Framework und dem Java-Modulsystem. Dem OSGi-Kenner wird dies den Einstieg in das Java-Modulsystem erleichtern und die Gegenüberstellung hilft dabei, sich die Vor- und Nachteile der einzelnen Systeme klarzumachen.

8.3 Unterschiede zum Java-Modulsystem

Das OSGi Framework und das Java-Modulsystem unterscheiden sich in vielen Dingen, aber es gibt auch Gemeinsamkeiten. Beides wird in den nächsten Abschnitten näher untersucht.

Der wichtigste Aspekt der modularen Softwareentwicklung ist die Isolation der Module voneinander und die lose Kopplung bzw. die Kontrolle der Abhängigkeiten untereinander. Beide Systeme erreichen die Modul-Isolation durch Trennung des Programmcodes (*Code-Level-Isolation*), wodurch ein Modul auf die internen Typen eines anderen Moduls nur bei dessen Zustimmung zugreifen darf. Erreicht wird dies bei OSGi, indem die Module (OSGi-Bundles) über ihre Klassenlader gekapselt werden. Diesbezüglich haben im OSGi Framework über die Jahre viele Optimierungen Einzug gehalten, wie z. B. die Erzeugung von Klassenladern erst zu dem Zeitpunkt, wo diese wirklich benötigt werden, oder dass jeder Klassenlader nur die Typen seines Moduls kennt und dadurch noch ein klein wenig schneller Klassen lädt, als wenn der Klassenlader für mehrere Module zuständig wäre. Dieser Mechanismus der Isolation lässt sich allerdings programmatisch umgehen, ganz im Gegenteil zum Java-Modulsystem, wo der Zugriffsschutz tief in der Java-Plattform eingebettet und eine Umgehung dadurch nicht möglich ist.

Durch die separaten Klassenlader bietet OSGi von Hause aus die Versionierung von Modulen, wohingegen das Java-Modulsystem keine Versionierung unterstützt. An dieser Stelle sei jedoch angemerkt, dass mit dem Konzept der Layer, auch beim Java-Modulsystem das Betreiben von Modulen verschiedener Versionen umsetzbar ist. Grundsätzlich ist eine Versionierung aber nicht vorgesehen. Die Verwendung von Klassenladern zur Isolation bei OSGi birgt aber auch einen Nachteil, bricht dieser Ansatz doch mit der Konvention, dass jeder Typ an höchstens einem Ort aufzufinden ist. Das kann bei zu migrierendem Legacy-Code, der nicht modularisiert entwickelt wurde, zu Problemen führen. Beim Starten einer Anwendung lädt das Java-Modulsystem alle Module im Modulpfad mit dem gleichen Klassenlader, dadurch ist es nicht möglich, Module, die Pakete gleichen Namens enthalten, zu laden.

Ein weiterer großer Unterschied zwischen beiden ist, dass OSGi-Bundles einen Lebenszyklus haben und Java-Module nicht. Letztere können also zur Laufzeit nicht gestartet und wieder entfernt werden. Abhängigkeiten hingegen, werden bei beiden deklarativ über eine Moduldeskriptor-Datei (module-info.java beim Java-Modulsystem) oder die Manifest-Datei (META-INF/MANIFEST.MF bei OSGi) vorgenommen (siehe Tabelle). Der Komplexitätsvergleich beider Systeme

8.3 Unterschiede zum Java-Modulsystem

ist etwas ambivalent, ist das Projekt Jigsaw doch mit dem Anspruch gestartet, ein einfaches Java-Modulsystem zu entwickeln, was in manchen Dingen auch zutrifft, aber mit den verschiedenen Modulkategorien und Konzepten wie den Layern durchaus an Komplexität gewonnen hat. Trotzdem ist das Java-Modulsystem mit seiner direkten Verankerung in die Java'SE im ersten Schritt einfacher zu verwenden.

MANIFEST.MF	module-info.java
Manifest-Version: 1.0	module de.firma.myservice {
Bundle-ManifestVersion: 2	exports de.firma.foo;
Bundle-Name: MyService bundle	exports de.firma.bar;
Bundle-SymbolicName: de.firma.myservice	}
Bundle-Version: 1.0.0	
Export-Package: de.firma.foo; version=1.0.1, de.firma.bar; version=2.1.0	

Beide unterstützen die Nutzung von Modulen als Services, wobei das Java-Modulsystem keine programmatisch zugängliche Service-Registry anbietet, sondern dieser Mechanismus intern vom Modulsystem geregelt wird.

Die nachfolgende Tabelle gibt einen Überblick über die wichtigsten Unterschiede:

	Java-Modulsystem	OSGi
Modulbezeichnung	Module	Bundle
Lebenszyklus-Modul	nein	ja
Versionierung	nein	ja
Komplexität	niedriger	höher
Deklaration Abhängigkeiten	java-module.java	METAINF.MF
Hot Deployment	nein	ja
100% Modulisolation	ja	nein
Modularisierung zur Kompilierungszeit	ja	nein
Teil der Java-Spezifikation	ja	nein

Die Tabelle liefert lediglich eine Übersicht über die vergleichbaren Dinge, sie ist aber nicht als qualitative Beurteilung beider Systeme zu verstehen. Der OSGi-Anhänger kann auch weiterhin das OSGi Framework einsetzen, mit den zusätzlichen Vorteilen eines modularisierten JDKs. Wer hingegen das Java-Modulsystem einsetzt, bekommt ein standardisiertes Modularisierungsframework, was eingebettet im modularisierten JDK 100%ige Modulisolation bietet, kein zusätzliches Framework erfordert und relativ leicht zu verwenden ist. Die häufig bemängelten Nachteile, wie fehlende Versionierung und Lebenszyklus von Modulen, müssen kein Nachteil sein. An dieser Stelle scheiden sich meist die Geister und in der Entwicklergemeinde wird wenig heftiger diskutiert als diese scheinbaren Nachteile. Die Jigsaw-Entwickler sehen die Versionierung im Hoheitsgebiet der Build-Tools und OSGi bietet an einigen Stellen durchaus mehr Funktionalität, wobei es abzuwarten gilt, wie sich das Java-Modulsystem noch weiterentwickeln wird. Aber Funktionalitäten wie z. B. ein Lebenszyklus von Modulen erhöhen die Komplexität signifikant und es spricht eben so viel für ein schlankes Modulsystem.

8.4 Zusammenfassung

OSGi spezifiziert ein Framework zur Modularisierung von Anwendungen. Mit dem OSGi Framework lassen sich Module in Form von sogenannten Bundles definieren, die ihre eigenen Pakete für die Nutzung durch andere exportieren können und durch den Import anderer Module, Zugriff auf deren exportierte Pakete erhalten. Imports werden in Form von Metainformationen an jedem Bundle gehalten und erlauben so ein eindeutiges Abhängigkeitsmanagement. Die in einer OSGi Anwendung installierten Bundles besitzen einen eigenen Lebenszyklus und können versioniert und dadurch in verschiedenen Versionen gleichzeitig betrieben werden. Es ist möglich, Bundles während der Laufzeit auszutauschen und darüber hinaus in Form von Services miteinander lose zu koppeln. Das OSGi Framework bietet hierfür eine Service-Registry an, über welche Services registriert und aufgerufen werden können.

Der Vergleich beider Systeme zeigt mehr Funktionalität auf seiten von OSGi, was aber mit einem Mehr an Komplexität erkauft wird. Der große Vorteil vom Java-Modulsystem ist die nahtlose Einbettung ins JDK und dessen standardisiertes Vorhandensein ohne die Installation eines zusätzlichen Frameworks. Zudem sind Module zu 100% voneinander isoliert ohne einer programmatischen Umgehungsmöglichkeit, das System ist nicht durch Funktionalitäten überfrachtet und dadurch schlank und relativ einfach zu verwenden.

Es gibt mittlerweile viele OSGi-Implementierungen und die meisten Entwickler nutzen IDEs oder andere Produkte, die auf eine der OSGi-Plattformen aufsetzen. Trotzdem hat sich OSGi aus den verschiedensten Gründen für die Entwicklung von Unternehmensanwendungen bis heute nicht durchsetzen können. Ein Grund mag eine generell mangelnde Fokussierung auf modulare Softwareentwicklung sein, wodurch der Wunsch nach einem Modulkonzept oberhalb der Paketebene in der Entwicklergemeinde lange Zeit nicht sehr hoch war. Das Projekt Jigsaw mit dem daraus entstandenen Java-Modulsystem wird das Bewusstsein hierfür aber ändern. OSGi ist zweifelslos ein reifes und bewährtes Framework und viele Erfahrungen mit OSGi sind auch in das Projekt Jigsaw eingeflossen. Aber das Java-Modulsystem wird der Standard sein, so dass sich die Beschäftigung mit diesem so oder so lohnt.

9 Entwicklungswerkzeuge

Thema dieses Kapitels ist die Nutzung gängiger Entwicklungswerkzeuge in Kombination mit Java-Modulen. Es wird gezeigt, wie mit den am häufigsten eingesetzten IDEs (*Integrierte Entwicklungsumgebung, engl. Integrated Development Environment*) Module erstellt werden und wie Build-Tools zur Unterstützung eingesetzt werden können.

Die folgenden Kapitel zeigen die grundsätzliche Verwendung der Werkzeuge mit Modulen. Für ein großes Beispiel sei auf das Kapitel 10 verwiesen, wo die Erstellung einer Anwendung mit mehreren Modulen unter Verwendung von Eclipse und Maven vorgestellt wird.

9.1 IDEs

Die für die Erstellung von Java-Anwendungen am häufigsten eingesetzten IDEs sind Eclipse, NetBeans und IntelliJ. Im Folgenden wird anhand von Beispielen konkret gezeigt, wie diese Tools eingesetzt werden und eine modularisierte Java-Anwendung gebaut werden kann.

Zum Zeitpunkt der Erstellung des vorliegenden Buches war die Java-9-Unterstützung durch die IDEs zum Teil noch nicht abgeschlossen, sodass sich in Sachen Komfort und sinnvollen Default-Einstellungen noch etwas ändern könnte. Die grundsätzlichen Vorgehensweisen werden aber weiter Gültigkeit besitzen. Für Eclipse wurde die Version *Oxygen Release Candidate 3 (4.7.0 RC3)* verwendet, für die NetBeans IDE *(Dev Build 201701220001)* und für IntelliJ kam die Version *2017.1 EAP* zum Einsatz. Da Eclipse im deutschsprachigen Raum die am weitesten verbreitete IDE darstellt, wird mit der Vorstellung dieser IDE begonnen.

9.1.1 Eclipse

Die im deutschsprachigen Raum wohl am stärksten vertretene IDE für die Entwicklung von Java-Anwendungen ist Eclipse. Dieses quelloffene und ab Version 3.0 auf dem OSGi-Framework Equinox basierende Entwicklungswerkzeug wird von einer großen Anzahl von Unternehmen

182 **9 Entwicklungswerkzeuge**

eingesetzt und alleine dadurch bedingt auch von einer erheblichen Anzahl von Entwicklern. Anhand eines Beispiels wird die Verwendung des Java-Modulsystems mit Eclipse vorgestellt. Zunächst wird ein einfaches Modul erzeugt, welche eine Zeichenfolge auf der Konsole ausgibt. Danach wird ein zweites Modul erzeugt, auf welches von dem ersten aus zugegriffen wird.

1. Eclipse für JDK 9 vorbereiten

Zunächst muss in Eclipse der Pfad zum JDK 9 wie folgt eingestellt werden (Abbildung 9–1):

```
Windows → Preferences → Java → Installed JREs
```

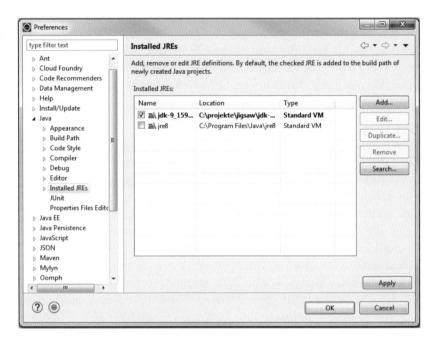

Abb. 9–1
JDK-9-Einstellung unter Eclipse

2. Java-Projekt anlegen

Als Nächstes wird ein neues Java-Projekt angelegt (Abbildung 9–2):

```
File → New → Java Project
```

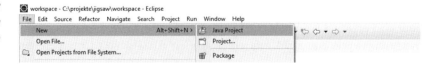

Abb. 9–2
Menüauswahl Java Projekt anlegen

Im nun erscheinenden Dialog wird der Name `HelloWorld` für das Eclipse-Projekt gewählt und dieser mit dem Finish-Button abgeschlossen. Abbildung 9–3 zeigt das von Eclipse neu erzeugte Projekt.

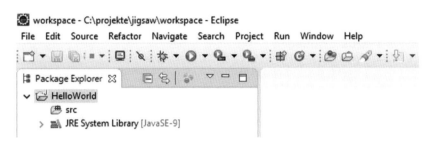

Abb. 9–3
Projektstruktur

3. Source Folder anlegen

Standardmäßig wird von Eclipse der Source Folder `src` angelegt, unter welchem sich ein möglicher Modul-Ordner anlegen ließe. Der Einfachheit halber wird in diesem Beispiel ein neuer Source Folder für das Modul angelegt (Abbildung 9–4):

[Projekt markieren] → File → New → Source Folder

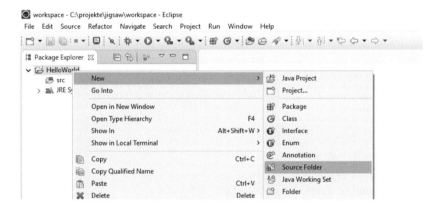

Abb. 9–4
Menüauswahl Source Folder anlegen

Als Source-Folder-Name wird der Modulname `de.firma.hello` gewählt. In einer früheren Version von Eclipse war es an dieser Stelle möglich, ein Häkchen für die automatische Erzeugung des Moduldeskriptors zu setzen (*Create module-info.java*), was in der letzten verfügbaren Version nicht mehr ging. Alternativ muss nach Erzeugung des Source Folders dann eine neue Datei mit dem Namen `module-info.java` angelegt werden. Hierbei ist darauf zu achten, dass der Menüpunkt neue Datei und nicht neue Klasse gewählt wird, da Eclipse aufgrund des Bindestriches im Dateinamen diesen nicht als Klassennamen zulassen würde.

Alternativ kann aber auch wie folgt ein Moduldeskriptor erzeugt werden:

```
[Projekt markieren] → Configure → Create module-info.java
```

4. Paketstruktur anlegen

Für das Anlegen der Paketstruktur `de.firma.hello` sind folgende Schritte auszuführen:

```
[SourceFolder de.firma.hello markieren]
→ File → New → Package
```

Im Dialog wird als Name der Paketstruktur `de.firma.hello` gewählt, wodurch die entsprechenden Verzeichnisse automatisch erzeugt werden.

5. Programm schreiben

Damit das Modul überhaupt irgendetwas macht, wird im nächsten Schritt die Klasse `App.java` erstellt, die für die Ausgabe des Strings zuständig sein wird.

```
[Paket de.firma.hello markieren]
→ File → New → Class
```

Im Dialog wird als Name der Klasse App vergeben und das Häkchen bei *public static void main(String[] args)* gesetzt.

Um die Ausgabe in der Konsole zu erzeugen, wird die Klasse wie folgt erweitert:

Listing 9–1
App.java

```java
package de.firma.hello;

public class App {
    public static void main(String[] args) {
        System.out.println("Hello World!");
    }
}
```

Abbildung 9–5 zeigt das fertige Projekt.

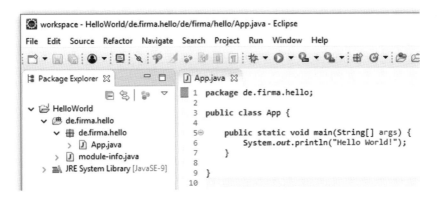

Abb. 9–5
Klasse anlegen

6. Anwendung starten

Zu guter Letzt kann die Anwendung gestartet werden und es wird die Zeichenfolge »Hello World!« auf der Konsole ausgegeben (Abbildung 9–6).

Abb. 9–6
Konsolenausgabe des gestarteten Moduls

7. Anwendung um ein zweites Modul erweitern

Als Nächstes wird ein weiteres Modul erstellt, welches Funktionalitäten für das erste Modul bereitstellen soll. Analog zum obigen Beispiel wird zunächst ein Modul mit dem Namen Greetings erstellt:

File → New → Java Project

Im nun erscheinenden Dialog wird der Name Greetings für das Eclipse-Projekt gewählt und dieser mit dem Finish-Button abgeschlossen.
Danach ist der Source Folder des Moduls zu erzeugen:

[Projekt markieren] → File → New → Source Folder

Als Source-Folder-Name wird der Modulname de.firma.greetings gewählt und wie im ersten Modul der Moduldeskriptor module-info.java erzeugt:

```
module de.firma.greetings {
    exports de.firma.greetings;
}
```

Listing 9–2
module-info.java

Als Nächstes ist eine Paketstruktur für das Modul anzulegen:

```
[SourceFolder de.firma.greetings markieren]
→ File → New → Package
```

Und im Paket greetings wird dann die Klasse Greetings.java erstellt:

Listing 9–3
Greetings.java

```
package de.firma.greetings;

public class Greetings {
    public String sayHelloWorld() {
        return "Hello World!";
    }
}
```

Das neue Eclipse-Projekt sieht dann wie folgt aus:

Abb. 9–7
Projektstruktur

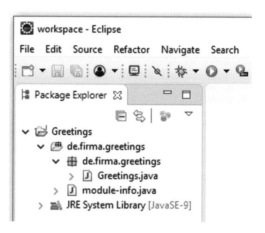

Als Nächstes soll das erste Modul de.firma.hello auf das zweite Modul zugreifen, was mit folgender Ergänzung im Moduldeskriptor erreicht werden kann:

Listing 9–4
module-info.java

```
module de.firma.hello {
    requires de.firma.greetings;
}
```

Sobald die Änderung gespeichert wurde, wird Eclipse den Fehler melden, dass das zweite Modul nicht gefunden werden kann. Dieses Problem lässt sich jedoch leicht beheben, indem das zweite Eclipse-Projekt in den Build Path des ersten aufgenommen wird:

```
[Properties von HelloWorld aufrufen]
→ Java Build Path → Projects → Add →
[Projekt Greetings hinzufügen]
```

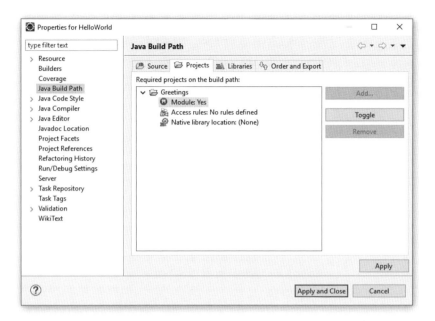

Abb. 9–8
Erstes Modul kennt zweites Modul nicht

Unterhalb des Projekts ist der Punkt *Module: Yes* zu sehen. Dies teilt Eclipse mit, dass es sich bei diesem Projekt um ein Java-Modul handelt und dieses als solches zu behandeln ist. Analog dazu können unter dem Reiter *Libraries* auch JARs hinzugefügt werden, welche ebenfalls als Module zu behandeln sind. Auf diese Weise sind auch Automatic Modules einzubinden.

Nun muss nur noch die App-Klasse vom ersten Modul die auszugebende Zeichenfolge von Greetings.sayHelloWorld() beziehen, wodurch sich folgende Änderung ergibt:

```java
package de.firma.hello;

import de.firma.greetings.Greetings;

public class App {
  public static void main(String[] args) {
    Greetings greetings = new Greetings();
    System.out.println(greetings.sayHelloWorld());
  }
}
```

Listing 9–5
App.java

Es ergeben sich schließlich die in Abbildung 9–9 zu sehenden beiden Projektstrukturen.

Abb. 9–9
Ergebnis

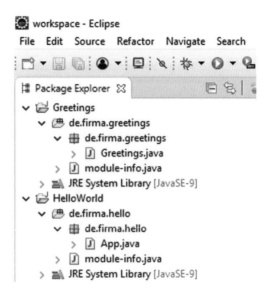

Run Configuration

Falls die Notwendigkeit besteht, beim Starten einer modularen Anwendung unter Eclipse einige Startoptionen wie z. B. --module-path, --add-modules oder --add-opens mitzugeben, kann dies unter den *Run Configurations* vorgenommen werden.

Die Einstellungen sind wie folgt zu erreichen:

```
[Projekt auswählen]
→ Run → Run Configurations...
```

Im Main-Reiter wird zunächst die Main Class angegeben, z. B. de.firma.hello.App (Abb. 9–10).

Der wichtige Eintrag erfolgt auf Reiter Arguments (Abb. 9–11).

Im nächsten Abschnitt wird die Verwendung der NetBeans-Entwicklungsumgebung behandelt.

9.1.2 NetBeans IDE

Die ebenfalls quelloffene Entwicklungsumgebung NetBeans ist ähnlich wie Eclipse zu verwenden und besitzt auch eine größere Entwicklergemeinde.

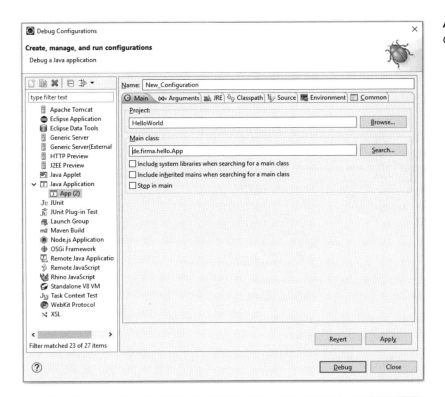

Abb. 9–10
Configuration

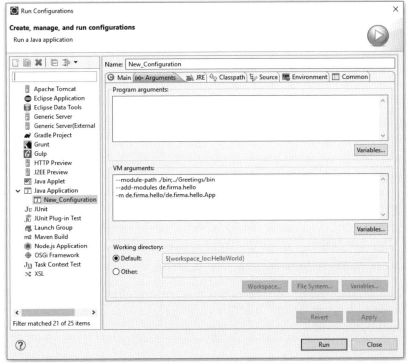

Abb. 9–11
JM Argument eintragen

1. Eclipse für JDK 9 vorbereiten

Zunächst muss das JDK 9 über den Plattform-Manager der NetBeans IDE hinzugefügt werden (siehe Abbildung 9–12):

Tools → Java Platforms → Add Platform

Abb. 9–12
NetBeans Platform Manager

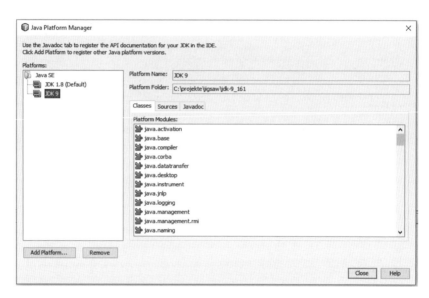

2. Java-Projekt anlegen

Jetzt kann ein neues Java-Projekt angelegt werden.

File → New Project... → Java → Next Button

In diesem Beispiel wird das Projekt HelloWorld angelegt und automatisch werden das Paket helloworld und die Klasse HelloWorld angelegt.

3. JDK 9 für Projekt auswählen

Wichtig ist, dass an dieser Stelle unter den Projekteigenschaften die Einstellungen vorgenommen werden, dass der Programmcode mit dem Java-9-Compiler kompiliert wird.

Rechte Maustaste auf Projekt → Properties

Dort ist dann das Source/Binary Format einzustellen, wie auf der Abbildung 9–13 zu sehen, und die richtige Java-Plattform, wie auf der Abbildung 9–14.

9.1 IDEs

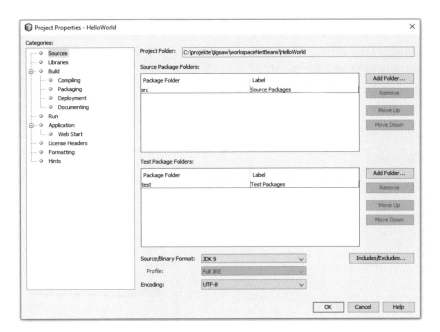

Abb. 9–13
New Java Application

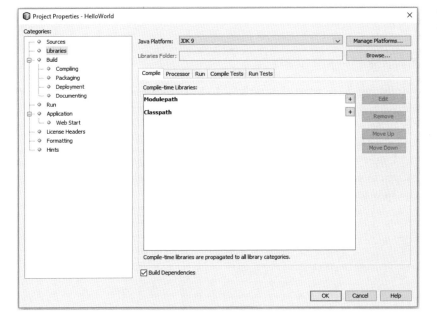

Abb. 9–14
New Java Application

4. Moduldeskriptor anlegen

Um ein Java-Modul zu bekommen, muss dann noch der Moduldeskriptor wie folgt angelegt werden (siehe Abbildung 9–15):

Paket helloworld markieren → File → New → Java → modul info

Abb. 9–15
New Java Application

5. Fertig

Abbildung 9–16 zeigt die fertige Modulstruktur. NetBeans bringt von Hause aus direkt eine Visualisierungsmöglichkeit für den Modulgraph, der oberhalb des Fensters mit dem Quellcode ausgewählt werden kann und ebenfalls auf der Abbildung zu sehen ist.

Unter den Projekt-Eigenschaften gibt es zudem eine komfortable Möglichkeit, den Modulpfad um abhängige Projekte und Bibiliotheken zu ergänzen (siehe Abbildung 9–17).

9.1 IDEs

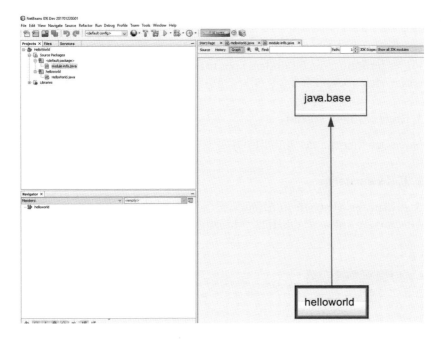

Abb. 9–16
Projektstruktur

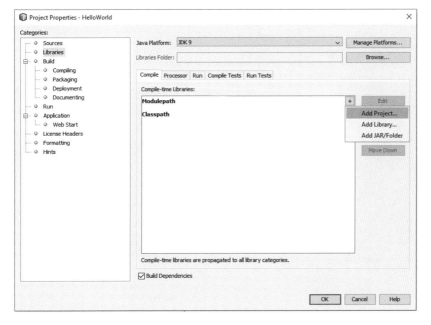

Abb. 9–17
Modulpfad

9.1.3 IntelliJ IDEA

Bei IntelliJ IDEA handelt es sich um eine kommerzielle Plattform der Firma JetBrains, die besonders im amerikanischen Sprachraum verbreitet ist, sich aber auch darüber hinaus einer großen Beliebtheit erfreut.

1. Neues Projekt starten

Nach dem Starten der IntelliJ IDEA wird ein neues Projekt angelegt.

2. JDK 9 einstellen

Als Nächstes wird, wie in Abbildung 9–18 zu sehen, auf der linken Seite *Java* ausgewählt und das JDK 9 hinzugefügt.

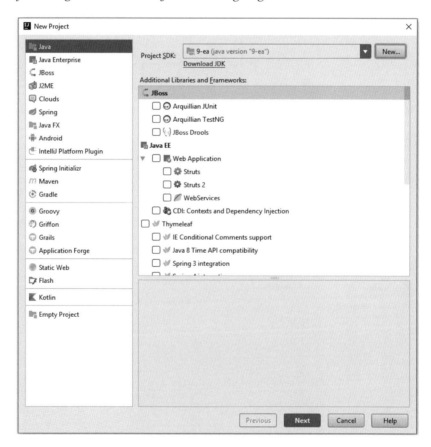

Abb. 9–18
Projekt erzeugen und JDK 9 einstellen

Danach sollte man den Next-Button wählen, Projektnamen und Ort wählen und alles bestätigen:

```
Next-Button → Next-Button
→ Name/Ort angeben → Finish-Button
```

Abb. 9–19
Projektname und Ort wählen

4. Modul anlegen

Danach wird das Beispielmodul com.hello unter dem Verzeichnis *helloworld* erzeugt.

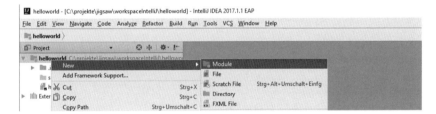

Abb. 9–20
Modul anlegen

Abb. 9–21
Modul erzeugen

5. Moduldeskriptor anlegen

Zuletzt fehlt noch der Moduldeskriptor, der wie folgt erstellt wird:

```
rechte Maustaste auf src-folder → New → module-info
```

Abb. 9–22
Moduldeskriptor anlegen

6. Paket und Klasse anlegen

Und schließlich ist wie bei den vorangegangenen Beispielen noch das Paket com.hello mit der beinhaltenden Klasse HelloWorld.java anzulegen.

7. Fertig

Damit ist das erste Modul unter IntelliJ fertig und die Projektstruktur sieht wie folgt aus:

Abb. 9–23
Modulpfad

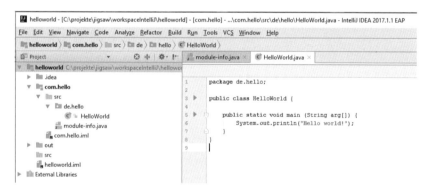

9.2 Build-Tools

Zur Unterstützung des Prozesses zur Erstellung einer Anwendung gibt es eine Reihe von Build-Tools. Wie die in der Java-Welt am weitesten verbreitesten Build-Tools im Zusammenhang mit Java-Modulen verwendet werden, ist das Thema der nächsten Abschnitte.

9.2.1 Ant

Das bereits im Jahre 1999 entstandene und auf Java basierende Build-Werkzeug Ant (*dt. Ameise*, ein für Another Neat Tool *dt. Noch ein hübsches Werkzeug*, stehendes Apronym) hilft bei der Unterstützung des Build-Prozesses. Ursprünglich wurde es im Zusammenhang mit der Entwicklung des Open-Source-Projekts Tomcat entworfen und fand schließlich seinen Weg als ein Apache-Top-Level-Projekt. Obwohl Ant mittlerweile in die Jahre gekommen ist und modernere Build-Werkzeuge mehr Komfort und Funktionalitäten zur Verfügung stellen, ist Ant nach wie vor ein immer noch in vielen Projekten eingesetztes Werkzeug. Und dies völlig zu Recht, ist Ant doch sehr leicht in seiner Verwendung und Handhabbarkeit und überlässt dem Entwickler die maximale Kontrolle über den Build-Prozess. Erst bei großen und komplexen Systemen mit einem ebenso komplexen Build-Prozess sollte die Verwendung von Ant zumindest überdacht werden.

Ant-Skripte zur Beschreibung des Build-Ablauf-Prozesses werden in sogenannten Build-Dateien in Form von normalen XML-Dateien definiert. Jeder Prozessschritt wird dabei in einem sogenannten Target beschrieben, die der Reihe nach durchlaufen werden. In einem Target kann zum Beispiel der Kompilierungs- oder Testvorgang beschrieben sein oder auch vorbereitende Schritte wie das Erzeugen von Verzeichnissen. Ein Target umfasst einzelne Tasks, die wiederum Teilvorgänge abbilden.

Die grundlegende Architektur von Ant kann Abbildung 9–24 entnommen werden.

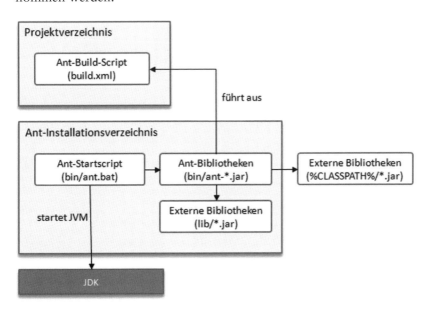

Abb. 9–24
Architektur von Ant

Im Projektverzeichnis der Anwendung liegt die Datei *build.xml*, in welcher der Build-Vorgang, also die einzelnen Targets, beschrieben sind. Die Datei kann auch jeden beliebigen anderen Namen tragen, aber Ant sucht standardmäßig immer nach einer Datei diesen Namens.

Im Ant-Installationsverzeichnis liegt die Datei *ant*, die zur Abarbeitung des Build-Scripts verwendet wird. Nach dem Aufruf dieser, wird die Java Virtual Machine gestartet und die Abarbeitung des Build-Skripts begonnen. Die Funktionsweisen der einzelnen Tasks, also die Ant-Anweisungen im Build-Skript, verteilen sich dabei auf verschiedene externe und interne Java-Bibliotheken.

Ant wurde ab Version 1.9.7 auch für die Arbeit mit Modulen erweitert, was im Folgenden anhand eines Beispiels erklärt wird.

Angenommen sei ein einzelnes Modul, welches den Namen *de.firma.ant* trägt, und die gleichnamige Paketstruktur sowie eine ausführbare Klasse *App.java*.

Der Moduldeskriptor kann leer bleiben:

```
module de.firma.ant {
}
```

Und die Klasse sieht wie folgt aus:

```
package de.firma.ant;

public class App {
  public static void main(String[] args) {
    System.out.println("Hello Ant!");
  }
}
```

Bauen ohne Ant

Für das Bauen, Verpacken und Ausführen des Moduls lassen sich folgende Befehle zu einem Skript zusammenfassen:

Listing 9–6
run-withoutAnt.bat

```
@if exist classes rd /S /Q classes
@if exist modules rd /S /Q modules
@mkdir modules

javac -d classes
    ↪ --module-source-path src
    ↪ src\de.firma.ant\*.java
    ↪ src\de.firma.ant\de\firma\ant\*.java
```

```
jar --create --file modules\de.firma.ant.jar
    ↪ -C classes\de.firma.ant .

java -p modules -m de.firma.ant/de.firma.ant.App
```

Die ersten drei Befehle des Skripts sind für die Löschung der Verzeichnisse *classes* und *modules* zuständig, sowie für die Erstellung des *modules*-Verzeichnisses. Mit dem *javac*-Befehl wird danach zunächst der Quellcode des Moduls kompiliert:

```
javac -d classes
    ↪ --module-source-path src src\de.firma.ant\*.java
    ↪ src\de.firma.ant\de\firma\ant\*.java
```

Anschließend wird das kompilierte Modul verpackt:

```
jar --create --file modules\de.firma.ant.jar
    ↪ -C classes\de.firma.ant .
```

Und schließlich wird die Anwendung ausgeführt:

```
java -p modules -m de.firma.ant/de.firma.ant.App
```

Diese Vorgehensweise ist aus den vorangegangenen Kapiteln bereits bekannt. Im Weiteren wird gezeigt, wie die gleichen Schritte unter Verwendung mit Ant durchgeführt werden können.

Bauen mit Ant

Die Abbildung des zuvor beschriebenen Build-Prozesses auf ein Ant-Skript stellt sich wie folgt dar:

Listing 9–7
build.xml

```xml
<project name="MyModule" basedir=".">
  <property name="src">src</property>
  <property name="classes">classes</property>
  <property name="modules">modules</property>

  <target name="init">
    <mkdir dir="${classes}"/>
    <mkdir dir="${modules}"/>
  </target>

  <target name="compile" depends="init">
    <echo>Compiling Java module</echo>
    <javac modulesourcepath="${src}/*"
           destdir="${classes}"
           includeantruntime="false"
```

```
                modulepath="${modules}"
                source="9"/>
    </target>

    <target name="build" depends="compile">
      <echo>Building modular JAR</echo>
      <jar destfile="${modules}/de.firma.ant.jar"
           basedir="${classes}/de.firma.ant">
      </jar>
    </target>
</project>
```

Das Skript liegt im Root des Projektverzeichnisses und besteht aus drei verschiedenen Targets. Der erste Target *init* erzeugt die Verzeichnisse *classes* und *modules*, die über die einführenden *propertys* definiert sind. Das folgende *compile*-Target ist für den Kompilierungsvorgangs des Moduls zuständig und das *build*-Target für das Verpacken des Moduls in eine modulare JAR.

Der *javac*-Task zur Kompilierung verwendet folgende Parameter:

- **modulesourcepath:** Verzeichnis mit den zu kompilierenden Modul-Quelldateien
- **destdir:** Verzeichnis, wo die erzeugten Klassendateien abgelegt werden sollen
- **includeantruntime:** Gibt an, ob die Ant-Laufzeitbibliotheken im Klassenpfad enthalten sind. Standardmäßig ist dieser Parameter auf *true* gesetzt.
- **modulepath:** Hiermit kann eine Liste von Verzeichnissen angegeben werden, wo abhängige Module zu finden sind, die auf Vorhandensein während des Kompilierungsvorgangs geprüft werden.
- **source:** Gibt das verwendete JDK an und sollte immer angegeben werden.

Der *jar*-Task zum Verpacken verwendet folgende Parameter:

- **destfile:** Zielverzeichnis und Name des zu erzeugenden JARs
- **basedir:** Verzeichnis, welches das kompilierte Modul enthält und somit die zu verpackenden Klassen

Gestartet wird das Ant-Skript wie folgt:

```
cd [Projektverzeichnis]
[Ant-Installationsverzeichnis]\bin\ant build
```

Das *build* hinter ant bezeichnet das *build*-Target, welches vom *compile*-Target abhängt und dies wiederum vom *init*-Target, so dass mit der Abarbeitung des *init*-Targets begonnen wird.

Mit Ant kann sehr leicht ein Build-Skript für Java-Module erstellt werden. Das ebenfalls sehr weit verbreitete Build-Werkzeug Maven wird im nächsten Abschnitt behandelt.

9.2.2 Maven

Das auf Java basierende, unter dem Dach der Apache Software Foundation ansässige Werkzeug Maven dient der standardisierten Erstellung und Verwaltung von Java-Programmen. Um Maven für die modulare Softwareentwicklung mit Java-Modulen zu verwenden, müssen lediglich die neuesten Versionen der PlugIns verwendet werden, z. B. das maven-compiler-plugin ab der Version 3.6.0 und maven-jar-plugin ab der Version 2.3.0. Letzteres PlugIn ist für das Verpacken der Modul-Klassen in JARs zuständig.

Wie bei Ant kann mit Maven der Build-Prozess eines Projekts komfortabel unterstützt werden. Allerdings unterscheidet sich die Architektur von Maven grundlegend von der Ant-Architektur. Die einzelnen Build-Ziele sind bei Ant auf die Targets abgebildet, die in beliebiger Anzahl vorhanden sein können. Bei größeren Projekten führt dies vor allem zu dem Problem, dass der genaue Build-Ablauf zunehmend schwieriger zu erkennen ist. Zudem können bestimmte Ziele nicht so leicht für andere Projekte wiederverwendet werden. Diese und einige weitere Probleme werden durch Maven gelöst. Maven und Ant unterscheiden sich vor allem in ihrer Philosophie voneinander. Während bei Ant alle Build-Ziele genau und individuell für jedes Projekt erstellt werden, werden mit Maven in einem Projektmodell (meistens durch die pom.xml beschrieben) lediglich die Metadaten des Projekts beschrieben. Maven verfolgt damit einen modellbasierten, deklarativen Ansatz zur Abbildung des Build-Prozesses. Metadaten eines Projekts kann die verwendete Projektstruktur, wie auch die Spezifizierung der benötigten externen Bibliotheken sein.

Mit Ant hat der Entwickler viele Freiheiten, aber auch einen erheblichen Mehraufwand, wohingegen die Gestaltungsfreiheit des Build-Prozesses mit Maven eingeschränkt ist, aber für den Entwickler einen geringeren Aufwand bedeutet. Ein weiterer Vorteil ist, dass ein ins Entwicklerteam neu hinzugekommener Mitstreiter sich in eim von Maven unterstützten Build-Prozess und vor allem der Projektstruktur schneller zurechtfinden wird, als es bei der Verwendung von Ant der Fall sein wird.

Mit der Einführung von Modulen und der Abhängigkeits-Deklaration im Moduldeskriptor existieren bei der Verwendung mit Maven allerdings zwei verschiedene Abhängigkeitsmechanismen während des Build-Prozesses. Hier liegt eine gewisse Inkompatibilität zwischen Maven und den Java-Modulen vor.

Die grundlegende Architektur von Maven kann Abbildung 9–25 entnommen werden. Das im Projektverzeichnis liegende Projektmodell (pom.xml) ist die zentrale Stelle für die Definition des Build-Prozesses. Benötigte Abhängigkeiten werden über das lokale Repository bedient und bei nicht Vorhandensein werden benötigte Bibliotheken automatisch von einem Remote-Repository heruntergeladen und dem lokalen Repository hinzugefügt.

Abb. 9–25
Architektur von Maven

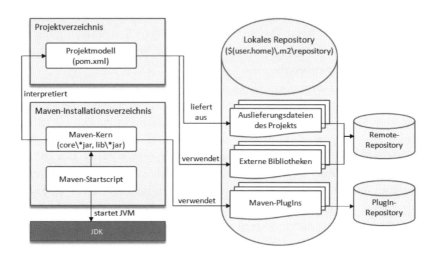

Maven interpretiert lediglich das Projektmodell und die einzelnen Build-Schritte werden durch sogenannte PlugIns realisiert. Der nachfolgende Ausschnitt einer pom.xml zeigt, wie Kompilierung und Verpacken eines Moduls mit Maven-PlugIns funktioniert:

Listing 9–8
pom.xml

```xml
<build>
  <plugins>
    <plugin>
      <groupId>org.apache.maven.plugins</groupId>
      <artifactId>maven-compiler-plugin</artifactId>
      <version>3.6.2</version>
    </plugin>
```

```xml
  <plugin>
    <groupId>org.apache.maven.plugins</groupId>
    <artifactId>maven-jar-plugin</artifactId>
    <version>3.0.2</version>
    <configuration>
      <outputDirectory>modules</outputDirectory>
      <source>1.9</source>
      <target>1.9</target>
    </configuration>
  </plugin>
 </plugins>
</build>
```

Bei diesem Beispiel werden die JARs in ein /modules-Verzeichnis abgelegt, welches für das maven-jar-plugin innerhalb des Configuration-tags konfiguriert ist. Dort kann ebenfalls angegeben werden, in welcher Java-Version der Quellcode vorliegt und nach welcher dieser kompiliert werden soll. Alternativ können die beiden letzten Angaben auch innerhalb des Properties-tags der pom.xml wie folgt konfiguriert werden:

```xml
<properties>
  <maven.compiler.source>1.9</maven.compiler.source>
  <maven.compiler.target>1.9</maven.compiler.target>
</properties>
```

Alternativ kann das Kompilierungsziel auch mittels release angegeben werden:

```xml
<plugin>
  <groupId>org.apache.maven.plugins</groupId>
  <artifactId>maven-compiler-plugin</artifactId>
  <version>3.6.2</version>
  <configuration>
    <release>9</release>
  </configuration>
</plugin>
```

Das folgende Beispiel zeigt die Verwendung von Maven unter Berücksichtigung von Abhängigkeiten zu Dritt-Bibliotheken.

Anlegen des Moduls mit Abhängigkeiten

Im folgenden Beispiel wird das Modul de.firma.maven erzeugt, welches eine Abhängigkeit zur Dritt-Bibliothek commons-lang3-3.5.jar hat. Dazu wird ein Maven-Projekt mit folgender Verzeichnisstruktur erzeugt:

Abb. 9–26
Verzeichnisstruktur

Der Source Folder liegt unter der von Maven standardmäßig angelegten Verzeichnisstruktur \src\main\java, also \src\main\java\de.firma.maven. Darüber hinaus existieren das Verzeichnis modules, in welchem später das verpackte Modul abgelegt wird, und das Verzeichnis lib für den Ort der Maven-Dependencies bzw. der Modulabhängigkeiten.

Im Verzeichnis \src\main\java\de.firma.maven wird zunächst der folgende Moduldeskriptor angelegt:

Listing 9–9
module-info.java

```
module de.firma.maven {
        // Automatic Module von commons-lang3-3.5.jar
        requires commons.lang;
}
```

Die Dritt-Bibliothek commons-lang3-3.5.jar wird bei der Ausführung der Anwendung später in den Modulpfad gelegt, so dass das Java-Modulsystem aus dieser ein Automatic Module macht und intern, nach den bereits beschriebenen Regeln, den Namen commons.lang zugewiesen bekommt. Des Weiteren wird im gleichen Verzeichnis die Paketstruktur de\firma\maven erzeugt und die folgende Klasse App.java angelegt:

Listing 9–10
App.java

```
package de.firma.maven;

import java.lang.module.ModuleDescriptor;
import java.lang.ModuleLayer;
import java.lang.Module;
import java.util.Set;
import org.apache.commons.lang3.StringUtils;
```

```
public class App {
  public static void main(String[] args) {
    System.out.println("Hello " +
    StringUtils.upperCase("Maven"));
    Set<Module> modules = ModuleLayer.boot().modules();
    modules.stream().filter(module ->
      (module.getName().contains("de.firma")
      || module.getName().contains("commons")))
    .forEach(module -> {
      ModuleDescriptor descriptor = module.getDescriptor();
      if (descriptor.isAutomatic()) {
        System.out.println(module.getName() + " (AUTOMATIC)");
      } else {
        System.out.println(module.getName());
      }
    });
  }
}
```

Der Programmcode schreibt *Hello MAVEN* in die Konsole, wobei die Umwandlung des Wortes Maven in Großbuchstaben durch eine Klasse aus der Dritt-Bibliothek vorgenommen wird. Danach werden alle Module im Boot-Layer durchlaufen und jene ausgegeben, die *de.firma* oder *commons* im Namen haben unter zusätzlicher Markierung der Automatic Modules. Dadurch lässt sich schön zeigen, dass die Dritt-Bibliothek als Automatic Module eingebunden wurde.

Bauen ohne Maven

Zum besseren Verständnis wird das Modul zunächst auf der Konsole gebaut und verpackt, um dann diese Vorgehensweise auf die pom.xml von Maven abzubilden.

Da bereits beim Kompilierungsvorgang die Abhängigkeiten überprüft werden, muss auch bereits zu Anfang beim Kompilieren des de.firma.maven-Moduls die common-lang3-Bibliothek zur Verfügung stehen. Hierfür wird commons-lang3-3.5.jar als Erstes in das lib-Verzeichnis kopiert. Danach kann das angelegte Modul unter Angabe des Modulpfads, wo die Dritt-Bibliothek liegt, kompiliert werden:

```
javac -d classes -p lib
    ↪ --module-source-path src\main\java
    ↪ src\main\java\de.firma.maven\*.java
    ↪ src\main\java\de.firma.maven\de\firma\maven\*.java
```

Als Nächstes wird das kompilierte Modul verpackt:

```
jar -create --file modules\de.firma.maven.jar
    ↪ --main-class de.firma.maven.App
    ↪ -C classes\de.firma.maven .
```

Das Modul de.firma.maven liegt nun in modules und das abhängige Modul commons.lang in lib. Für die Ausführung des Moduls, muss also lib zur Ausführungszeit ebenfalls dem Modulpfad hinzugefügt werden:

```
java -p modules;lib -m de.firma.maven/de.firma.maven.App
```

Eine Überprüfung der Abhängigkeiten mit

```
jdeps -s --module-path lib modules/*.jar
```

ergibt:

```
de.firma.maven → commons.lang
de.firma.maven → java.base
```

Der nächste Abschnitt beschreibt wie der Prozess auf Maven übertragen wird.

Bauen mit Maven

Um den zuvor auf der Konsole angestoßenen Prozess für das Kompilieren und Verpacken mit Maven umzusetzen, muss die pom.xml des Maven-Projekts wie folgt ergänzt werden:

```xml
<project xmlns="http://maven.apache.org/POM/4.0.0"
xmlns:xsi="http://www.w3.org/2001/XMLSchema-instance"
xsi:schemaLocation="http://maven.apache.org/POM/4.0.0
http://maven.apache.org/xsd/maven-4.0.0.xsd">
  <modelVersion>4.0.0</modelVersion>
  <groupId>de.firma</groupId>
  <artifactId>maven</artifactId>
  <version>0.0.1</version>
  <properties>
    <maven.compiler.source>1.9</maven.compiler.source>
    <maven.compiler.target>1.9</maven.compiler.target>
  </properties>
  <dependencies>
    <dependency>
      <groupId>org.apache.commons</groupId>
      <artifactId>commons-lang3</artifactId>
      <version>3.5</version>
```

```xml
      </dependency>
    </dependencies>
    <build>
      <sourceDirectory>
        src/main/java/de.firma.maven
            </sourceDirectory>
      <plugins>
        <plugin>
          <groupId>org.apache.maven.plugins</groupId>
          <artifactId>maven-compiler-plugin</artifactId>
          <version>3.6.2</version>
        </plugin>
        <!-- Kopieren der Abhaengigkeiten nach /lib -->
        <plugin>
          <groupId>org.apache.maven.plugins</groupId>
          <artifactId>maven-dependency-plugin</artifactId>
          <executions>
            <execution>
              <id>copy-dependencies</id>
              <phase>package</phase>
              <goals>
                <goal>copy-dependencies</goal>
              </goals>
              <configuration>
                <outputDirectory>lib</outputDirectory>
              </configuration>
            </execution>
          </executions>
        </plugin>
        <!-- Verpacken und Erzeugen des Moduls in /modules -->
        <plugin>
          <groupId>org.apache.maven.plugins</groupId>
          <artifactId>maven-jar-plugin</artifactId>
          <version>3.0.2</version>
          <configuration>
            <outputDirectory>modules</outputDirectory>
          </configuration>
        </plugin>
      </plugins>
    </build>
</project>
```

Zunächst wird die passende Java-Version angegeben:

```
<maven.compiler.source>1.9</maven.compiler.source>
<maven.compiler.target>1.9</maven.compiler.target>
```

Für den Kompilierungsvorgang wird das **maven-compiler-plugin** verwendet und für das Kopieren der Maven-Dependencies in das `lib`-Verzeichnis zeichnet sich das **maven-dependency-plugin** verantwortlich. Für das Verpacken des Moduls in ein JAR und das Schreiben desselbigen in das `modules`-Verzeichnis, kann das **maven-jar-plugin** entsprechend konfiguriert werden.

Gebaut und verpackt werden kann das Modul schließlich komfortabel über:

```
mvn clean install
```

Und die Ausführung der Anwendung geschieht wie gehabt mit:

```
java -p modules;lib
    ↪ -m de.firma.maven/de.firma.maven.App
```

Da das am weitesten verbreiteste Zweiergespann Maven und Eclipse ist, wird das nächste Kapitel die gemeinsame Verwendung dieser beiden vorstellen.

9.2.3 Maven und Eclipse

Im folgenden Beispiel wird die Erstellung einer modularen Anwendung als Maven-Projekt und unter Verwendung von Eclipse gezeigt. Die Verwendung von Abhängigkeiten zu anderen Modulen oder zu Dritt-Bibliotheken erfolgt analog zu den vorhergehenden Beispielen. Zunächst wird in Eclipse ein Maven-Projekt angelegt:

```
File → New → Maven Project
```

Und die Group Id und Artefact Id, wie in Abbildung 9–27 zu sehen, angegeben:

Danach wird ein Source Folder angelegt (Abbildung 9–28):

```
[Projekt markieren]
→ New → Source Folder
```

Angelehnt an die Standard-Maven-Struktur wird als Source Folder `src/main/de.firma.maven` gewählt:

Und in diesem wird der Moduldeskriptor erstellt:

```
[Source Folder markieren]
→ File → New → File
```

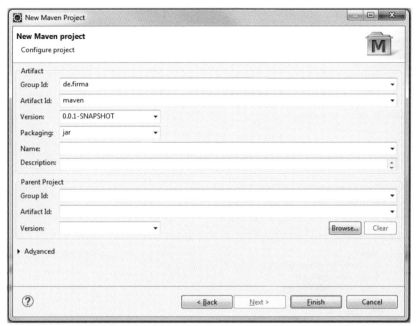

Abb. 9–27
Group Id und Artefact Id angeben

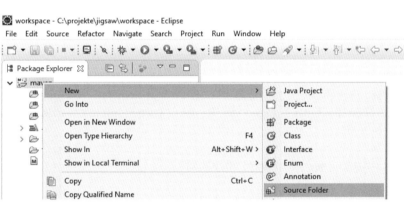

Abb. 9–28
Menüauswahl Source Folder anlegen

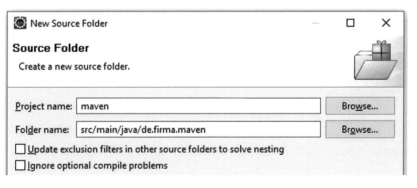

Abb. 9–29
Source Folder anlegen

Oder über:

```
[Projekt markieren]
→ Configure → Create module-info.java
```

Der Inhalt des Moduldeskriptors bleibt in diesem Beispiel leer:

Listing 9–11
module-info.java

```
module de.firma.maven {
}
```

Die sich ergebende Projektstruktur sieht dann wie folgt aus:

Abb. 9–30
Projektstruktur mit
Moduldeskriptor

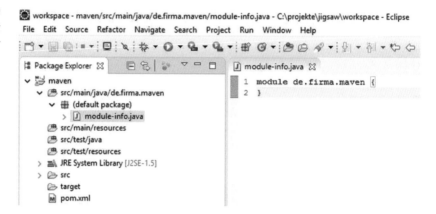

Falls es an dieser Stelle Probleme mit dem Moduldeskriptor geben sollte, ist möglicherweise für das Maven-Projekt kein Java 9 konfiguriert, was über die Einstellungen des Projekts vorgenommen werden kann (Abb. 9–31).

Im Folgenden ist im src/main/java/de.firma.maven-Verzeichnis die Paketstrukur de/firma/maven anzulegen:

```
[Source Folder markieren]
→ New → Package
```

Und die Paketstruktur ist anzulegen (Abb. 9–32).

Damit das Modul auch irgendetwas macht, wird die Klasse App erzeugt:

```
[Paket markieren]
→ New → Class
```

Im Dialog wird zusätzlich das Häkchen bei public static void main(String[] args) zum Erzeugen einer main-Methode gesetzt.

Abb. 9–31
Projektstruktur mit Moduldeskriptor

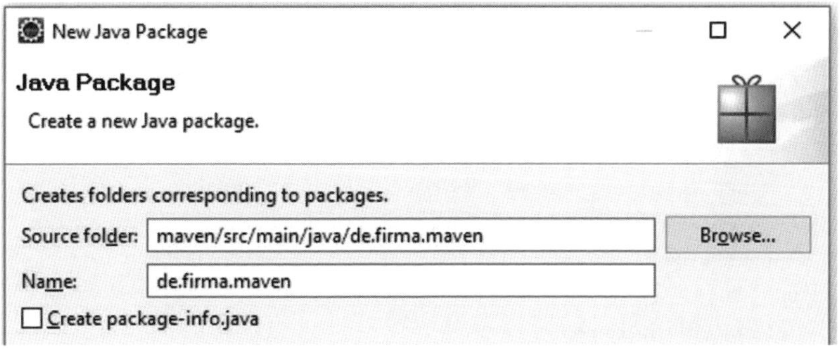

Abb. 9–32
Pakete anlegen

Die main-Methode innerhalb der neuen Klasse wird dann noch mit einer Ausgabe angereichert:

```java
package de.firma.maven;

public class App {
    public static void main(String[] args) {
        System.out.println("Hello Maven!");
    }
}
```

Listing 9–12
App.java

Und die sich ergebende Projektstruktur sieht wie folgt aus:

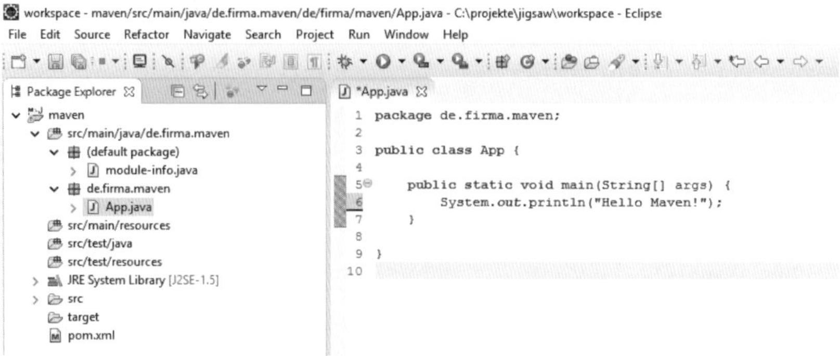

Abb. 9–33
Projektstruktur

[Paket markieren]
→ New → Class

Die Anwendung ist unter Eclipse bereits ausführbar (Run as → Java Application), aber das Modul soll als JAR-Modul mittels Maven erzeugt werden. Daher wird die pom.xml wie folgt angepasst:

Listing 9–13
pom.xml

```
<project xmlns="http://maven.apache.org/POM/4.0.0"
  xmlns:xsi="http://www.w3.org/2001/XMLSchema-instance"
  xsi:schemaLocation="http://maven.apache.org/POM/4.0.0
  http://maven.apache.org/xsd/maven-4.0.0.xsd">
    <modelVersion>4.0.0</modelVersion>
    <groupId>de.firma</groupId>
    <artifactId>maven</artifactId>
    <version>0.0.1</version>
    <properties>
      <maven.compiler.source>1.9</maven.compiler.source>
      <maven.compiler.target>1.9</maven.compiler.target>
    </properties>
    <build>
      <sourceDirectory>
        src/main/java/de.firma.maven
      </sourceDirectory>
```

```xml
<plugins>
  <plugin>
    <groupId>org.apache.maven.plugins</groupId>
    <artifactId>maven-compiler-plugin</artifactId>
    <version>3.6.2</version>
  </plugin>
  <plugin>
    <groupId>org.apache.maven.plugins</groupId>
    <artifactId>maven-jar-plugin</artifactId>
    <version>3.0.2</version>
    <configuration>
      <archive>
        <manifest>
          <mainClass>de.firma.maven.App</mainClass>
        </manifest>
      </archive>
      <outputDirectory>modules</outputDirectory>
    </configuration>
  </plugin>
  </plugins>
 </build>
</project>
```

Die Main-Class-Angabe innerhalb des `manifest`-Tags nimmt hier zwar den entsprechenden Eintrag in der Manifest-Datei vor, aber berücksichtigt zumindest bis zur Version 3.0.2 des `maven-jar-plugins` noch nicht den äquivalenten Eintrag ModuleMainClass in der `modules-info.class`, der beim Verpacken sonst dort automatisch angelegt wird. Konkret bedeutet dies, dass beim Starten des Moduls neben dem Modulnamen auch immer die Klasse mit angegeben werden muss, wenn das Modul mit dem `maven-jar-plugin` verpackt wird.

Falls nach der Änderungen Fehler angezeigt werden sollten, muss wahrscheinlich zunächst ein Maven-Update auf dem Projekt ausgeführt werden (Projekt → Maven → Update Project).

Nach dem Bauen der Anwendung mit Maven ergibt sich folgende finale Projektstruktur mit der im modules-Verzeichnis angelegten modularen JAR:

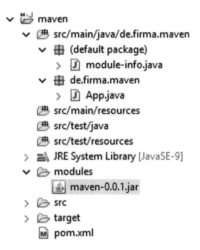

Abb. 9–34
Finale Projektstruktur

Bei einem direkten Start der Anwendung mit Eclipse ist die Anwendung zwar ausführbar, allerdings wird das Modul im Klassenpfad liegend ausgeführt. Wenn das gebaute Modul als Application Explicit Module zur Laufzeit von der JVM behandelt werden soll, es also im Modulpfad beim Starten zu liegen hat, müssen die *Run Configurations*, wie in Kapitel 9.1.1 bereits beschrieben wurde, noch ergänzt werden.

Als VM Arguments ist den Run Configurations Folgendes hinzuzufügen:

```
--module-path ./modules --add-modules de.firma.maven
```

Mit dem Parameter --module-path wird der Ort übergeben, wo das Modul zu finden ist, also das Verzeichnis /modules, und mit --add-modules wird der Name des initialen Moduls de.firma.maven übergeben. Da durch Maven die mainClass in die MANIFEST.MF-Datei geschrieben wurde, reicht die Angabe des initialen Moduls ohne expliziter Angabe der Klasse mit der main-Methode über den Parameter -m.

9.2.4 Gradle

Gradle ist ein weiteres sehr bekanntes und auf Java basierendes Build-Werkzeug und versucht, die Ansätze von Ant und Maven zu kombinieren. Es ist zu beiden kompatibel und kann vorhandene Ant-Aufgaben und Maven-Repositories verwenden. Im Gegensatz zu Ant und Maven, wo Projektdefinitionen in einer XML-Datei (z. B. bei Maven in

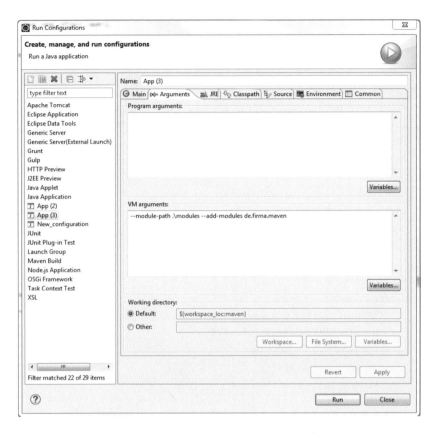

Abb. 9–35
Run Configurations anpassen

der pom.xml) zum Tragen kommen, handelt es sich bei Gradle-Skripte um direkt ausführbaren Code, der auf einer Groovy-basierten, domänenspezifischen Sprache (DSL) aufbaut.

Gradle verwendet drei primäre Konfigurationsdateien:

1. **build.gradle**
   Die Projektdefinition mit allen Tasks und Abhängigkeiten des Projekts.
2. **gradle.properties** (optional)
   Projektspezifische Eigenschaften des Builds.
3. **settings.gradle** (optional)
   Im Falle eines Multiprojekts werden hier die Unterprojekte angegeben.

Gradle verwendet standardmäßig das gleiche Verzeichnislayout wie Maven sowie dessen Phasen für den Bau und ebenfalls die Art des Managements der Abhängigkeiten von dem zu bauenden Projekt. Dadurch ist es möglich, neben Ivy-Repositories auch die vielfältige Auswahl der

Maven-Repositories zu nutzen. Zudem verfügt Gradle wie Maven über einen PlugIn-Mechanismus, wodurch es leicht erweiterbar ist.

Eine einfache Projektdefinitionsdatei in Maven sieht z. B. so aus:

Listing 9–14
pom.xml

```xml
<project xmlns="http://maven.apache.org/POM/4.0.0"
    xmlns:xsi="http://www.w3.org/2001/XMLSchema-instance"
    xsi:schemaLocation="http://maven.apache.org/POM/4.0.0
    http://maven.apache.org/xsd/maven-4.0.0.xsd">
    <modelVersion>4.0.0</modelVersion>

    <groupId>de.firma</groupId>
    <artifactId>hello</artifactId>
    <version>1.0-SNAPSHOT</version>
    <packaging>jar</packaging>

    <dependencies>
      <dependency>
        <groupId>junit</groupId>
        <artifactId>junit</artifactId>
        <version>4.8.2</version>
        <scope>test</scope>
      </dependency>
    </dependencies>
</project>
```

Die entsprechende Projektdefinitionsdatei in Gradle kann dann so aussehen:

Listing 9–15
build.gradle

```
apply plugin: 'java'
group = 'de.firma'
version = '1.0-SNAPSHOT'
repositories {
    mavenCentral()
}

dependencies {
    testCompile 'junit:junit:4.8.2'
}
```

Anhand eines Beispiels soll kurz vorgestellt werden, wie mittels Gradle eine auf Java-Modulen basierende Anwendung gebaut werden kann. Wer Gradle einsetzt, findet aber natürlich noch erheblich mehr Konfigurationsmöglichkeiten, als die hier vorgestellten. Verwendet wurde Gradle in der Version 4.0RC3.

Angenommen seien ein einzelnes Modul, welches den Namen *de.firma.gradle* trägt, und die gleichnamige Paketstruktur, sowie eine ausführbare Klasse *App.java*.

Der Moduldeskriptor kann leer bleiben:

```
module de.firma.gradle {
}
```

Und die Klasse sieht wie folgt aus:

```
package de.firma.gradle;

public class App {
  public static void main(String[] args) {
    System.out.println("Hello Gradle!");
  }
}
```

Bauen ohne Gradle

Für das Bauen, Verpacken und Ausführen des Moduls lassen sich folgende Befehle zu einem Skript zusammenfassen:

```
@if exist classes rd /S /Q classes
@if exist modules rd /S /Q modules
@mkdir modules

javac -d classes
    ↪ --module-source-path src\main\java
    ↪ src\main\java\de.firma.gradle\*.java
    ↪ src\main\java\de.firma.gradle\de\firma\gradle\*.java

jar --create
    ↪ --file modules\de.firma.gradle.jar
    ↪ --main-class de.firma.gradle.App
    ↪ -C classes\de.firma.gradle .

java -cp modules\de.firma.gradle.jar de.firma.gradle.App
```

Listing 9–16
run-withoutAnt.bat

Die ersten drei Befehle des Skripts sind für die Löschung der Verzeichnisse *classes* und *modules* zuständig, sowie für die Erstellung des *modules*-Verzeichnisses. Mit dem *javac*-Befehl wird danach zunächst der Quellcode des Moduls kompiliert, mit *jar* verpackt und mit *java* ausgeführt. Dies erfolgt analog zu den beschriebenen Vorgehensweisen der vorhergehenden Kapiteln.

Bauen mit Gradle

Bevor das eigentliche Gradle-Skript erstellt werden kann, müssen noch zwei konfigurative Vorarbeiten geleistet werden. Zunächst muss für Gradle folgende Umgebungsvariable gesetzt werden:

```
GRADLE_OPTS=--add-opens java.base/java.lang=ALL-UNNAMED
```

Dies öffnet dem Unnamed Module zur Kompilierungszeit das Paket java.lang des Moduls java.base für den Reflections-Zugriff. Die verwendete Gradle-Version war noch nicht final, so dass diese Notwendigkeit eventuell zukünftig wegfällt.

Als Nächstes ist der Daemon-Modus von Gradle zu deaktivieren, der mit der verwendeten Gradle-Version unter JDK 9 noch nicht lief. Auch dies wird höchstwahrscheinlich mit der finalen Gradle-Version behoben sein. Die Deaktivierung erfolgt in der Datei gradle.properties:

Listing 9–17
gradle.properties

```
org.gradle.daemon=false
```

Nach diesen Vorarbeiten kann das eigentliche Build-Skript erstellt werden:

Listing 9–18
build.gradle

```
plugins {
  id 'java'
  id 'maven-publish'
}
group 'de.firma.gradle'
version '0.0.1-SNAPSHOT'

repositories {
  mavenLocal()
}
sourceSets {
  main{
    java {
      srcDirs = ['src/main/java']
    }
  }
}
compileJava {
  options.compilerArgs += ["--module-source-path=src/main/java"]
}
```

```
model {
  components {
    main(JvmLibrarySpec) {
      targetPlatform 'java-9'
    }
  }
}
jar{
  manifest {
    attributes 'Main-Class': 'de.firma.gradle.App'
  }
  archiveName 'de.firma.gradle.jar'
  exclude 'de.firma.gradle'
  with copySpec {
    from file("${sourceSets.main.java.outputDir}/de.firma.gradle")
  }
}

publishing {
  publications {
    mavenJava(MavenPublication) {
      from components.java
    }
  }
}
```

Das Verzeichnis mit den Modul-Quelldateien wird übergeben:

```
main.java.srcDirs = ['src/main/java']
```

Und als Parameter während der Kompilierung die entsprechende --module-source-path-Angabe:

```
options.compilerArgs +=
       ["--module-source-path=src/main/java"]
```

Eine Besonderheit ist bei der JAR-Erstellung zu sehen:

```
exclude 'de.firma.gradle'
with copySpec {
  from file("${sourceSets.main.java.outputDir}
             /de.firma.gradle")
}
```

Hier wird zunächst das Verzeichnis de.firma.gradle ausgeschlossen, was zur Folge hat, dass die eigentlichen Klassen des Moduls nicht in das JAR übernommen werden. Die Zeilen danach sorgen dann aber für den nötigen Kopiervorgang. Der Grund ist, dass im root-Verzeichnis des JAR sofort die Paketstruktur des Moduls liegen muss. Wenn diese Sequenz nicht aufgenommen wäre, dann würde alles einschließlich des Verzeichnisses de.firma.gradle kopiert, so dass im root-Verzeichnis des JARs nicht die Paketstruktur liegen würde, sondern zunächst das Verzeichnis de.firma.gradle. Und dies wäre dann kein gültiges Modul.

9.3 Zusammenfassung

Es wurden die drei am weitesten verbereiteten Entwicklungsumgebungen Eclipse, NetBeans IDE und IntelliJ IDE vorgestellt und gezeigt, wie mithilfe dieser modulare Programme gebaut werden können. Danach wurden die Verwendung der drei im Java-Universum am häufigsten eingesetzten Build-Tools Ant, Maven und Gradle gezeigt. Das mittlerweile in die Jahre gekommene Ant bietet nach wie vor eine gute Unterstützung beim Build-Prozess und kann auch heute noch je nach Projekt eine gute Wahl sein. Das von den dreien am häufigsten eingesetzte Tool Maven wurde zusätzlich noch in Kombination mit Eclipse vorgestellt und anhand eines Beispiels erläutert. Das Build-Tool Gradle hat die Vorstellungsrunde abgeschlossen.

10 Ein »Real World«-Projekt

In diesem Kapitel wird anhand eines Beispiels gezeigt, wie eine modulare Anwendung auf Basis des Java-Modulsystems entworfen und implementiert wird. Dies ist als abschließende Ergänzung zu den bisherigen Beispielen gedacht, wobei der Schwerpunkt hier eher auf dem Entwurf liegt und der Vertiefung des Verständnisses für das Java-Modulsystem. Das Entwerfen einer geeigneten Softwarearchitektur ist eine hoch individuelle Angelegenheit und stark von den jeweiligen Anforderungen an die zu erstellende Software abhängig. Die folgenden Abschnitte sollen daher keineswegs das Handwerkszeug oder die bewährten Vorgehensweisen eines Architekten vorstellen, sondern vielmehr einen Eindruck davon vermitteln, worauf es beim modularen Entwurf ankommt. Denn Modularisierung im großen Stil ist eine mächtige Hilfe zur Beherrschung von Softwaresystemen und bei der Erstellung von langlebigen und vor allem wartbaren Softwarearchitekturen. Aber auch eine Modularisierung kann aus dem Ruder laufen und am Ende in einem modularisierten Monolithen enden, der nur schwer zu warten ist.

Ein einzelnes Beispiel kann natürlich nur Teilaspekte zeigen, aber je mehr das Verständnis für das Prinzip der Modularisierung wächst, desto mehr werden sich neue Gestaltungsmöglichkeiten zeigen und finden lassen. Aus diesem Grunde wird die zu entwerfende Anwendung auch zweimal umgesetzt und schließlich vergleichend betrachtet. Einmal wird die Anwendung ganz klassisch auf Basis einer Schichtenarchitektur umgesetzt und das andere Mal wird eine vertikale Aufteilung nach den Domänen gezogen. Von der letzteren Vorgehensweise wird in dem späteren Kapitel 11.1.9 ein Modul der Anwendung herausgegriffen und gezeigt, wie sich dieses als Microservice realisieren ließe.

Der komplette Programmcode beider Varianten kann an der in der Einführung erwähnten Adresse abgerufen werden.

Zunächst wird die zu bauende Anwendung vorgestellt und dann zunächst der klassische Ansatz gewählt.

10.1 Eine modularisierte Anwendung

Bei der zu erstellenden Beispielanwendung handelt es sich um ein Buchungssystem für ein Hotel. Mit dieser Anwendung sollen sich Buchungen erfassen lassen, Gäste verwalten und die verfügbaren Hotelzimmer anzeigen lassen. Abbildung 10–1 zeigt die fertige Anwendung.

Abb. 10–1
Hotel-Buchungssystem

Die Oberfläche der Anwendung wurde mit JavaFX umgesetzt und die Anwendung wurde als Maven- und Eclipse-Projekt aufgesetzt.

10.2 Klassischer Ansatz

Der klassische Ansatz, seit vielen Jahren im Java-Umfeld bzgl. der strukturellen Hierarchie eines Systems, sah auf oberster Hierarchieebene häufig eine Schichtenarchitektur vor. Die grundlegende Idee dahinter ist zunächst die Annahme, dass ein komplexes System sich in verschieden, aufeinander aufbauende Dienste aufteilen lässt. Dabei werden High- und Low-Level-Operationen unterschieden, die die Dienste aufeinander zugreifend anbieten. Konkret bedeutet dies die Aufteilung des Systems in übereinanderliegende, horizontale Schichten, die jeweils die Dienste mit gleichem Operationsgrad kapseln. Jeweils höher liegende Schichten greifen dabei auf die direkt darunterliegende Schicht zu, wobei die untere Schicht immer der Dienstanbieter für die darüberliegende Schicht darstellt. Ein schichtenübergreifender Zugriff ist nicht zulässig. Dieser

Stil ist von dem Wunsch geprägt, eine Aufteilung in abgeschlossene Schichten vorzunehmen, die austauschbar und wiederverwendbar sind, was die Abhängigkeiten zwischen Komponenten reduziert.

Sehr viele Altsysteme, aber auch Systeme neueren Datums weisen diese Art der Architektur auf, weshalb diese auch an dieser Stelle behandelt werden sollen. In den letzten Jahren haben sich die Probleme mit diesem Ansatz jedoch gehäuft, z. B. ziehen bestimmte Änderungen wie das Hinzufügen eines Datenfeldes in der Datenbank, häufig Änderungen vertikal durch alle Schichten nach sich oder aber im Zuge der agilen Softwareentwicklung lässt sich eine Teamaufteilung nicht mehr sinnvoll in der Art organisieren, dass das eine Team nicht von anderen Teams abhängt und so den Entwicklungszyklus hemmt.

Im nächsten Abschnitt wird zunächst von einer klassischen Schichtenarchitektur ausgegangen und gezeigt, wie sich diese mit Java-Modulen umsetzen lässt.

10.2.1 Anwendungsarchitektur

Beim Architekturentwurf einer modularisierten Anwendung sind eine Reihe von Dingen zu berücksichtigen, deren Betrachtung Gegenstand des Grundlagenkapitels 1 waren. Da das Beispiel zum besseren Verständnis mit nur einigen wenigen Modulen auskommt, wird der Schwerpunkt der folgenden Kapitel vor allem auf den Modulbeziehungen und dem Modulezuschnitt liegen.

Abb. 10–2
Klassische Schichtenarchitektur

Abbildung 10–2 zeigt eine klassische Schichtenarchitektur, wie sie in vielen Java-Anwendungen so oder so ähnlich zum Einsatz kommt. Es gibt eine Präsentationsschicht, in der die gesamte GUI (*engl. Graphical User Interface*) abgebildet ist, die Geschäftslogikschicht mit der eigentlichen Businesslogik und die Datenhaltungsschicht für das Lesen und Schreiben aus den Datenbanken. Bei großen Softwaresystemen können noch weitere Schichten hinzukommen oder die Schichten selbst sind wiederum in Schichten unterteilt. Zudem sind große Systeme meist auf verschiedene Computer verteilt, sodass das Gesamtbild beliebig komplex werden kann. Für das Beispiel sollen die Ausgangsüberlegungen von dem trivialen Fall der Drei-Schichten-Architektur ausgehen. Der einfachste Ansatz wäre nun, jede Schicht in ein eigenes Modul zu verpacken. Auf das Hotel-Buchungssystem übertragen, sähe dies wie in Abbildung 10–3 dargestellt aus.

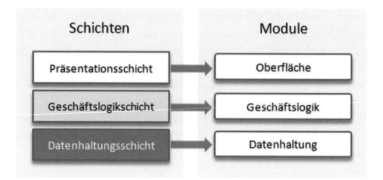

Abb. 10–3
Schichten eines Hotel Buchungssystems

Der Ansatz, ein Modul für jede Ebene zu erstellen, wird in der Praxis meist so fortgeführt, dass im nächsten Schritt diese als Modul umgesetzte Schicht in weitere, zusammenhängende Module aufgebrochen wird. Um hier eine saubere Modularisierung zu erreichen und insbesondere die Beziehungen der Module zueinander innerhalb dieser Ebene zu verstehen, sind die im Grundlagenkapitel 1 vorgestellten Modularisierungskriterien zu berücksichtigen. Bei vielen Modulen bietet sich beispielsweise die Einführung verschiedener Modulebenen innerhalb der Schicht an, wo Module ähnlich der Schichten nur von einer höheren auf eine untere Ebene zugreifen dürfen und eventuell noch auf der gleichen Ebene, wenn dies die Komplexität nicht zu sehr erhöht.

Für das Beispiel würde der einfache Ansatz bereits ausreichen, da nur wenige Klassen beteiligt sind. Da aber der **Modulzuschnitt** die eigentlich spannende Sache bei der Modularisierung und auch die eigentliche Kunst ist, soll die zu erstellende Anwendung noch weiter betrachtet werden. Abbildung 10–4 zeigt die Anwendung ausgehend von den drei Schichten und zusätzlich unter Darstellung der drei fachlichen Domänen. Letzteres wird noch eine zentrale Rolle beim alternativen Entwurf spielen.

Diese erste grobe, sich am Schichtenmodell orientierende Einteilung kann eine erste Hilfestellung für den Modulzuschnitt sein. Die gestrichelten Linien markieren hier die Modulgrenzen der an den Schichten orientierten Modulaufteilungen. Durch die Kombination von Schichten und Domänen in der Darstellung, ergeben sich direkt weitere potenziellen Stellen für Module, die in der Abbildung als Kästchen dargestellt sind. Die Abhängigkeiten dieser neuen Module zueinander (in der Ab-

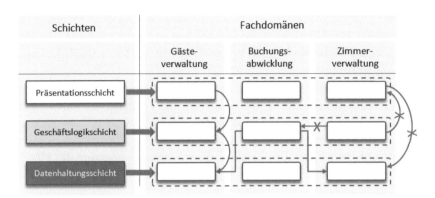

Abb. 10–4
Modellierung ausgehend von Schichten

bildung als Pfeile dargestellt) lassen sich mit eindeutigen Regeln versehen und in einem nachgelagerten Schritt auch in weitere Module unterteilen. Basierend auf den Empfehlungen aus dem Grundlagenkapitel 1 sind Abhängigkeiten nur von der oberen auf die untere Ebene erlaubt und nicht umgekehrt. Falls Fachdomänen übergreifende Zugriffe zulässig sein sollten, können diese der gleichen Zugriffsregel folgen. Ebenen überspringende Zugriffe sind in diesem Beispiel ebenso unzulässig wie Zugriffe untereinander auf der gleichen Ebene.

Ein Architekturentwurf sollte immer projektabhängig durchgeführt werden und mit der nötigen Kreativität lassen sich auch gute Lösungen fern der sich häufig bewährten Vorgehensweisen bei der Umsetzung finden. Wichtig ist es, ein Gefühl für die Modularisierung zu entwickeln, und hilfreich während eines Projektverlaufes ist die stetige Überprüfung der Modularisierung. Hierbei helfen Werkzeuge zur Visualisierung der Modulabhängigkeiten und zur Überprüfung von Architektur-Constraints. Auch bei Code-Reviews sollten der Modulzuschnitt und die Modulabhängigkeiten regelmäßig überprüft und bei Bedarf bereinigt werden, denn auch bei einer zunächst sauber modularisierten Anwendung, besteht immer die Gefahr der Architekturverwässerung und damit einhergehenden Schwierigkeiten bei der Wartung und Weiterentwicklung des Systems.

In der Praxis werden bei der Modularisierung häufig immer die gleichen Dinge falsch gemacht oder zu wenig beachtet. Beispielsweise findet eine Übergeneralisierung von Schnittstellen statt, eine falsche oder völlig unnötige Abstraktion, die die Komplexität des Systems zusätzlich steigert, oder es wird die Wiederverwendbarkeit von Modulen berücksichtigt, wo dies gar nicht gefordert oder nötig ist. Und nicht zuletzt ist der Modulschnitt die Kunst, die Herausforderung und die potenziell größte Fehlerquelle zugleich. Jeder Schnitt birgt die Gefahr, entweder zu feingranular zu schneiden und damit der steigenden Anzahl an Modulen nicht mehr Herr zu werden oder zu große Module umzusetzen, die wieder eher einem Monolithen gleichen. Und das sind nur zwei der möglichen Gefahren, die auch bereits Gegenstand des Grundlagenkapitels 1 waren.

Um das Beispiel nicht zu komplex werden zu lassen und weil letztlich die Nutzung des Java-Modulsystems im Vordergrund stehen soll, wird die Anwendung in ein paar wenige Module aufgeteilt, die sich an den Schichten orientierten und was den wenigen Klassen angemessen ist. Das nächste Kapitel stellt die konkrete Implementierung des Hotel-Buchungssystems vor.

10.2.2 Modulentwurf und Implementierung

Basierend auf dem vorangegangenen Kapitel werden für das Hotel-Buchungssystem die folgenden fünf Module entworfen:

- GUI-Modul (*de.javaakademie.hbs.gui*)
- API-Modul (*de.javaakademie.hbs.api*)
- Services-Modul (*de.javaakademie.hbs.services*)
- Persistence-Modul (*de.javaakademie.hbs.persistence*)
- Model-Modul (*de.javaakademie.hbs.model*)

Das GUI-Modul enthält alle auf JavaFX basierende Implementierungen für die Oberfläche und holt sich über den *ServiceLocator* alle benötigten Services, über welche die Hotel-Daten gelesen und geschrieben werden können und wo die eigentliche Geschäftslogik enthalten ist. Das heißt, dem GUI-Modul ist nur das entsprechende Service-Interface bekannt, welches in dem separaten API-Modul gekapselt wird. Die eigentlichen Services sind im Services-Modul enthalten und das Persistence-Modul enthält die Klassen zum Lesen und Schreiben der Daten. Letztere werden durch das Modell repräsentiert, das im Model-Modul gekapselt wird und auf das alle anderen Module zugreifen können. In Abbildung 10–5 sind die Abhängigkeiten der Module dargestellt.

Für jedes Modul wird zunächst ein Projekt aufgesetzt, welche in einem gemeinsamen Überprojekt gebündelt sind.

Projekte aufsetzen

Entsprechend der Modulaufteilung wird ein *Multi-Module-Maven-Projekt* in Eclipse aufgesetzt, wobei jedes Maven-Unterprojekt einem Java-Modul entspricht. Wie in allen bisherigen Beispielen im Buch, sollen die in JARs verpackten Module in ein *modules*-Verzeichnis geschrieben werden und alle Abhängigkeiten, die sich Maven zieht, in ein extra

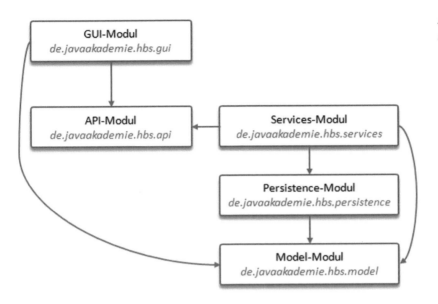

Abb. 10–5
Modulabhängigkeiten

lib-Verzeichnis. Letzteres sind Module oder normale JARs von Drittanbietern, die entweder im Klassenpfad liegen sollen oder als Automatic Modules eingebunden werden. Die resultierende pom.xml des Hauptprojekts sieht wie folgt aus:

```xml
<?xml version="1.0" encoding="UTF-8"?>
<project xmlns="http://maven.apache.org/POM/4.0.0"
   xmlns:xsi="http://www.w3.org/2001/XMLSchema-instance"
   xsi:schemaLocation="http://maven.apache.org/POM/4.0.0
       http://maven.apache.org/xsd/maven-4.0.0.xsd">
   <modelVersion>4.0.0</modelVersion>
   <groupId>de.javaakademie.hbs</groupId>
   <artifactId>parent</artifactId>
   <packaging>pom</packaging>
   <version>1.0-SNAPSHOT</version>
   <modules>
      <module>hbs-gui</module>
      <module>hbs-model</module>
      <module>hbs-api</module>
      <module>hbs-persistence</module>
      <module>hbs-services</module>
   </modules>
   <properties>
      <project.build.sourceEncoding>
         UTF-8
      </project.build.sourceEncoding>
```

Listing 10–1
pom.xml

```xml
            <maven.compiler.source>1.9</maven.compiler.source>
            <maven.compiler.target>1.9</maven.compiler.target>
        </properties>
        <dependencyManagement>
            <dependencies>
                <dependency>
                    <groupId>de.javaakademie.hbs</groupId>
                    <artifactId>hbs-api</artifactId>
                    <version>${project.version}</version>
                </dependency>
                <dependency>
                    <groupId>de.javaakademie.hbs</groupId>
                    <artifactId>hbs-model</artifactId>
                    <version>${project.version}</version>
                </dependency>
                <dependency>
                    <groupId>de.javaakademie.hbs</groupId>
                    <artifactId>hbs-persistence</artifactId>
                    <version>${project.version}</version>
                </dependency>
                <dependency>
                    <groupId>de.javaakademie.hbs</groupId>
                    <artifactId>hbs-services</artifactId>
                    <version>${project.version}</version>
                </dependency>
            </dependencies>
        </dependencyManagement>
        <build>
            <plugins>
                <!-- /lib - Ordner loeschen -->
                <plugin>
                    <groupId>org.apache.maven.plugins</groupId>
                    <artifactId>maven-clean-plugin</artifactId>
                    <version>2.4.1</version>
                    <configuration>
                        <failOnError>false</failOnError>
                        <filesets>
                            <fileset>
                                <directory>lib</directory>
                                <includes>
                                    <include>**/*</include>
                                </includes>
                                <followSymlinks>false</followSymlinks>
```

```xml
        </fileset>
      </filesets>
    </configuration>
  </plugin>
  <plugin>
    <groupId>org.apache.maven.plugins</groupId>
    <artifactId>maven-compiler-plugin</artifactId>
    <version>3.6.2</version>
  </plugin>
  <!-- Kopieren der Abhaengigkeiten nach /lib -->
  <plugin>
    <groupId>org.apache.maven.plugins</groupId>
    <artifactId>maven-dependency-plugin</artifactId>
    <executions>
      <execution>
        <id>copy-dependencies</id>
        <phase>package</phase>
        <goals>
          <goal>copy-dependencies</goal>
        </goals>
        <configuration>
          <outputDirectory>
            ${project.parent.basedir}/lib
          </outputDirectory>
          <!-- no hbs-modules in the lib dir -->
          <excludeArtifactIds>
            hbs-api,hbs-model,
            hbs-persistence
          </excludeArtifactIds>
        </configuration>
      </execution>
    </executions>
  </plugin>
 </plugins>
 </build>
</project>
```

Für das Kopieren der durch Maven aufgelösten Abhängigkeiten von Dritt-Bibliotheken wird das *maven-dependency-plugin* verwendet. Die Maven-Unterprojekte lauten hbs-gui, hbs-api, hbs-model, hbs-services, hbs-persistence und haben fast identische pom.xml-Dateien, die sich nur in ihren Abhängigkeiten und in ihrem sourceDirectory voneinander unterscheiden. Nachfolgend sind die pom.xml-Dateien der einzelnen Projekte zu sehen:

Listing 10–2
pom.xml von hbs-model

```
<?xml version="1.0" encoding="UTF-8"?>
<project xmlns="http://maven.apache.org/POM/4.0.0"
  xmlns:xsi="http://www.w3.org/2001/XMLSchema-instance"
  xsi:schemaLocation="http://maven.apache.org/POM/4.0.0
  http://maven.apache.org/xsd/maven-4.0.0.xsd">
  <modelVersion>4.0.0</modelVersion>
  <parent>
    <groupId>de.javaakademie.hbs</groupId>
    <artifactId>parent</artifactId>
    <version>1.0-SNAPSHOT</version>
  </parent>
  <artifactId>hbs-model</artifactId>
  <build>
    <sourceDirectory>
      src\main\java\de.javaakademie.hbs.model
    </sourceDirectory>
    <plugins>
      <plugin>
        <groupId>org.apache.maven.plugins</groupId>
        <artifactId>maven-jar-plugin</artifactId>
        <version>3.0.2</version>
        <configuration>
          <outputDirectory>../modules</outputDirectory>
        </configuration>
      </plugin>
    </plugins>
  </build>
</project>
```

Die pom.xml des hbs-model-Projekts hat keine Abhängigkeiten zu anderen Projekten bzw. Modulen und ebenso ist es bei der pom.xml des hbs-api-Projekts:

Listing 10–3
pom.xml von hbs-api

```
<?xml version="1.0" encoding="UTF-8"?>
<project xmlns="http://maven.apache.org/POM/4.0.0"
  xmlns:xsi="http://www.w3.org/2001/XMLSchema-instance"
  xsi:schemaLocation="http://maven.apache.org/POM/4.0.0
  http://maven.apache.org/xsd/maven-4.0.0.xsd">
  <modelVersion>4.0.0</modelVersion>
```

```xml
<parent>
  <groupId>de.javaakademie.hbs</groupId>
  <artifactId>parent</artifactId>
  <version>1.0-SNAPSHOT</version>
</parent>
<artifactId>hbs-api</artifactId>
<build>
  <sourceDirectory>
    src\main\java\de.javaakademie.hbs.api
  </sourceDirectory>
  <plugins>
    <plugin>
      <groupId>org.apache.maven.plugins</groupId>
      <artifactId>maven-jar-plugin</artifactId>
      <version>3.0.2</version>
      <configuration>
        <outputDirectory>../modules</outputDirectory>
      </configuration>
    </plugin>
  </plugins>
</build>
</project>
```

Das hbs-persistence-Projekt benötigt lediglich Modell-Klassen aus dem hbs-model-Modul und hat dementsprechend eine passende Projektabhängigkeit:

```xml
<?xml version="1.0" encoding="UTF-8"?>
<project xmlns="http://maven.apache.org/POM/4.0.0"
  xmlns:xsi="http://www.w3.org/2001/XMLSchema-instance"
  xsi:schemaLocation="http://maven.apache.org/POM/4.0.0
  http://maven.apache.org/xsd/maven-4.0.0.xsd">
  <modelVersion>4.0.0</modelVersion>
  <parent>
    <groupId>de.javaakademie.hbs</groupId>
    <artifactId>parent</artifactId>
    <version>1.0-SNAPSHOT</version>
  </parent>
  <artifactId>hbs-persistence</artifactId>
  <dependencies>
    <dependency>
      <groupId>de.javaakademie.cb</groupId>
      <artifactId>cb-model</artifactId>
```

Listing 10–4
pom.xml von hbs-persistence

```xml
          </dependency>
        </dependencies>
      <build>
        <sourceDirectory>
          src\main\java\de.javaakademie.hbs.persistence
        </sourceDirectory>
        <plugins>
          <plugin>
            <groupId>org.apache.maven.plugins</groupId>
            <artifactId>maven-jar-plugin</artifactId>
            <version>3.0.2</version>
            <configuration>
              <outputDirectory>../modules</outputDirectory>
            </configuration>
          </plugin>
        </plugins>
      </build>
</project>
```

Das hbs-services-Modul benötigt Zugriff auf die Modell-Klassen des hbs-model-Moduls, die Klassen zur Persistierung der Daten aus dem hbs-persistence-Modul und das Service-Provider-Interface aus dem API-Modul. Die passende pom.xml stellt sich dann wie folgt dar:

Listing 10–5
pom.xml von hbs-services

```xml
<?xml version="1.0" encoding="UTF-8"?>
<project xmlns="http://maven.apache.org/POM/4.0.0"
    xmlns:xsi="http://www.w3.org/2001/XMLSchema-instance"
    xsi:schemaLocation="http://maven.apache.org/POM/4.0.0
    http://maven.apache.org/xsd/maven-4.0.0.xsd">
  <modelVersion>4.0.0</modelVersion>
  <parent>
    <groupId>de.javaakademie.hbs</groupId>
    <artifactId>parent</artifactId>
    <version>1.0-SNAPSHOT</version>
  </parent>
  <artifactId>hbs-services</artifactId>
  <dependencies>
    <dependency>
      <groupId>de.javaakademie.cb</groupId>
      <artifactId>cb-api</artifactId>
    </dependency>
```

```xml
    <dependency>
      <groupId>de.javaakademie.cb</groupId>
      <artifactId>cb-model</artifactId>
    </dependency>
    <dependency>
      <groupId>de.javaakademie.cb</groupId>
      <artifactId>cb-persistence</artifactId>
    </dependency>
  </dependencies>
  <build>
    <sourceDirectory>
      src\main\java\de.javaakademie.hbs.services
    </sourceDirectory>
    <plugins>
      <plugin>
        <groupId>org.apache.maven.plugins</groupId>
        <artifactId>maven-jar-plugin</artifactId>
        <version>3.0.2</version>
        <configuration>
          <outputDirectory>../modules</outputDirectory>
        </configuration>
      </plugin>
    </plugins>
  </build>
</project>
```

Zu guter Letzt ist die pom.xml für das hbs-gui-Projekt zu erstellen. Neben der Angabe des Source-Verzeichnisses sollen auch diverse Ressourcen wie z. B. Bilder der Anwendung mit ins JAR aufgenommen werden. Das Kopieren dieser Daten während des Build-Vorganges geschieht mittels:

```xml
<resources>
  <resource>
    <directory>src\main\java\de.javaakademie.cb.gui</directory>
    <excludes>
      <exclude>**/*.java</exclude>
    </excludes>
  </resource>
</resources>
```

Da sich die Ressourcen im gleichen Verzeichnis befinden wie die Java-Klassen, wird per exclude angegeben, dass alles außer derDateien mit der Endung java zu kopieren ist. Die vollständige pom.xml mit den nötigen Abhängigkeiten sieht wie folgt aus:

Listing 10–6
pom.xml von hbs-gui

```xml
<?xml version="1.0" encoding="UTF-8"?>
<project xmlns="http://maven.apache.org/POM/4.0.0"
    xmlns:xsi="http://www.w3.org/2001/XMLSchema-instance"
    xsi:schemaLocation="http://maven.apache.org/POM/4.0.0
    http://maven.apache.org/xsd/maven-4.0.0.xsd">
    <modelVersion>4.0.0</modelVersion>
    <parent>
      <groupId>de.javaakademie.hbs</groupId>
      <artifactId>parent</artifactId>
      <version>1.0-SNAPSHOT</version>
    </parent>
    <artifactId>hbs-gui</artifactId>
    <dependencies>
      <dependency>
          <groupId>de.javaakademie.cb</groupId>
          <artifactId>cb-api</artifactId>
      </dependency>
      <dependency>
          <groupId>de.javaakademie.cb</groupId>
          <artifactId>cb-model</artifactId>
      </dependency>
    </dependencies>
    <build>
      <sourceDirectory>
         src\main\java\de.javaakademie.cb.gui
      </sourceDirectory>
      <resources>
        <resource>
          <directory>
             src\main\java\de.javaakademie.cb.gui
          </directory>
          <excludes>
             <exclude>**/*.java</exclude>
          </excludes>
        </resource>
      </resources>
      <plugins>
        <plugin>
           <groupId>org.apache.maven.plugins</groupId>
           <artifactId>maven-jar-plugin</artifactId>
           <version>3.0.2</version>
           <configuration>
              <outputDirectory>../modules</outputDirectory>
```

```
        </configuration>
      </plugin>
    </plugins>
  </build>
</project>
```

Die sich ergebende Maven-Projektstruktur in Eclipse kann Abbildung 10–6 entnommen werden.

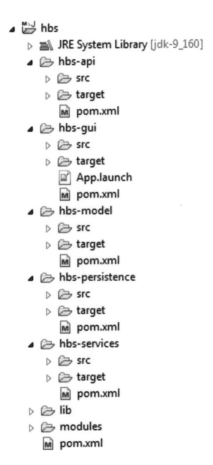

Abb. 10–6
Projektstruktur in Eclipse

Als Nächstes werden die entsprechenden Moduldeskriptoren und Pakete angelegt.

Module und Pakete anlegen

Analog zum in Kapitel 9.1.1 beschriebenen Vorgehen, werden die Module angelegt. Dazu werden der *Source Folder*, der Moduldeskriptor und die Paketstruktur für das jeweilige Modul erzeugt. Im Fall des API-Moduls ergibt sich dann folgende Struktur (Abbildung 10–7):

Abb. 10–7
Projektstruktur API-Modul

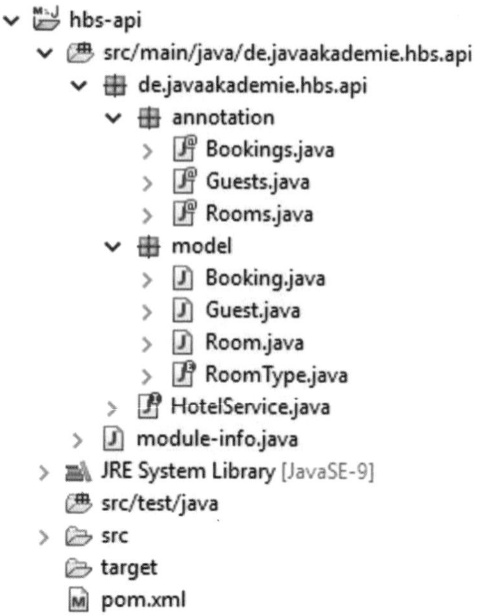

```
hbs-api
  src/main/java/de.javaakademie.hbs.api
    de.javaakademie.hbs.api
      annotation
        Bookings.java
        Guests.java
        Rooms.java
      model
        Booking.java
        Guest.java
        Room.java
        RoomType.java
      HotelService.java
      module-info.java
  JRE System Library [JavaSE-9]
  src/test/java
  src
  target
  pom.xml
```

Dies wird für alle Module durchgeführt, wobei sich die Inhalte der Moduldeskriptoren aus den in Abbildung 10–5 dargestellten Abhängigkeiten wie folgt ergeben:

```
module de.javaakademie.hbs.gui {
  exports de.javaakademie.hbs.gui
       to javafx.graphics,javafx.fxml;
  opens de.javaakademie.hbs.gui to javafx.fxml;
  requires de.javaakademie.hbs.api;
  requires de.javaakademie.hbs.model;
  requires javafx.base;
  requires javafx.graphics;
  requires javafx.controls;
  requires javafx.fxml;
  uses de.javaakademie.hbs.api.HotelService;
}
```

Das GUI-Modul benötigt eine Reihe von JavaFX-Paketen und muss seine eigenen Pakete als Deep Reflection freigeben. Der Grund ist, dass die Oberfläche als JavaFX-FXML-Datei geschrieben wurde und die darin deklarierten Komponenten an eine Klasse aus dem Modul zur Laufzeit gebunden werden. Diese Bindung übernehmen Klassen aus dem `javafx.fxml`, die per Reflection auf die gebundene Klasse Zugriff nehmen. Das GUI-Modul hat des weiteren eine Abhängigkeit zum Modell, also zum Model-Modul, und verwendet Services vom Typ de.javaakademie.hbs.api.HotelService und benötigt damit einen Verweis auf das API-Modul, dessen Moduldeskriptor wie folgt aussieht:

```
module de.javaakademie.hbs.api {
  exports de.javaakademie.hbs.api;
  exports de.javaakademie.hbs.api.annotation;
}
```

Unterhalb des de.javaakademie.hbs.api.annotation-Pakets liegen die Annotations, die zur Identifizierung der Services benötigt werden.

Das Services-Modul implementiert die Provider des Service-Provider-Interfaces de.javaakademie.hbs.api.HotelService und stellt diese nach außen zur Verfügung:

```
module de.javaakademie.hbs.services {
  exports de.javaakademie.hbs.services;
  requires de.javaakademie.hbs.model;
  requires de.javaakademie.hbs.api;
  requires de.javaakademie.hbs.persistence;
  provides de.javaakademie.hbs.api.HotelService
  with de.javaakademie.hbs.services.RoomService,
       de.javaakademie.hbs.services.GuestService,
       de.javaakademie.hbs.services.BookingService;
}
```

Das Persistence-Modul benötigt das Modell und exportiert die vom Service-Modul benötigten Pakete. Die letzte auskommentierte Zeile soll zeigen, dass genau hier die Stelle wäre, wenn z. B. JPA genutzt werden würde. Um das Beispiel nicht zu umfangreich werden zu lassen, wurde hier darauf verzichtet. Wenn z. B. die Hibernate-Implementierung der JPA-Spezifikation genutzt werden würde und die entsprechende Konfiguration in der pom.xml die gewöhnliche JAR-Datei hibernate-jpa-2.1-api-1.0.0.Final.jar in das lib-Verzeichnis kopiert, könnte diese, wenn sie als Automatic Module eingebunden würde, mit hibernate.jpa als Modulnamen referenziert werden. Bei der Verwendung von Dritt-Bibliotheken lohnt sich der Blick auf die neuste Version, da diese dann eventuell schon als echte Java-Module vorliegen könnten.

```
module de.javaakademie.hbs.persistence {
  exports de.javaakademie.hbs.persistence;
  requires de.javaakademie.hbs.model;
  //requires hibernate.jpa;
}
```

Der Moduldeskriptor des Model-Moduls exportiert seine Pakete und deklariert das Modul als Open Module. Der Grund ist, dass Implementierungen wie Hibernate per Reflection auf die Modell-Klassen zugreifen.

```
open module de.javaakademie.hbs.model {
  exports de.javaakademie.hbs.model;
}
```

Nachdem alle Projekte angelegt und die Module deklariert sind, können die eigentlichen Inhalte implementiert werden.

Implementierungen

Um einen Überblick über die gesamte Anwendung zu erhalten, zeigt Abbildung 10–8 außer den Modell-Klassen alle weiteren Klassen und wie diese zusammenhängen und auf die einzelnen Module aufgeteilt sind.

Die im Model-Modul enthaltenen Modell-Klassen haben zu keinem anderen Modul Abhängigkeiten und können daher wie folgt zunächst losgelöst von den anderen Modulen betrachtet werden.

Model-Modul Für das Hotel-Buchungssystem muss das Modell die Buchungsvorgänge abbilden können zuzüglich der buchenden Gäste und der reservierten Zimmer.

Abbildung 10–9 zeigt den Zusammenhang der entsprechenden Modell-Klassen.

Bei den Implementierungen handelt es sich um einfache Modellklassen, die in diesem Fall alle von der abstrakten Klasse Entity ableiten, was darin begründet ist, dass es eine zentrale Implementierung zur Persistierung für alle Modell-Klassen gibt und diese für alle die IDs erzeugt.

Listing 10–7
Entity.java

```
package de.javaakademie.hbs.model;

public abstract class Entity {
  protected String id;

  public Entity() {}

  public String getId() {
    return id;
  }
}
```

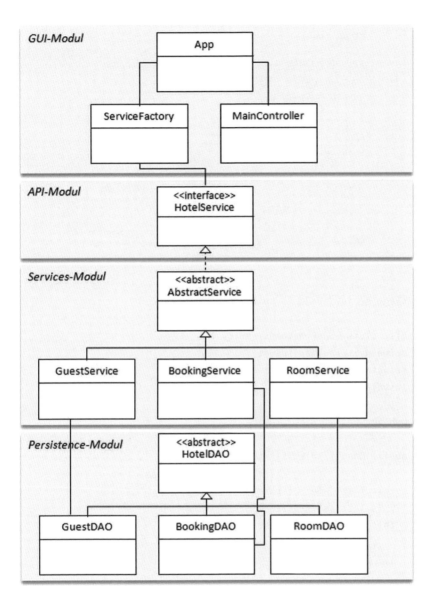

Abb. 10-8
Klassenmodell

```
   public void setId(String id) {
      this.id = id;
   }
}
```

Abb. 10–9
Datenmodell

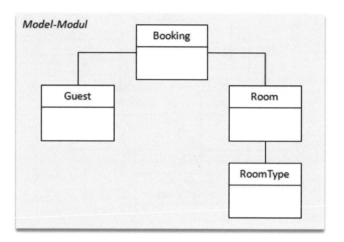

Listing 10–8
Guest.java

```
package de.javaakademie.hbs.model;

public class Guest extends Entity {
  private String firstname;
  private String lastname;
  private String address;

  public Guest() {}

  public Guest(String firstname,
               String lastname, String address) {
    this.firstname = firstname;
    this.lastname = lastname;
    this.address = address;
  }
  ...
}
```

Listing 10–9
Booking.java

```
package de.javaakademie.hbs.model;

import java.time.LocalDate;

public class Booking extends Entity {
  private LocalDate beginDate, endDate;
  private Guest guest;
  private Room room;
```

```java
  public Booking(){}

  public Booking(LocalDate beginDate,
                 LocalDate endDate,
                 Guest guest, Room room){
    this.beginDate = beginDate;
    this.endDate = endDate;
    this.guest = guest;
    this.room = room;
  }
  ...
}
```

```java
package de.javaakademie.hbs.model;

import java.util.Date;
import java.util.HashMap;
import java.util.Map;

public class Room extends Entity {
  private int floor;
  private int roomNumber;
  private RoomType type;
  private double price;
  private Map<Date, Long> daysReserved =
          new HashMap<Date, Long>();

  public Room() {}

  public Room (int floor, int roomNumber,
               RoomType type, double price) {
    this.floor = floor;
    this.roomNumber = roomNumber;
    this.type = type;
    this.price = price;
  }
  ...
}
```

Listing 10-10
Room.java

Listing 10-11
RoomType.java

```java
package de.javaakademie.hbs.model;

public enum RoomType {
  STANDARD("Standard","Standard-Zimmer."),
  COMFORT("Komfort","Komfort-Zimmer."),
  SUITE("Suite","Luxuriöse Suite.");

  private String name;
  private String description;

  private RoomType(String name,
                   String description) {
    this.name = name;
    this.description = description;
  }
  public String getName() {
    return name;
  }
  public String getDescription() {
    return description;
  }
}
```

Das GUI-Modul holt sich über den ServiceProvider-Mechanismus des Java-Modulsystems die benötigten Services und braucht dafür die Kenntniss von einem entsprechenden Interface, welches im API-Modul gekapselt ist.

API-Modul Das Service-Provider-Interface (SPI) wird in dem vorliegenden Beispiel in das separate API-Modul gekapselt. Nachfolgender Quellcode zeigt die Implementierung des Interface mit der Definition der zugreifbaren Methoden und einem enum, um die verschiedenen Services später komfortabel voneinander zu unterscheiden.

Listing 10-12
HotelService.java

```java
package de.javaakademie.hbs.api;

import java.util.Collection;
import java.util.Optional;

public interface HotelService<T> {
  public Collection<T> getAll();
  public Optional<?> get(String id);
  public void update(T item);
```

```
    public Optional<?> persist(T item);
    public void remove(T item);
}
```

Zur späteren Unterscheidung der drei verschiedenen Services werden noch folgende Annotations im Paket annotations erzeugt:

```
package de.javaakademie.hbs.api.annotation;

import java.lang.annotation.Retention;
import java.lang.annotation.RetentionPolicy;

@Retention(RetentionPolicy.RUNTIME)
public @interface Bookings {
}
```

Listing 10–13
Bookings.java

```
package de.javaakademie.hbs.api.annotation;

import java.lang.annotation.Retention;
import java.lang.annotation.RetentionPolicy;

@Retention(RetentionPolicy.RUNTIME)
public @interface Guests {
}
```

Listing 10–14
Guests.java

```
package de.javaakademie.hbs.api.annotation;

import java.lang.annotation.Retention;
import java.lang.annotation.RetentionPolicy;

@Retention(RetentionPolicy.RUNTIME)
public @interface Rooms {
}
```

Listing 10–15
Rooms.java

Die Services können dann mit @Bookings, @Guests und @Rooms entsprechend annotiert werden, wie im nächsten Abschnitt zu sehen ist.

Services-Modul Es existieren drei verschiedene Implementierungen des Servie-Provider-Interface, die allesamt von folgender abstrakten Klasse abgeleitet sind:

```
package de.javaakademie.hbs.services;

import java.util.Collection;
import java.util.Optional;
```

Listing 10–16
AbstractService.java

```java
import de.javaakademie.hbs.api.HotelService;
import de.javaakademie.hbs.model.Entity;
import de.javaakademie.hbs.persistence.HotelDAO;

public abstract class AbstractService<T extends
        HotelDAO<P>, P extends Entity>
            implements HotelService<P> {
  protected T hotelDAO;

  public AbstractService() {
  }
  public T getHotelDAO() {
    return hotelDAO;
  }
  public Collection<P> getAll() {
    return hotelDAO.getEntities();
  }
  @Override
  public Type getType() {
    return null;
  }
  @Override
  public Optional<?> get(String id) {
    return hotelDAO.get(id);
  }
  @Override
  public void update(P item) {
    hotelDAO.update(item);
  }
  @Override
  public Optional<?> persist(P item) {
    return hotelDAO.persist(item);
  }
  @Override
  public void remove(P item) {
    hotelDAO.remove(item);
  }
}
```

Da die Zugriffe der Provider auf die Persistence-Schicht alle gleich sind, wird hier später nur das für den Provider relevate DAO übergeben, und lediglich der Service-Typ muss noch angegeben werden, wie der nachfolgende Programmcode zeigt:

```
package de.javaakademie.hbs.services;

import de.javaakademie.hbs.model.Room;
import de.javaakademie.hbs.persistence.RoomDAO;

@Rooms
public class RoomService
        extends AbstractService<RoomDAO, Room> {
  public RoomService() {
    this.hotelDAO = new RoomDAO();
  }
}
```

Listing 10-17
RoomService.java

Der RoomService übergibt die beiden für diesen Service relevanten Typen RoomDAO und Room und identifiziert sich selbst als Service für die Hotelzimmer durch die Annotation @Rooms. Die Implementierungen der beiden anderen Provider erfolgen analog:

```
package de.javaakademie.hbs.services;

import de.javaakademie.hbs.api.annotation.Bookings;
import de.javaakademie.hbs.model.Booking;
import de.javaakademie.hbs.persistence.BookingDAO;

@Bookings
public class BookingService
        extends AbstractService<BookingDAO, Booking> {
  public BookingService() {
    this.hotelDAO = new BookingDAO();
  }
}
```

Listing 10-18
BookingService.java

```
package de.javaakademie.hbs.services;

import de.javaakademie.hbs.api.annotation.Guests;
import de.javaakademie.hbs.model.Guest;
import de.javaakademie.hbs.persistence.GuestDAO;
```

Listing 10-19
GuestService.java

```
@Guests
public class GuestService
       extends AbstractService<GuestDAO, Guest> {
  public GuestService() {
    this.hotelDAO = new GuestDAO();
  }
}
```

Das für die Datenhaltung zuständige Modul befindet sich im Persistence-Modul.

Persistence-Modul Um das Beispiel nicht zu unübersichtlich werden zu lassen, wurde hier der einfachste mögliche Ansatz zur Persistierung der Daten genommen, indem die Modell-Objekte in einer Map gespeichert werden. Um die Daten in einer Datenbank zu speichern, muss diese Klasse anstatt in die Map zu speichern für einen Datenbankzugriff umgeschrieben werden und bei Einsatz eines Mapping-Mechanismus wie z. B. JPA müssen die Modell-Klassen noch um die entsprechenden Annotations erweitert werden.

Listing 10–20
HotelDAO.java

```
package de.javaakademie.hbs.persistence;

import java.util.Collection;
import java.util.HashMap;
import java.util.Optional;
import java.util.UUID;
import de.javaakademie.hbs.model.Entity;

public abstract class HotelDAO<T extends Entity> {
  private final HashMap<String, T> entities =
                              new HashMap<>();

  public Collection<T> getEntities() {
    return entities.values();
  }
  public Optional<T> persist(T entity) {
    String id = UUID.randomUUID().toString();
    entity.setId(id);
    entities.put(id, entity);
    return Optional.of(entity);
  }
```

```java
  public void remove(T item) {
    entities.remove(item.getId());
  }
  public T update(T entities) {
    if (!this.entities.keySet()
        .contains(entities.getId())) {
      throw new IllegalArgumentException
          ("T not found " + entities.getId());
    }
    return this.entities.put(entities.getId(), entities);
  }
  public Optional<T> get(String id) {
    if (this.entities.containsKey(id)) {
      return Optional.of(this.entities.get(id));
    }
    return Optional.empty();
  }
}
```

Die abstrakte `HotelDAO`-Klasse enthält die gleichen Implementierungen für alle DAO-Objekte. Exemplarisch für alle DAO-Objekte sieht der Code für die `RoomDAO`-Klasse wie folgt aus:

```java
package de.javaakademie.hbs.persistence;

import de.javaakademie.hbs.model.Room;

public class RoomDAO extends HotelDAO<Room> {
  public RoomDAO() {
  }
}
```

Listing 10–21
RoomDAO.java

Die beiden weiteren DAOs sind analog implementiert:

```java
package de.javaakademie.hbs.persistence;

import de.javaakademie.hbs.model.Booking;

public class BookingDAO extends HotelDAO<Booking> {
  public BookingDAO() {
  }
}
```

Listing 10–22
BookingDAO.java

Listing 10–23
GuestDAO.java

```
package de.javaakademie.hbs.persistence;

import de.javaakademie.hbs.model.Guest;

public class GuestDAO extends HotelDAO<Guest> {
  public GuestDAO() {
  }
}
```

Zu guter Letzt ist noch das GUI-Modul zu implementieren.

GUI-Modul Der Großteil der Inhalte des GUI-Moduls sind JavaFX-spezifische Oberflächenprogrammierungen, die an dieser Stelle nur eine untergeordnete Rolle spielen und daher bis auf die Hauptklasse nicht extra aufgeführt werden. Der Programmcode kann an entsprechender Stelle heruntergeladen werden.

In der App-Klasse befindet sich der Programmcode zum Starten der Anwendung. Neben den JavaFX-spezifischen Implementierungen ist hier der Ressourcen-Zugriff interessant. Die Anwendungsoberfläche ist in einer fxml-Datei spezifiziert und liegt in einem Unterverzeichnis des Verzeichnisses, wo die App-Klasse liegt. Daher kann ein Zugriff so erfolgen:

```
InputStream layoutStream =
    App.class.getModule().getResourceAsStream(LAYOUT);
```

Es wird das Modul geholt, in welchem die App-Klasse liegt und davon ausgehend ein Stream auf die Datei (*resources/views/layout.fxml*). Da die CSS-Datei als String zu übergeben ist, wird hier zunächst die URL für den Zugriff auf die Datei geholt und die eingelesenen CSS-Daten werden als String dem Scene-Objekt übergeben:

```
URL cssURL = App.class.getResource(CSS);
primaryStage.getScene().getStylesheets()
    .add(cssURL.toString());
```

Die vollständige Klasse ergibt sich wie folgt:

Listing 10–24
App.java

```
package de.javaakademie.hbs.gui;

import java.io.InputStream;
import java.net.URL;

import javafx.application.Application;
import javafx.fxml.FXMLLoader;
import javafx.scene.Parent;
```

```java
import javafx.scene.Scene;
import javafx.stage.Stage;

public class App extends Application {
  private final static String APP_TITLE =
          "Hotel Booking System";
  private final static String LAYOUT =
          "resources/views/layout.fxml";
  private final static String CSS =
          "/resources/css/layout.css";

  @Override
  public void start(Stage primaryStage) throws Exception {
    InputStream layoutStream =
      App.class.getModule().getResourceAsStream(LAYOUT);
    FXMLLoader loader = new FXMLLoader();
    Parent root = loader.load(layoutStream);
    primaryStage.setTitle(APP_TITLE);
    primaryStage.setScene(new Scene(root));
    URL cssURL = App.class.getResource(CSS);
    primaryStage.getScene().getStylesheets()
                .add(cssURL.toString());
    primaryStage.sizeToScene();
    primaryStage.show();
  }
  public static void main(String[] args) {
    launch(args);
  }
}
```

Interessant ist der Mechanismus zum Holen der Service-Implementierungen. Dies geschieht in der Anwendung über eine Factory-Klasse. Um zu zeigen, dass es verschiedene Möglichkeiten gibt, sollen im Folgenden zwei verschiedene Wege gezeigt werden.

Bei der ersten Variante werden zur Laufzeit bei jedem Zugriff auf einen gewünschten Service, die möglichen Services durchlaufen und anhand der Annotation entschieden, welcher Service instanziiert und zurückgeliefert werden soll.

Listing 10–25
ServiceFactory.java

```java
package de.javaakademie.hbs.gui;

import java.util.Optional;
import java.util.ServiceLoader;

import de.javaakademie.hbs.api.HotelService;
import de.javaakademie.hbs.api.annotation.Bookings;
import de.javaakademie.hbs.api.annotation.Guests;
import de.javaakademie.hbs.api.annotation.Rooms;
import de.javaakademie.hbs.model.Booking;
import de.javaakademie.hbs.model.Guest;
import de.javaakademie.hbs.model.Room;

public class ServiceFactory {
  private ServiceLoader<HotelService> services =
          ServiceLoader.load(HotelService.class);

  private HotelService<?> getServiceByAnnotation(
                                      Class annotation)
    throws ClassNotFoundException {
    Optional<HotelService> service = services.stream()
    .filter(provider ->
        provider.type().isAnnotationPresent(annotation))
      .map(ServiceLoader.Provider::get)
    .findFirst();
    services.reload();
    if (service.isPresent()) {
      return service.get();
    } else {
      throw new ClassNotFoundException(annotation.getName()
              + "Service not found.");
    }
  }
  public HotelService<Room> getRoomService()
        throws ClassNotFoundException {
    return (HotelService<Room>)
          getServiceByAnnotation(Rooms.class);
  }
  public HotelService<Guest> getGuestService()
        throws ClassNotFoundException {
    return (HotelService<Guest>)
          getServiceByAnnotation(Guests.class);
  }
```

```java
    public HotelService<Booking> getBookingService()
            throws ClassNotFoundException {
        return (HotelService<Booking>)
                getServiceByAnnotation(Bookings.class);
    }
}
```

Die Kernmethode ist hier die Methode `getServiceByAnnotation`, der die Annotation des gewünschten Providers übergeben wird und welche dann die entsprechende Service-Implementierung zurückliefert. Innerhalb der Methode wird mit `ServiceLoader.load(ConferenceService.class)` zunächst ein Iterator auf alle gefundenen Provider geholt, die das Service-Interface `ConferenceService` implementieren. Wie in Kapitel 3.3 beschrieben, werden hier Provider-Objekte mit Meta-Informationen über die eigentlichen Service-Implementierungen zurückgeliefert. Eine Instanziierung der eigentlichen Provider findet hier also noch nicht statt. Über alle gefundenen Provider wird dann nach der übergebenen Annotation gefiltert, die gefundenen werden instanziiert (`.map(ServiceLoader.Provider::get)`) und der erste zurückgeliefert (`.findFirst()`). Dies ist an dieser Stelle eindeutig, da in der Anwendung keine zwei Services die gleiche Annotation haben.

Bei der zweiten Zugriffsvariante für Services, werden bei der Instanziierung der `ServiceFactory`-Klasse alle vorhandenen Services gelesen, instanziiert und für einen Zugriff über die entsprechenden Annotations in eine HashMap gepackt.

Listing 10–26
ServiceFactory.java

```java
package de.javaakademie.hbs.gui;

import java.lang.annotation.Annotation;
import java.util.HashMap;
import java.util.Map;
import java.util.ServiceLoader;

import de.javaakademie.hbs.api.HotelService;
import de.javaakademie.hbs.api.annotation.Bookings;
import de.javaakademie.hbs.api.annotation.Guests;
import de.javaakademie.hbs.api.annotation.Rooms;
import de.javaakademie.hbs.model.Booking;
import de.javaakademie.hbs.model.Guest;
import de.javaakademie.hbs.model.Room;
```

```java
public class ServiceFactory {
  private Map<Class<?>, HotelService<?>> services =
                                      new HashMap<>();
  public ServiceFactory() {
    ServiceLoader.load(HotelService.class).stream()
    .forEach(provider -> {
      Class<? extends Annotation> annotation =
      provider.type().getAnnotations()[0].annotationType();
      services.put(annotation, provider.get());
    });
  }
  private HotelService<?> getService(Class<?> annotation)
                        throws ClassNotFoundException {
    HotelService<?> service = services.get(annotation);
      if (service != null) {
        return service;
      } else {
        throw new ClassNotFoundException(annotation.getName()
              + "Service not found.");
      }
  }
  public HotelService<Room> getRoomService()
        throws ClassNotFoundException {
    return (HotelService<Room>) getService(Rooms.class);
  }
  public HotelService<Guest> getGuestService()
        throws ClassNotFoundException {
    return (HotelService<Guest>) getService(Guests.class);
  }
  public HotelService<Booking> getBookingService()
        throws ClassNotFoundException {
    return (HotelService<Booking>)
          getService(Bookings.class);
  }
}
```

Neben dieser Klasse existiert noch die MainController-Klasse, die allen relevanten Programmcode zur Oberflächensteuerung enthält. An dieser Stelle wird nur der Teil gezeigt, der die Services holt:

10.2 Klassischer Ansatz

```java
public class MainController implements Initializable {
  ...
  private ServiceFactory serviceFactory;
  private HotelService<Booking> bookingService;
  private HotelService<Guest> guestService;
  private HotelService<Room> roomService;

  public void initialize(URL location,
                         ResourceBundle resources) {
    serviceFactory = new ServiceFactory();
    try {
      bookingService = serviceFactory.getBookingService();
      guestService = serviceFactory.getGuestService();
      roomService = serviceFactory.getRoomService();
    } catch (ClassNotFoundException e) {
      System.out.println(e.getMessage());
      System.exit(0);
    }
    initTestData();
    initToolbar();
    initActionButtons();
    initListView();
  }
  ...
}
```

Listing 10–27
MainController.java

Falls ein angefragter Service nicht gefunden werden sollte, wird ein Fehler geworfen und die Anwendung wird beendet.

10.2.3 Starten der Anwendung

In Kapitel 9.1.1 wurde bereits beschrieben, dass es für den Start einer Anwendung aus Eclipse heraus zusätzlich die Möglichkeit gibt, über die Run Configurations weitere Startoptionen einzustellen. An dieser Stelle wird davon Gebrauch gemacht, aber in zukünftigen Eclipse-Versionen wird es vermutlich noch komfortablere Möglichkeiten geben. Bis dahin muss der Modulpfad wie folgt angegeben werden (siehe auch Abbildung 10–10):

```
--module-path ../lib;./target;
../hbs-api/target;../hbs-model/target;
../hbs-persistence/target;../hbs-services/target
--add-modules ALL-MODULE-PATH
```

Es werden alle Module, die sich im Modulpfad befinden, geladen. Es wurde an dieser Stelle absichtlich nicht das `modules`-Verzeichnis angegeben, weil dies bei jedem Start der Anwendung aus Eclipse heraus ein Bauen der Projekte mit Maven nötig machen würde, um die in JARs verpackten Module zu erhalten. Stattdessen sind die `target`-Verzeichnisse der Projekte dem Modulpfad hinzugefügt worden, damit sich jede Codeänderung innerhalb der IDE beim Start auch sofort auf die Anwendung auswirken kann.

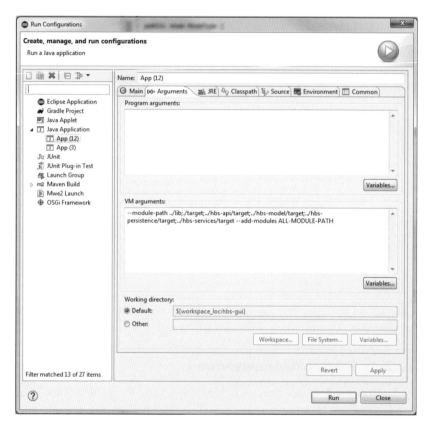

Abb. 10–10
Hotel-Buchungssystem

Für das Starten auf der Konsole liefert folgende Anweisung das gewünschte Resultat:

```
java -p modules
--add-modules de.javaakademie.hbs.gui
-m de.javaakademie.hbs.gui/de.javaakademie.hbs.gui.App
```

Dies für den Fall, dass die im `lib`-Verzeichnis liegenden Dritt-Bibliotheken nicht benötigt werden. Anderenfalls müssen wir dieses Verzeichnis noch dem Modulpfad hinzufügen und verwenden dann anstatt des

-p-Parameters den Parameter --module-path, um mehrere Modulpfade angeben zu können.

```
java --module-path lib;modules
--add-modules de.javaakademie.hbs.gui
-m de.javaakademie.hbs.gui/de.javaakademie.hbs.gui.App
```

10.3 Alternativer Ansatz

Im Gegensatz zur Schichtenarchitektur erlaubt die Modularisierung auch die Bildung vertikaler Einzelsysteme mit voneinander getrennten Aufgabenbereichen. Hierbei werden die Module ausgehend von den Fachdomänen geschnitten (Abbildung 10–11).

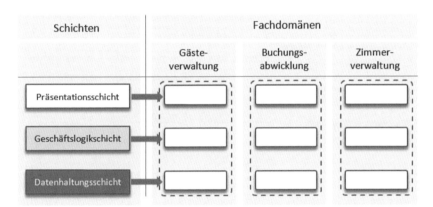

Abb. 10–11
Modellierung ausgehend von Domänen

Der Modulschnitt wird nun sich an den Fachdomänen orientierend vertikal vorgenommen. Die gestrichelten Linien visualisieren die sich daraus ergebenden potenziellen Module. Diese Art des Schnitts zieht zwar redundanten Programmcode nach sich, aber wie später noch zu sehen ist, ergibt sich ein dann doch schlankeres Codefundament und die Verteilung der Modulentwicklung lässt sich sehr gut auf verschiedene Teams aufteilen. Hier könnte ein für das Modul verantwortliches Team alle Änderungen für ein neu hinzugefügtes Datenfeld in der Datenbank ohne Verzögerung selbst durchführen. Bei einer Schichtenarchitektur gibt es bei den klassischen Organisationsstrukturen in Unternehmen sehr oft das Problem, dass es das Team bzw. die Datenbank-Abteilung gibt, die für die Datenbankänderung zuständig ist. Dann gibt es Backend-Teams, die den Zugriff und die Weitergabe der Informationen aus der Datenbank regeln, und weitere Teams, die das Frontend entwickeln. Alle Teams haben ihren eigenen Projektplan oder im Zuge von z. B. Scrum ihre eigenen Sprints, die dann, um bei einer solchen Änderungsanforderung noch ohne Verzögerung arbeiten zu können, aufeinander abgestimmt werden müssen. Der damit verbundene Overhead ist enorm und häufig klappt die Abstimmung dann letztlich doch nicht wie geplant.

10.3.1 Anwendungsarchitektur

Die Beispielanwendung ist in ihrer Komplexität sehr übersichtlich, so dass alles, was mit dem Frontend zu tun hat, in einem Modul gekapselt wird und alles andere anhand der Fachdomänen. Abbildung 10–12 zeigt den final gewählten Entwurf.

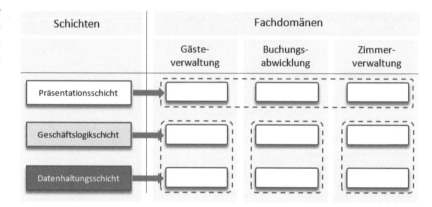

Abb. 10–12
Finale Modellierung ausgehend von Domänen

Das GUI-Modul soll die Domänen-Module wie zuvor über den Service-Provider-Mechanismus ansprechen können, wobei sich die Module diesmal kein gemeinsames Modell teilen, sondern jedes sein eigenes Modell hat. Der Austausch der Daten erfolgt wie in Abbildung 10–13 dargestellt über JSON-Strings. Für das JSON-Handling bedient sich die Anwendung der nichtmodularen Bibliothek Gson der Firma Google, die als Automatic Module in das System eingebunden wird.

Das nächste Kapitel betrachtet nun die konkrete Implementierung. Weiterführende Erklärungen werden, soweit diese schon in den vorherigen Kapiteln zum klassischen Ansatz gegeben wurden, im Folgenden fortgelassen.

10.3.2 Modulentwurf und Implementierung

Basierend auf den vorangegangenen Überlegungen für das Hotel-Buchungssystem ergeben sich sechs Module einschließlich der Abhängigkeit zur Gson-Bibliothek:

10.3 Alternativer Ansatz

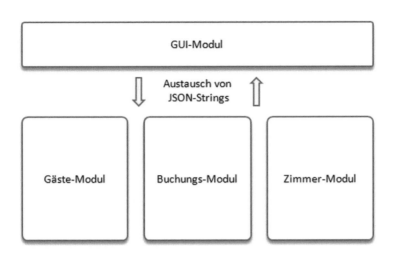

Abb. 10-13
JSON Austausch

- GUI-Modul (*de.javaakademie.hbs.gui*)
- API-Modul (*de.javaakademie.hbs.api*)
- Guests-Modul (*de.javaakademie.hbs.guests*)
- Bookings-Modul (*de.javaakademie.hbs.bookings*)
- Rooms-Modul (*de.javaakademie.hbs.rooms*)
- Gson-Modul (Automatic Module)

Das GUI-Modul enthält wie gehabt alle JavaFX-basierte-Implementierungen für die Oberfläche und holt sich über den *ServiceLocator* den benötigten Zugriff auf die Domänen-Module, die die entsprechende Geschäftslogik enthält, einschließlich eines Modells und eines Persistenz-Mechanismus. In Abbildung 10–14 sind die Abhängigkeiten der Module dargestellt.

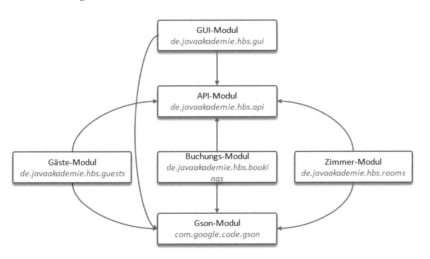

Abb. 10-14
Modellierung ausgehend von Domänen

Für jedes Modul (außer die Gson-Bibliothek) wird zunächst ein Projekt aufgesetzt, welche alle in einem gemeinsamen Überprojekt gebündelt sind.

Projekte aufsetzen

Wie beim klassischen Ansatz wird entsprechend der Modulaufteilung ein Multi-Module-Maven-Projekt aufgesetzt, wobei jedes Maven-Unterprojekt einem Java-Modul entspricht. Die in JARs verpackten Module sollen dabei wieder in einem modules-Verzeichnis landen und die extra Abhängigkeiten in einem lib-Verzeichnis. In Letzterem landet die Gson-Bibliothek, die beim Starten der Anwendung als Automatic Module eingebunden wird, indem dieses dem Modulpfad hinzugefügt wird.

Die resultierende pom.xml des Hauptprojekts sieht wie folgt aus:

Listing 10–28
pom.xml

```xml
<?xml version="1.0" encoding="UTF-8"?>
<project xmlns="http://maven.apache.org/POM/4.0.0"
   xmlns:xsi="http://www.w3.org/2001/XMLSchema-instance"
   xsi:schemaLocation="http://maven.apache.org/POM/4.0.0
       http://maven.apache.org/xsd/maven-4.0.0.xsd">
   <modelVersion>4.0.0</modelVersion>
   <groupId>de.javaakademie.hbs</groupId>
   <artifactId>parent</artifactId>
   <packaging>pom</packaging>
   <version>1.0-SNAPSHOT</version>
   <modules>
      <module>hbs-api</module>
      <module>hbs-gui</module>
      <module>hbs-bookings</module>
      <module>hbs-guests</module>
      <module>hbs-rooms</module>
   </modules>
   <properties>
      <project.build.sourceEncoding>
         UTF-8
      </project.build.sourceEncoding>
      <maven.compiler.source>1.9</maven.compiler.source>
      <maven.compiler.target>1.9</maven.compiler.target>
   </properties>
```

```xml
<dependencyManagement>
 <dependencies>
  <dependency>
   <groupId>de.javaakademie.hbs</groupId>
   <artifactId>hbs-api</artifactId>
   <version>${project.version}</version>
  </dependency>
  <dependency>
   <groupId>de.javaakademie.hbs</groupId>
   <artifactId>hbs-bookings</artifactId>
   <version>${project.version}</version>
  </dependency>
  <dependency>
   <groupId>de.javaakademie.hbs</groupId>
   <artifactId>hbs-guests</artifactId>
   <version>${project.version}</version>
  </dependency>
  <dependency>
   <groupId>de.javaakademie.hbs</groupId>
   <artifactId>hbs-rooms</artifactId>
   <version>${project.version}</version>
  </dependency>
  <dependency>
   <groupId>com.google.code.gson</groupId>
    <artifactId>gson</artifactId>
    <version>2.8.0</version>
   </dependency>
  </dependencies>
</dependencyManagement>
<build>
  <plugins>
    <!-- /lib - Ordner loeschen -->
    <plugin>
      <groupId>org.apache.maven.plugins</groupId>
      <artifactId>maven-clean-plugin</artifactId>
      <version>2.4.1</version>
      <configuration>
        <failOnError>false</failOnError>
        <filesets>
          <fileset>
            <directory>lib</directory>
```

```xml
            <includes>
              <include>**/*</include>
            </includes>
            <followSymlinks>false</followSymlinks>
          </fileset>
        </filesets>
      </configuration>
    </plugin>
    <plugin>
      <groupId>org.apache.maven.plugins</groupId>
      <artifactId>maven-compiler-plugin</artifactId>
      <version>3.6.0</version>
            </plugin>
    <!-- Kopieren der Abhaengigkeiten nach /lib -->
    <plugin>
      <groupId>org.apache.maven.plugins</groupId>
      <artifactId>maven-dependency-plugin</artifactId>
      <executions>
        <execution>
          <id>copy-dependencies</id>
          <phase>package</phase>
          <goals>
            <goal>copy-dependencies</goal>
          </goals>
          <configuration>
            <outputDirectory>
              ${project.parent.basedir}/lib
            </outputDirectory>
            <!-- no hbs-modules in the lib dir -->
            <excludeArtifactIds>
              hbs-api,hbs-bookings,
              hbs-guests,hbs-rooms
            </excludeArtifactIds>
          </configuration>
        </execution>
      </executions>
    </plugin>
    </plugins>
  </build>
</project>
```

Erklärungen zu den einzelnen verwendeten PlugIns können dem Kapitel zum klassischen Ansatz entnommen werden.

Bis auf die pom.xml des API-Moduls, dass keinerlei Abhängigkeiten aufweist, sind die pom.xml-Dateien aller anderen Module weitestgehend gleich und weisen jeweils nur die beiden Abhängigkeiten zum API-Modul und zum Gson-Modul auf. Stellvertretend für diese wird nachfolgend die pom.xml des Booking-Moduls gezeigt:

Listing 10–29
pom.xml

```xml
<?xml version="1.0" encoding="UTF-8"?>
<project xmlns="http://maven.apache.org/POM/4.0.0"
    xmlns:xsi="http://www.w3.org/2001/XMLSchema-instance"
    xsi:schemaLocation="http://maven.apache.org/POM/4.0.0
    http://maven.apache.org/xsd/maven-4.0.0.xsd">
    <modelVersion>4.0.0</modelVersion>

    <parent>
      <groupId>de.javaakademie.hbs</groupId>
      <artifactId>parent</artifactId>
      <version>1.0-SNAPSHOT</version>
    </parent>

    <artifactId>hbs-bookings</artifactId>

    <dependencies>
      <dependency>
        <groupId>de.javaakademie.hbs</groupId>
        <artifactId>hbs-api</artifactId>
      </dependency>
      <dependency>
        <groupId>com.google.code.gson</groupId>
        <artifactId>gson</artifactId>
      </dependency>
    </dependencies>

    <build>
        <sourceDirectory>
          src\main\java\de.javaakademie.hbs.bookings
        </sourceDirectory>
        <plugins>
          <plugin>
              <groupId>org.apache.maven.plugins</groupId>
              <artifactId>maven-jar-plugin</artifactId>
              <version>3.0.2</version>
```

```xml
            <configuration>
                <outputDirectory>
                    ../modules
                </outputDirectory>
            </configuration>
          </plugin>
        </plugins>
    </build>
</project>
```

Die sich ergebende Maven-Projektstruktur in Eclipse kann Abbildung 10–15 entnommen werden.

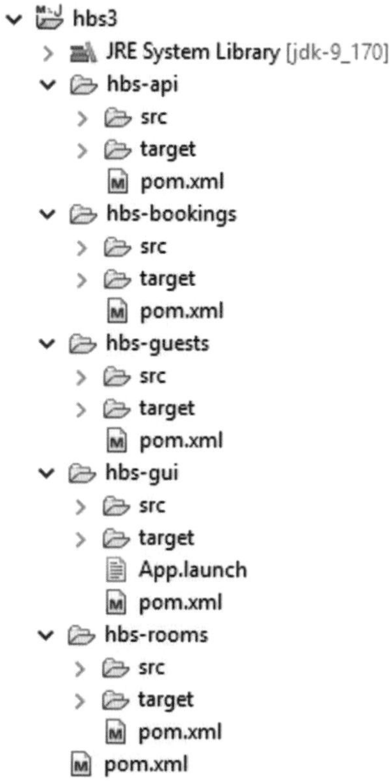

Abb. 10–15
Projektstruktur in Eclipse

- hbs3
  - JRE System Library [jdk-9_170]
  - hbs-api
    - src
    - target
    - pom.xml
  - hbs-bookings
    - src
    - target
    - pom.xml
  - hbs-guests
    - src
    - target
    - pom.xml
  - hbs-gui
    - src
    - target
    - App.launch
    - pom.xml
  - hbs-rooms
    - src
    - target
    - pom.xml
  - pom.xml

Als Nächstes werden die entsprechenden Moduldeskriptoren und Pakete angelegt.

Module und Pakete anlegen

Der Moduldeskriptor des API-Moduls ist identisch geblieben:

```
module de.javaakademie.hbs.api {
  exports de.javaakademie.hbs.api;
  exports de.javaakademie.hbs.api.annotation;
}
```

Die Abhängigkeiten und Freigaben bzgl. der JavaFX-Module und Pakete sind ebenfalls identisch geblieben und die Erklärungen dazu können den vorangegangenen Kapiteln entnommen werden. Lediglich bezüglich der Gson-Bibliothek, die als Automatic Module eingebunden wird, gibt es ein paar Dinge zu beachten. Der Moduldeskriptor stellt sich wie folgt dar:

```
module de.javaakademie.hbs.gui {
  exports de.javaakademie.hbs.gui to javafx.graphics,javafx.fxml;
  exports de.javaakademie.hbs.gui.view to javafx.fxml;
  opens de.javaakademie.hbs.gui.view to javafx.fxml;
  requires de.javaakademie.hbs.api;

  requires javafx.base;
  requires javafx.graphics;
  requires javafx.controls;
  requires javafx.fxml;
  uses de.javaakademie.hbs.api.HotelService;

  requires gson;
  requires java.sql;
  opens de.javaakademie.hbs.gui.model to gson;
}
```

Bezüglich der Gson-Bibliothek seien die letzten drei Zeilen zu betrachten:

```
requires gson;
requires java.sql;
opens de.javaakademie.hbs.bookings.model to gson;
```

Mit der ersten wird das Automatic Module gson als notwendige Abhängigkeit eingebunden. Die Gson-Bibliothek benötigt zur Laufzeit Klassen aus dem java.sql.time-Paket, welches sich aber nicht im automatisch eingebundenen java.base-Modul befindet, sondern im java.sql-Modul. Daraus ergibt sich die zweite Zeile und die letzte Zeile erlaubt dem Gson-Modul den Reflection-Zugriff auf das Modell zur Laufzeit. An dieser Stelle sei bereits der Hinweis gegeben, dass in den Modellen die Java-Typen `LocalDate` des `java.time`-Pakets genutzt werden. Da Gson zur Laufzeit auf die Modell-Klassen per Reflection zugreift und damit ebenfalls Reflection-Zugriff auf die `LocalDate`-Objekte benötigt, muss das `java.time`-Paket hierfür geöffnet werden. Da dieses aber gekapselt im `java.base`-Modul liegt, muss beim Starten der Anwendung über `--add-opens` das Paket für den Reflection-Zugriff durch Gson explizit geöffnet werden. Dies ist eine der besonders zu beachtenden Begebenheiten, wie sie auch schon im Kapitel über die Migration angesprochen wurden.

Die Domänen-Module sehen alle gleich aus und haben eine Abhängigkeit zum API-Modul. Sie liefern eine Implementierung für die `HotelService`-Klasse und haben die gleichen Abhängigkeiten wie das GUI-Modul bzgl. der Gson-Bibliothek. Daher kommt jetzt stellvertretend für diese Module nachfolgend der Moduldeskriptor des Bookings-Moduls:

```
module de.javaakademie.hbs.bookings {
  requires de.javaakademie.hbs.api;
  provides de.javaakademie.hbs.api.HotelService
    with de.javaakademie.hbs.bookings.service.BookingService;

  requires gson;
  requires java.sql;
  opens de.javaakademie.hbs.bookings.model to gson;
}
```

Die im nächsten Abschnitt behandelten Modul-Implementierungen haben sich mit dem neuen Ansatz eher noch vereinfacht.

Implementierungen

Zunächst sei das API-Modul betrachtet und dann das GUI- und die Domänen-Module.

API-Modul Die Implementierungen der Annotations sind gleich geblieben, lediglich das Interface `HotelService` ist einfacher geworden, da keine Modell-Typen mehr mitgegeben werden, wie nachfolgend zu sehen ist:

```java
package de.javaakademie.hbs.api;

public interface HotelService {
  public String getAll();
  public String get(String id);
  public void update(String item);
  public String persist(String item);
  public void remove(String item);
}
```

Listing 10-30
HotelService.java

Domänen-Module Die Model-, Services- und Persistence-Implementierungen der einzelnen Domänen-Module sind die gleichen Klassen wie beim klassischen Ansatz, nur dass sie ihrer Aufgabe entsprechend auf die Module neu aufgeteilt wurden. Lediglich der Austausch über JSON-Strings und damit das Mapping von JSON-Strings zu Java-Modulen und umgekehrt ist in den Service-Klassen neu hinzugekommen. Um nicht die schon bekannten Implementierungen nochmals alle zu behandeln, wird hier nur auf die Änderungen des Bookings-Moduls eingegangen und für die anderen Module werden nur deren Projektstrukturen dargestellt, um zu wissen, wie diese nun aussehen.

Abbildung 10–16 zeigt die Projektstruktur des Booking-Moduls.

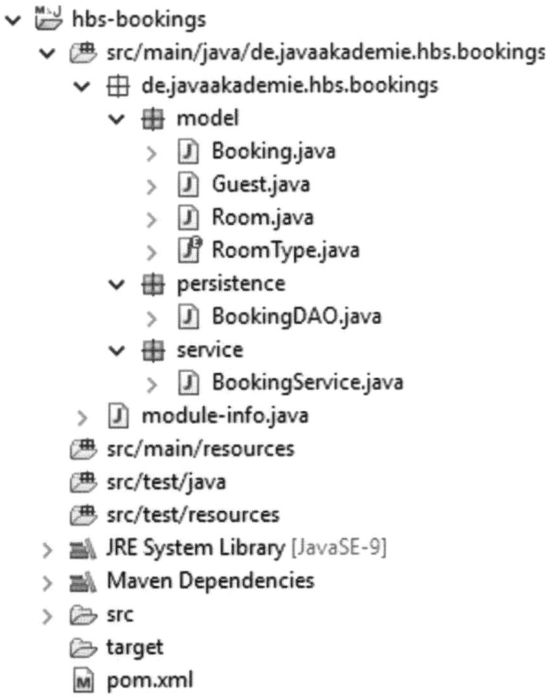

```
hbs-bookings
  src/main/java/de.javaakademie.hbs.bookings
    de.javaakademie.hbs.bookings
      model
        Booking.java
        Guest.java
        Room.java
        RoomType.java
      persistence
        BookingDAO.java
      service
        BookingService.java
    module-info.java
  src/main/resources
  src/test/java
  src/test/resources
  JRE System Library [JavaSE-9]
  Maven Dependencies
  src
  target
  pom.xml
```

Abb. 10-16
Projektstruktur Bookings-Modul

Die Modell-Klassen sind die gleichen, wie die beim klassischen Ansatz im Model-Modul. Die Persistence-Klasse `BookingDAO` implementiert keine abstrakte `HotelDAO`-Klasse mehr und sieht wie folgt aus:

Listing 10–31
BookingDAO.java

```java
package de.javaakademie.hbs.bookings.persistence;

import java.util.Collection;
import java.util.HashMap;
import java.util.Optional;
import java.util.UUID;
import de.javaakademie.hbs.bookings.model.Booking;

public class BookingDAO {
  private final HashMap<String, Booking> bookings =
                                    new HashMap<>();
  public Collection<Booking> getEntities() {
    return bookings.values();
  }
  public Optional<Booking> persist(Booking booking) {
    String id = UUID.randomUUID().toString();
    booking.setId(id);
    this.bookings.put(id, booking);
    return Optional.of(booking);
  }
  public void remove(Booking booking) {
    this.bookings.remove(booking.getId());
  }
  public Booking update(Booking booking) {
    if (!this.bookings.keySet().contains(
        booking.getId())) {
      throw new IllegalArgumentException(
      "Booking not found " + booking.getId());
    }
    return this.bookings.put(booking.getId(), booking);
  }

  public Optional<Booking> get(String id) {
    if (this.bookings.containsKey(id)) {
      return Optional.of(this.bookings.get(id));
    }
    return Optional.empty();
  }
}
```

Analog hierzu stellen sich auch die anderen DAO-Klassen der anderen
Module dar. Die Service-Provider-Implementierung `BookingService` ist
um das JSON-Handling wie folgt erweitert worden:

Listing 10-32
BookingService.java

```java
package de.javaakademie.hbs.bookings.service;

import java.util.Collection;
import java.util.Optional;

import com.google.gson.Gson;

import de.javaakademie.hbs.api.HotelService;
import de.javaakademie.hbs.api.annotation.Bookings;
import de.javaakademie.hbs.bookings.model.Booking;
import de.javaakademie.hbs.bookings.persistence.BookingDAO;

@Bookings
public class BookingService implements HotelService {

  private BookingDAO bookingDAO;
  private Gson gson;

  public BookingService() {
    this.bookingDAO = new BookingDAO();
    this.gson = new Gson();
  }
  public String getAll() {
    Collection<Booking> guests = bookingDAO.getEntities();
    if (guests.size() > 0) {
      return gson.toJson(guests);
    } else {
      return "";
    }
  }
  public String get(String id) {
    Optional<Booking> guestOpt = bookingDAO.get(id);
    if (guestOpt.isPresent()) {
      return gson.toJson(guestOpt.get());
    }
    return "";
  }
```

```
    public void update(String guest) {
      Booking guestObj = gson.fromJson(guest, Booking.class);
      bookingDAO.update(guestObj);
    }
    public String persist(String guest) {
      Booking guestObj = gson.fromJson(guest, Booking.class);
      Optional<Booking> guestOpt = bookingDAO.persist(guestObj);
      if (guestOpt.isPresent()) {
        return gson.toJson(guestOpt.get());
      } else {
        return "";
      }
    }
    public void remove(String guest) {
      Booking guestObj = gson.fromJson(guest, Booking.class);
      bookingDAO.remove(guestObj);
    }
}
```

Die Methoden nehmen JSON-Strings entgegen und mappen diese auf die Java-Modell-Objekte des Moduls. Analog sehen die Service-Klassen der anderen Module aus. Zur besseren Nachvollziehbarkeit zeigen die Abbildungen 10–17 und 10–18 die Projektstrukturen des Guests- und Rooms-Moduls.

GUI-Modul Die zentrale Änderung an den GUI-Klassen ist die Klassen HotelDataService, die die Factory-Klasse ersetzt und dafür zuständig ist, die Service-Provider zu holen, also die Service-Klassen der Domänen-Module und das Mapping der JSON-Strings auf die Modell-Klassen des GUI-Moduls 10–33.

Listing 10–33
HotelDataService.java

```
package de.javaakademie.hbs.gui;

import java.lang.annotation.Annotation;
import java.lang.reflect.Type;
import java.util.ArrayList;
import java.util.Collections;
import java.util.HashMap;
import java.util.List;
import java.util.Map;
import java.util.Optional;
import java.util.ServiceLoader;
import com.google.gson.Gson;
```

10.3 Alternativer Ansatz

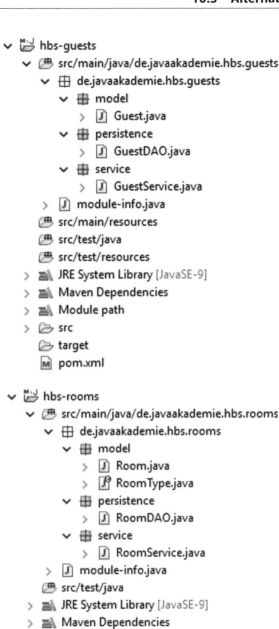

Abb. 10–17
Projektstruktur
Guests-Modul

Abb. 10–18
Projektstruktur
Rooms-Modul

```java
import de.javaakademie.hbs.api.HotelService;
import de.javaakademie.hbs.api.annotation.Bookings;
import de.javaakademie.hbs.api.annotation.Guests;
import de.javaakademie.hbs.api.annotation.Rooms;
import de.javaakademie.hbs.gui.model.Booking;
import de.javaakademie.hbs.gui.model.Guest;
import de.javaakademie.hbs.gui.model.Room;

public class HotelDataService {
  private Map<Class<?>, HotelService> services = new HashMap<>();
  private Gson gson;
  public HotelDataService() {
    this.gson = new Gson();
    ServiceLoader.load(HotelService.class).stream()
      .forEach(provider -> {
        Class<? extends Annotation> annotation =
            provider.type().getAnnotations()[0].annotationType();
        services.put(annotation, provider.get());
    });
  }
  private HotelService getService(Class<?> modelObj) {
    HotelService hotelService = null;
    if (modelObj == Booking.class) {
      hotelService =
                 getServiceByAnnotation(Bookings.class);
    } else if (modelObj == Guest.class) {
      hotelService = getServiceByAnnotation(Guests.class);
    } else if (modelObj == Room.class) {
      hotelService = getServiceByAnnotation(Rooms.class);
    }
    return hotelService;
  }
  private HotelService getServiceByAnnotation(
                         Class<?> annotation) {
    HotelService service = services.get(annotation);
    if (service != null) {
      return service;
    } else {
      System.out.println(annotation.getName()
                       + "Service not found.");
      return null;
    }
  }
}
```

```java
public <T> List<T> getAll(Class<T> clazz) {
  if (clazz == null) {
    System.out.println("HotelDataService.getAll()
                       : Parameter was null.");
    return Collections.emptyList();
  }
  HotelService hotelService = getService(clazz);
  if (hotelService != null) {
    String json = hotelService.getAll();
    if (json != null && !json.isEmpty()) {
      Type itemListType =
        com.google.gson.internal.$Gson$Types
        .newParameterizedTypeWithOwner(null,
        ArrayList.class, clazz);
      ArrayList<T> objs =
           gson.fromJson(json, itemListType);
      return objs;
    }
  }
  return Collections.emptyList();
}
public <T> Optional<T> get(String id, Class<T> clazz) {
  if (id == null || clazz == null) {
    System.out.println("HotelDataService.get()
                       : Parameter was null.");
    return Optional.empty();
  }
  HotelService hotelService = getService(clazz);
  if (hotelService != null) {
    String json = hotelService.get(id);
    if (json != null && !json.isEmpty()) {
      T obj = gson.fromJson(json, clazz);
      return Optional.of(obj);
    }
  }
  return Optional.empty();
}
public void update(Object obj) {
  if (obj == null) {
    System.out.println("HotelDataService.update()
                       : Parameter was null.");
    return;
  }
```

```java
      HotelService hotelService = getService(obj.getClass());
      if (hotelService != null) {
        String json = gson.toJson(obj);
        hotelService.update(json);
      }
    }
    @SuppressWarnings("unchecked")
    public <T> Optional<T> persist(T obj) {
      if (obj == null) {
        System.out.println("HotelDataService.persist()
                     : Parameter was null.");
        return Optional.empty();
      }
      HotelService hotelService = getService(obj.getClass());
      if (hotelService != null) {
        String json = gson.toJson(obj);
        String jsonPersisted = hotelService.persist(json);
        if (jsonPersisted != null &&
            !jsonPersisted.isEmpty()) {
          T objPers = (T) gson.fromJson(
              jsonPersisted, obj.getClass());
          return Optional.of(objPers);
        }
      }
      return Optional.empty();
    }
    public void remove(Object obj) {
      if (obj == null) {
        System.out.println("HotelDataService.remove()
                     : Parameter was null.");
        return;
      }
      HotelService hotelService = getService(obj.getClass());
      if (hotelService != null) {
        String json = gson.toJson(obj);
        hotelService.remove(json);
      }
    }
  }
}
```

Das Holen und Speichern der Referenz der Services erfolgt wie beim bereits beschriebenen klassischen Ansatz und genutzt wird dieser Service einfach mit z. B.:

```
Collection<Booking> bookingList =
  app.getHotelDataService().getAll(Booking.class);
app.getHotelDataService().persist(booking);
app.getHotelDataService().update(booking);
app.getHotelDataService().remove(booking);
```

Wobei die modulinternen Modell-Klassen in JSON-Strings umgewandelt und dann den Service-Provider-Klassen der Domänen-Module übergeben werden. Abbildung 10–19 gibt einen Gesamtüberblick über die Projektstruktur des GUI-Moduls.

10.3.3   Starten der Anwendung

Für das Starten der Anwendung unter Eclipse müssen analog zum klassischen Ansatz die Configurations gesetzt werden. Das Starten der Anwendung von der Konsole aus (nach dem Bauen mit Maven) erfolgt mit:

```
java -p modules;lib
    ↪ --add-opens java.base/java.time=gson
    ↪ -m de.javaakademie.hbs.gui/de.javaakademie.hbs.gui.App
```

Die Module der Anwendung liegen im modules- und die Gson-Bibliothek im lib-Verzeichnis. Die Anwendungsmodule wie auch die Gson-Bibliothek sollen als Module behandelt werden und sind somit auf den Modulpfad zu legen. Mit dem -p wird daher als Modulpfad modules und lib angegeben. Da Gson den Reflection-Zugriff auf die LocalDate-Klassen des java.time-Pakets benötigt, muss dieses Paket des java.base-Moduls zur Laufzeit freigegeben werden (-add-opens java.base/java.time=gson). Zu guter Letzt wird mit -m das initiale Modul mit der Startmethode angegeben und die Anwendung wird ausgeführt.

Abb. 10–19
Projektstruktur GUI-Modul

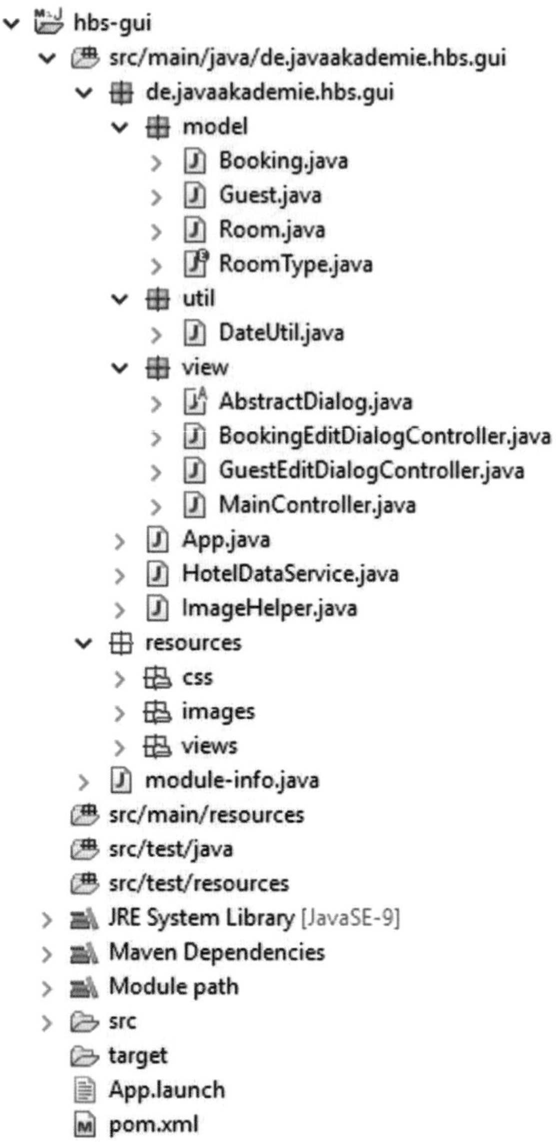

- hbs-gui
  - src/main/java/de.javaakademie.hbs.gui
    - de.javaakademie.hbs.gui
      - model
        - Booking.java
        - Guest.java
        - Room.java
        - RoomType.java
      - util
        - DateUtil.java
      - view
        - AbstractDialog.java
        - BookingEditDialogController.java
        - GuestEditDialogController.java
        - MainController.java
      - App.java
      - HotelDataService.java
      - ImageHelper.java
    - resources
      - css
      - images
      - views
    - module-info.java
  - src/main/resources
  - src/test/java
  - src/test/resources
  - JRE System Library [JavaSE-9]
  - Maven Dependencies
  - Module path
  - src
  - target
  - App.launch
  - pom.xml

10.4 Vergleich beider Ansätze

Zunächst einmal muss festgestellt werden, dass aufgrund der geringen Komplexität der Anwendung beide Architekturansätze zum gewünschten Ergebnis geführt haben und jeweils ein gut beherrschbares System entstanden ist. Der alternative Ansatz liegt zwar mehr im Trend der Zeit, aber beide Umsetzungen sind völlig in Ordnung. Die Unterschiede im Entwurf wurden bereits genügend dargestellt und der Vergleich könnte hier bereits enden, wenn die Anwendung in ihrer Funktionalität nicht wesentlich erweitert werden sollte. Und genau dies passiert häufig in realen Projekten. Interessant wird der Vergleich nämlich dann, wenn man sich vorstellt, dass das Hotel-Buchungssystem um Funktionalitäten erweitert werden soll, wie z. B. ein Rechtesystem für die verschiedenen Hotel-Mitarbeiter, Kopplung des Buchungssystems mit einem Werbesystem zur automatisierten Weiterverarbeitung der Gästeadressen bzgl. des Versands von Werbematerial, die Berücksichtigung eines dynamischen Preissystems der Zimmer für Rabattaktionen, statistische Auswertungen, Anbindung des Systems an Onlinebuchungsmöglichkeiten wie einer Webseite oder Smartphone-Apps, ein kundenfreundliches Kommunikationssystem für den Austausch mit den Gästen vor der Ankunft, während des Aufenthalts und nach der Abreise usw. Die Liste der möglichen Features lässt sich beliebig erweitern und wenn dann nicht nur ein einzelnes Hotel, sondern eine Hotelkette zugrunde gelegt wird, wo alles miteinander vernetzt sein soll und auch die Skalierung an Wichtigkeit gewinnt, dann wird es spannend und eben auch komplexer.

Und in einem solchen Szenario zeigen die Unterschiede beider Ansätze verschiedene Konsequenzen und die domänengetriebene Entwicklung ihre große Stärke. Bei Letzterem können die Module von einzelnen unabhängigen Teams implementiert und angepasst werden innerhalb voneinander unabhängiger Domänen. Dies hat Auswirkungen auf viele Dinge, wie z. B. Produktivität und Effizienz. Die Vorzüge dieses Ansatzes in seiner Gänze zu betrachten würde den Rahmen des Buches sprengen, daher soll an dieser Stelle nur herausgestellt werden, dass die Wahl der Architektur, die Modularisierung des Systems und damit auch das Schneiden der Module immer kontextabhängig zu betrachten ist und nicht pauschal beurteilt werden kann, dass die eine Vorgehensweise besser ist als die andere. Ein kleiner Monolith kann in manchen Fällen durchaus die ideale Wahl sein und zum schnellsten Ergebnis führen. Des Weiteren sind beide Ansätze nicht nur nach den Anforderungen an das System zu bewerten, da Softwareentwicklung mehr ist, als der Frage nachzugehen, wie sich die Geschäftsprozesse technisch abbilden lassen.

Es ist aber so, dass Systeme heute sehr oft in komplexen und sich dynamisch verändernde Umfeldern zum Einsatz kommen, wodurch die Notwendigkeit nach schnellen, relativ einfachen Anpassungsmöglichkeiten der Systeme essenziell wird. Das ist der Grund, weshalb eine Modularisierung und damit auch Autonomisierung von Systemen zunehmend angestrebt wird (siehe auch das Kapitel über Microservices). Im Kern geht es auch immer darum, Abhängigkeiten aufzulösen oder zu minimieren, wobei es in der Praxis natürlich immer irgendwelche Abhängigkeiten geben wird. Alle bisherigen Kapitel haben direkt oder indirekt davon gesprochen, komplexe Systeme mithilfe der Modularisierung in kleinere und autonomere Einheiten aufzuteilen. Dadurch sollen Systeme beherrschbarer und wartbarer werden und letztlich die Schaffung von langlebigen Architekturen begünstigen.

Da die Komplexität eines Systems, vor allem wenn es wie im Fall des Hotel-Buchungssystems um die erwähnten Funktionalitäten erweitert werden soll, nur schwer planbar ist, besteht beim ersten Ansatz trotz der Verwendung von Modulen die große Gefahr, dass mit der Zeit ein ähnlich komplexes System entsteht, wie es aus Projekten mit kaum noch wartbaren Monolithen bekannt ist. Die Architektur muss den steigenden Ansprüchen genügen und sich entsprechend anpassen lassen. Eine mögliche Lösung ist das weitere Vorantreiben der Autonomie der einzelnen Module und dies als Hauptziel formuliert führt bei genügend großen Systemen zum Ergebnis, dass der zweite vorgestellte Ansatz bei der Verwendung mit Java-Modulen erhebliche Vorteile gegenüber dem ersten Ansatz besitzt.

10.5 Zusammenfassung

In diesem Kapitel wurde anhand eines durchgehenden Beispiels gezeigt, wie sich eine modulare Anwendung bauen lässt. Es wurden einige der Überlegungen, die es bei einem modularisierten Entwurf zu berücksichtigen gilt, und zwei mögliche Betrachtungsansätze zur Identifizierung von möglichen Modulen vorgestellt und beide Varianten für den Bau der Anwendung verwendet. Das Beispiel kann natürlich nur Teilaspekte der modularisierten Softwareentwicklung beleuchten, aber diente vor allem dafür, einen praxisnahen Eindruck zu bekommen. Zuletzt wurden beide Entwicklungsansätze verglichen und auf die Bedeutung der Modularisierung für den Bau autonomer Systemteilen mit all den verbundenen Vorteilen hingewiesen.

11 Weitere Modularisierungsansätze

Die folgenden Kapitel spannen den Bogen vom modularisierten JDK mit seinem Java-Modulsystem hin zu anderen Modularisierungstechniken und betrachten deren Gemeinsamkeiten, Unterschiede und Möglichkeiten der Kombination.

11.1 Microservices

Der Hype um Microservices begann im Jahre 2014 mit einem Artikel von Martin Fowler und James Lewis[10]. Der Microservice-Begriff beschreibt im Grunde zunächst eine Architektur für Softwaresysteme und deren Komponenten. Und bei genauerer Betrachtung wird ersichtlich, dass es sich auch um eine Modularisierungstechnik handelt.

11.1.1 Was ist ein Microservice?

Ein Microservice ist eine von anderen Services unabhängig installierbare Einheit mit einem eigenen Lebenszyklus und einer klar definierten, über ein Netzwerk aufrufbaren Schnittstelle, die die Programmlogik und Daten des Dienstes kapselt. Dadurch ist eine einfache horizontale Skalierung durch das Starten mehrerer Instanzen dieses Services möglich. Zur weiteren Unterstützung dieses Vorteils, ist häufig auch eine Zustandslosigkeit der Services gewünscht. Der Microservice erfüllt zudem eine von anderen Diensten möglichst unabhängige Aufgabe der Anwendung, sodass bei Änderungen der Anforderungen, möglichst wenige Dienste übergreifende Seiteneffekte auftreten. Zudem wird den Diensten häufig die Kontrolle über ihre eigenen Daten gegeben, so dass Zugriff und Persistierung von Daten einschließlich der eigenen Datenhaltung ebenfalls Teil des Microservice sein kann. Hier ist bereits erkennbar, dass die Kriterien eines Moduls auch auf einen Microservice zutreffen. Der große Unterschied zu anderen Modularisierungstechniken ist jedoch, dass für den Betrieb der Anwendung alle Module in ihrer Gesamtheit deployed werden müssen und von außen betrachtet nur als eine einzelne Einheit wahrnehmbar sind. Microservices hinge-

Definition

Ein Microservice ist ein Modul.

gen werden als klar getrennte Module auch während des Betriebs wahrgenommen. Die Unabhängigkeit erlaubt zudem ein ebenso voneinander unabhängiges Testen der Dienste.

Daraus ergibt sich eine Reihe von Eigenschaften von Microservices.

11.1.2 Eigenschaften von Microservices

Microservices lassen sich durch sechs Eigenschaften [10] beschreiben, die jedoch nicht alle erfüllt sein müssen, um von einem Microservice sprechen zu können:

- **Aufteilung in Services**
  Eine Anwendung wird in kleine eigenständige Services unterteilt, die als Komponenten verwendet werden.
- **Schichten übergreifend**
  Ein Microservice enthält alle Schichten einer Funktionalität/Domäne (z. B. Frontend, Businesslogik, Persistenz). Er repräsentiert somit eine fachliche Einheit, so dass Änderungen an der zugrunde liegenden fachlichen Anforderung, auch nur Änderungen an diesem Microservice nach sich ziehen.
- **Unabhängiges Deployment**
  Ein Microservice wird unabhängig von den anderen Services deployed und muss nicht zwingend mit der gesamten Anwendung ausgeliefert werden.
- **Kommunikation über Netzwerk**
  Microservices kommunizieren untereinander über das Netzwerk (z. B. HTTP-basiert per REST-Calls oder Messages).
- **Entkopplung**
  Was von einem Microservice nach außen bekannt ist, wird vollständig in dessen Schnittstelle deklariert. Implementierungen sind unabhängig von Implementierungen anderer Microservices.
- **Technologische Entkopplung**
  Microservices sind ebenfalls technologisch voneinander entkoppelt, das bedeutet, die eigesetzte Programmiersprache, Plattform, Datenbank usw. kann für jeden Microservice individuell festgelegt werden.

Die Frage nach der Größe eines Microservices wird bei den charakterisierenden Eigenschaften nicht beantwortet, was auch nicht eindeutig geschehen kann, wie im nächsten Abschnitt erläutert wird.

11.1.3 Größe eines Microservice

Der Begriff Microservice könnte einen besonders kleinen Service nahelegen, wobei sich hier die nächste Frage ergäbe, was denn ein besonders kleiner Service ist? Es gibt verschiedene Antworten auf diese Frage und eine allgemeingültige kann nicht gegeben werden. Vielmehr hängt die Größe, wie auch die Anzahl der Microservices, vom zu erstellenden System ab. Hier sei auch auf das einführende Kapitel zum Prinzip der Modularisierung verwiesen, da die Fragen zu Modulgrößen, Anzahl usw. die gleichen sind, die sich im Zusammenhang mit Microservices stellen.

Bewährt hat sich der Grundsatz, dass ein Service maximal so groß sein sollte, dass ein einzelnes Team diesen Service betreiben kann und jedes Teammitglied den Programmcode vollumfänglich versteht. Zudem sollte das Team in der Lage sein, diesen Service mit einem Zeitaufwand von wenigen Wochen neu zu entwickeln, um etwaige Vorteile von neuen Technologien oder generell neue Erkenntnisse in diesen einfließen zu lassen. Ist der Service hingegen zu groß, wird er womöglich nicht mehr für ein einzelnes Team wartbar sein, die Einarbeitungszeit für neue Teammitglieder wird unverhältnismäßig groß und der Programmcode wird nicht mehr von jedem Einzelnen in seiner Gänze verstanden. Das Betreiben zu kleiner Services erhöht den Kommunikationsaufwand der Services untereinander, den Grad der automatisierten Auslieferung, den Aufwand zum Abgleich der Daten bzgl. ihrer Konsistenz und die Gesamtkomplexität.

Ein großes Unterscheidungsmerkmal zu anderen Modularisierungsformen, wie auch dem Modulsystem, ist die Kommunikation der Microservices untereinander.

11.1.4 Kommunikation

Anders als in einer rein auf Java-Modulen basierenden Anwendung, können Microservices übergreifende Methodenaufrufe nicht innerhalb des gleichen Prozesses erfolgen. Diese geschehen über das Netzwerk, wobei sich zwei grundsätzliche Möglichkeiten für einen Aufruf ergeben:

- **Request/Response:** Ein Microservice ruft einen anderen auf und wartet auf die Antwort.
- **Event-basiert (Publish/Subscribe):** Bei einem event-basierten Kommunikationssystem, versendet ein Microservice bei einem bestimmten Ereignis eine Nachricht, die von einem anderen Microservice gelesen wird. Dafür registrieren (*Subscribe*) sich Microservices an zentraler Stelle und warten auf Nachrichten bestimmten Typs. Andere Services verschicken (*Publish*) Nachrichten.

Ein geeigneter Schnittstellenentwurf für die Kommunikation der Microservices nutzt meist eines der folgenden Techniken:

- **Representational State Transfer (REST):** Basiert darauf, dass Requests und Responses über HTTP erfolgten.
- **Messaging:** Basiert auf dem meist asynchron umgesetzten Versand von Nachrichten. Mittels HTTP umsetzbar, aber meist auf einem komplexen Messaging-System basierend.
- **Remote Procedure Calls (RPC):** Ist eine Technik, um Funktionen über Prozessgrenzen hinweg aufzurufen.

Ohne die einzelnen Möglichkeiten im Detail zu behandeln, ziehen diese nicht unerhebliche zusätzliche Aufwände bei der Verwendung von Microservices nach sich, müssen aber im Kontext der vielen Vorteile von Microservices bewertet werden.

11.1.5 Vorteile

Bei der klassischen Softwareentwicklung erarbeiten die Fachbereiche eine Fülle von Anforderungen, die die IT-Abteilung schließlich in eine Software umsetzen muss (siehe Abbildung 11–1). Bei kleinen Projekten reicht meist ein Entwickler-Team aus, aber bei großen bis sehr großen Projekten sind häufig viele Teams beteiligt, die zum Teil auch noch räumlich über den Erdball verteilt sind.

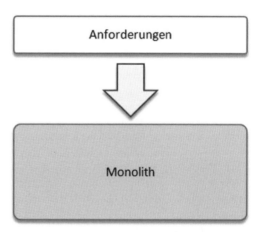

Abb. 11–1
Klassische Umsetzung

Durch die fehlende technische Entkopplung ist mit solchen Projekten zunächst ein höherer Koordinationsaufwand verbunden, der sich durch die einheitliche technische Basis ergibt. Es muss abgesprochen werden, welche Technologien, welche Versionen bestimmter Bibliotheken und welche Java-Version eingesetzt werden. Dazu kommen die Release-Zyklen, wo sich die Teams untereinander koordinieren müssen, wer was und wann deployed, damit die Stände der Teams auch wirklich zusammenpassen.

Beim Microservice-Ansatz hingegen können die Teams unabhängig voneinander arbeiten (siehe Abbildung 11–2). Die Anforderungen werden zunächst so aufgeteilt, dass sich unabhängige Funktionalitäten ergeben. Jedes Team kann dann an von einander getrennten Microservices arbeiten und seinen eigenen Technologiestack benutzen. Da die Microservices nur über definierte Schnittstellen kommunizieren und die Anforderung besteht, dass eine Anwendung auch bei Ausfall eines Service weiter läuft, ergibt sich ebenfalls ein unabhängiges Deployen und Monitoring, was in seiner Gesamtheit sehr stabil betrieben werden kann. Lediglich der Kommunikationsweg zwischen den Microservices muss abgesprochen werden, wobei die Orchestrierung aller Microservices eine Herausforderung sein kann.

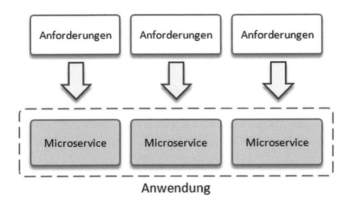

Abb. 11–2
Umsetzung als Microservices

Durch die fachliche Trennung aller Anforderungen aus den Fachbereichen wird ein großes Projekt im Grunde in viele kleinere Projekte aufgeteilt mit unabhängig voneinander agierenden, agilen Teams. Die Wartbarkeit eines Softwaresystems kann mit Microservices positiv beeinflusst werden, weil Microservices klein sind und Änderungen innerhalb eines Services überschaubar und verständlich sind. Darüber hinaus kann ein Microservice leicht ersetzt werden, wenn dieser nicht mehr den Ansprüchen genügt.

Dies sind einige wenige der vielen Vorteile, die Microservices zu bieten haben, aber es gibt auch Nachteile.

11.1.6 Nachteile

Die Einführung oder Nutzung von Microservices sollte in Projekten gut überlegt sein, bringt es doch eine erhebliche Steigerung von operativer Komplexität mit sich und die Notwendigkeit echter agiler Prozesse in den Unternehmen. Microservices bedeuten viel Freiheit bei steigender Verantwortung für die einzelnen Teams, da keine zentrale Architektur mit aufgestellten Regeln mehr existiert, nach denen sich alle richten können, sondern eigenständige Entscheidungen mit allen Konsequenzen sind gefragt. Für eine gut funktionierende Microservices-Architektur brauchen Teams die nötigen Kompetenzen und das funktioniert nur in agilen Arbeitsumgebungen, da kein teamübergreifender Architekt mehr das Sagen haben kann und die Einflussnahme von zentralen Managementstrukturen auf die Entwicklung eingeschränkt ist.

Daneben gibt es aber auch rein technische Herausforderungen zu meistern, die in ihrer zusätzlichen Komplexität als Nachteile gewertet werden müssen. Mit den vielen verschiedenen Microservices gibt es auch viel mehr deploybare Einheiten in die Produktion zu bringen und zu überwachen. Das ist nicht zu unterschätzen, sind Microservices doch überschaubare Einheiten, die alleine für eine Anwendung in der Summe schon die Anzahl aller Anwendungen im Unternehmen erreichen oder übersteigen können. Automatisierte Tests, Service Discovery, verteiltes Logging, Schnittstellen-Versionierung sind nur einige wenige weitere Bereiche, die nun im Kontext von vielen einzelnen Services betrachtet werden müssen.

Um das volle Potenzial von Microservices nutzen zu können, sind viele Überlegungen notwendig, vor allem aber, ob dieser Ansatz für das umzusetzende Projekt wirklich Vorteile bringt und ob die Organisationsstruktur des Unternehmens den Einsatz von Microservices überhaupt sinnvoll erscheinen lässt; oder ob nicht eine andere Art der Modularisierung zumindest zunächst verfolgt werden sollte. Dazu werden im Folgenden Microservices den Java-Modulen gegenübergestellt.

11.1.7 Microservices vs. Java-Module

Zunächst einmal sei festzustellen, dass innerhalb eines Microservices natürlich auch Java-Module ihre Verwendung finden können und sich mit Java-Modulen ein Microservice intern gut strukturieren lässt. Interessanter ist aber die Betrachtungsweise von einer höheren Perspektive aus. Die modulare Anwendungsentwicklung auf Basis von Java-Modulen kann nämlich eine echte Alternative für Microservices sein, zumal die steigende Komplexität bei der Einführung von Microservices nicht zu unterschätzen ist. Wichtig ist dabei das richtige Design der Module, um ähnliche Modularitätsvorteile zu erzielen, wie sie sich bei der Nutzung von Microservices ergeben. Ein Java-Modul sollte für eine abgeschlossene Aufgabe zuständig sein (ein Java-Modul kann natürlich auch Untermodule beinhalten, falls dies designtechnisch wünschenswert ist), wodurch sich einzelne Module im Besitz bestimmter

Teams befinden können. Teamübergreifend sind dann nur noch die Informationen über die Schnittstellen auszutauschen. Die klar definierten Abhängigkeiten der Module untereinander sind ebenfalls ein nicht zu unterschätzender Vorteil bei der Entdeckung von Verletzungen dieser Beziehungen. Bei Microservices stellst sich dies erheblich schwieriger dar. Fehlentscheidungen beim Schneiden der Module sind unter Umständen ebenfalls leichter zu korrigieren als im Microservices-Umfeld und auch die Ausführung der Module im gleichen Prozess hat Vorteile. Gerade eine Erfordernis von konsistenten Informationen ist zwischen verschiedenen Microservices, die in unterschiedlichen Prozessen laufen, komplexer als bei Java-Modulen im gleichen Prozess.

Natürlich gibt es für ein Unternehmen auch gewichtige Gründe für den Einsatz von Microservices. Statt sich direkt dieser Herausforderung zu stellen, ist aber auch der Weg über Java-Module denkbar. Anstatt den historisch gewachsenen und nur noch schwer wartbaren Monolithen zu entwirren und auf Basis von Microservices neu zu strukturieren, ließe sich auch zunächst ein modularisierter Monolith oder Ähnliches bauen. Geeignete Java-Module in einem zweiten Schritt in Microservices zu überführen, ist dann eine nicht mehr ganz so große Schwierigkeit.

Microservices und Java-Module schließen sich also nicht gegeneinander aus. Mit Java-Modulen lassen sich Microservices intern strukturieren, eine zunächst auf Java-Modulen basierende Anwendung kann Basis für eine spätere Überführung hin zu Microservices sein oder die modularisierte Anwendung ist bei geeignetem Design eine Alternative zu Microservices.

11.1.8 Microservices und Java EE

Sich in der Java-Welt bewegend darf an dieser Stelle natürlich auch die Verwendung von Microservices unter Nutzung von Java EE nicht fehlen. Mit Java SE lassen sich zwar auch Microservices bauen, aber der Java EE Stack bietet technologisch bereits alles Erforderliche. Beispielsweise lassen sich leicht Schnittstellen mit RESTful Endpoints bauen, deren Datenaustausch per JSON geschieht. Aber auch die Unterstützung asynchroner Kommunikation per Messaging im Gegensatz zum synchronen Austausch über REST wird unterstützt und es steht eine ganze Reihe weiterer hilfreicher APIs zur Verfügung. Trotzdem wird aktuell die Verwendung von Java EE noch skeptisch gesehen, was gar nichts mit der eigentlichen Implementierung und den dort zur Verfügung stehenden Möglichkeiten zu tun hat, sondern mit den Begebenheiten beim Deployment und zur Laufzeit der Services.

Ein erster Ansatz zur Umsetzung einer Anwendung mit Microservices ist das Verpacken jedes Microservices als separates WAR und das Deployen dieser in einen einzigen Application Server (siehe Abbildung 11–3). Das Komfortable an dieser Lösung ist, dass sich alle Microservices die gleiche Infrastruktur teilen, was unter anderem die Konfiguration und Kommunikation erleichtert.

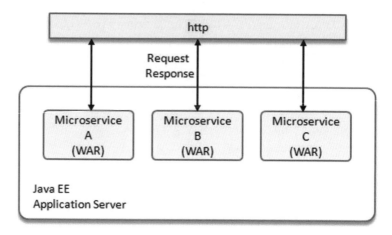

Abb. 11–3
Ansatz 1 – Microservices mit Java EE

Abgesehen von der grundsätzlichen Problematik der Verwendung eines schwergewichtigen Application Servers mit all seinen Nachteilen, zeigt dieser Ansatz viele Probleme, wenn er gegen die Merkmale eines Microservices abgeglichen wird. Der Microservice-Ansatz verlangt die maximale Unabhängigkeit der Services. Jeder einzelne Service behandelt einen abgeschlossenen Aufgabenbereich, ist unabhängig von allen anderen entwickelbar und vor allem unabhängig deploy- und testbar. Zudem sollten sie in ihrem eigenen Prozess laufen und die Gesamtanwendung nicht ausfallen, wenn einer der Services aufgrund eines Fehlers seinen Dienst einstellt. Ein Vergleich mit diesem Ansatz zeigt sehr schnell, dass aufgrund der gemeinsamen Infrastruktur die meisten Anforderungen nicht erfüllt sind. Zum Beispiel hat die gemeinsame Ressourcennutzung Auswirkungen auf das Laufzeitverhalten der Services, um nur einens zu nennen.

Zur Lösung dieser Probleme wäre ein weiterer Ansatz denkbar, bei dem jedes einzelne WAR-Artefakt in einem eigenen Server deployed wird (Abbildung 11–4). Hier hätte jeder Microservice seine eigene Infrastruktur und der Server müsste nicht zwingend ein Application Server sein, sondern je nach Service könnte z. B. auch ein Webserver ausreichend sein.

Dieser Ansatz funktioniert, aber der schwergewichtige Application Server an sich ist hier ein störendes Element. Application Server sind groß und erhöhen die Größe eines Images signifikant, ganz abge-

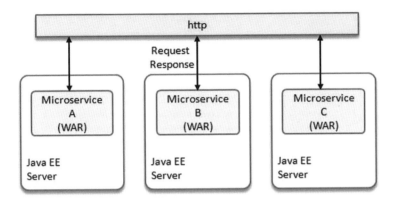

Abb. 11–4
Ansatz 2 –
Microservices
mit Java EE

sehen von der Größe des Java EE Full Profiles, und haben in der Regel einen recht hohen Ressourcenverbrauch. Der konfigurative Aufwand ist ebenfalls nicht zu vernachlässigen.

Die Lösung hier ist, leichtgewichtiger zu werden und nur die Funktionalitäten im Image aufzunehmen, die der Microservice wirklich benötigt. Viele Application-Server-Hersteller bieten mittlerweile Möglichkeiten an, nicht mehr zwingend die Server in ihrer Gesamtheit nutzen zu müssen mit dem kompletten Feature-Set. Es werden dann nur die wirklich benötigten Server-Komponenten genommen und mit dem eigentlichen Programmcode und einem Bootstrapping zu einem ausführbaren JAR-Artefakt kombiniert und deployed (Abbildung 11–5).

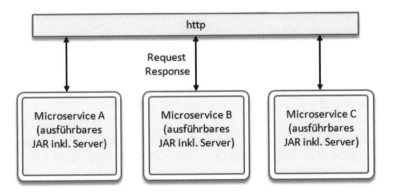

Abb. 11–5
Ansatz 3 –
Microservices
mit Java EE

Es ergeben sich im Vergleich zum zweiten Ansatz wesentlich kleinere Deployment-Artefakte in Form von ausführbaren und performanteren JARs. Im folgenden Abschnitt wird dieser Ansatz anhand eines Beispiels demonstriert. Abbildung 11–6 zeigt eine weitere Variante, wo die Server zusätzlich in einem Docker-Container verpackt sind.

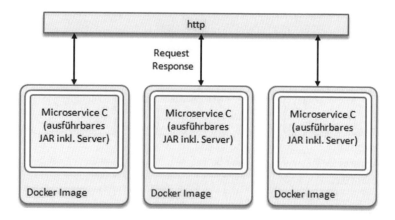

Abb. 11–6 Ansatz 4 – Microservices mit Java EE und Docker

11.1.9 Ein auf Java-Modulen basierender Microservice

In diesem Kapitel wird gezeigt, wie ein auf Java-Modulen basierender Microservice gebaut wird, der nach außen über eine REST-Schnittstelle kommuniziert. Dazu wird das Gäste-Modul aus Kapitel 10.3 herangezogen und entsprechend umgebaut. Auf die gleiche Weise ließen sich auch die anderen Module des *Hotel-Buchungssystems* ebenfalls hin zu Microservices migrieren.

Für die schnelle Umsetzung wurde das Microframework Spark verwendet, welches im nächsten Abschnitt kurz vorgestellt wird.

Das Microframework Spark

Der Trend zu schlanken Frameworks, die einem Baukasten gleich die wichtigsten Dinge bereitstellen und dem Entwickler somit erlauben, in kürzester Zeit produktionsreife Java-Anwendungen zu entwickeln, ist ungetrübt. Die ersten bekanntesten Vertreter waren hier Dropwizard und Spring Boot, aber während diese Frameworks zunehmend wachsen, erfreuen sich Microframeworks einer wachsenden Beliebtheit. Die Idee dahinter ist, möglichst minimalistische Frameworks zu bauen, die sich nur einer einzelnen Problemstellung widmen und damit klein und flexibel bleiben. Bekannte Vertreter hier sind zum Beispiel Spark, Ninja, Jodd, Eclipse MicroProfile und Ratpack.

Die Wahl für das vorliegende Beispiel ist auf Spark gefallen, nicht zu verwechseln mit dem gleichnamigen Apache-Spark-Projekt, welches seinen Ursprung im Ruby-Framework Sinatra hat. Der Schwerpunkt von Spark liegt auf der schnellen Erstellung von Webanwendungen mit Java 8 und REST-Kommunikation. Webservices mit Spark sind auf sogenannten Routen und ihren zugehörigen Handlern aufgebaut.

Jede Route besteht dabei aus einem Verb, einem Pfad und einem Callback:

1. **Verb**
   Das Verb ist eine Methode, die einer HTTP-Methode entspricht (get, post, put, delete, head, trace, connect und Optionen).
2. **Pfad**
   Der Pfad – der Weg der Route – bestimmt, auf welche URIs die Route reagiert.
3. **Callback**
   Der Callback ist eine Handler-Methode, die bei einer bestimmten Verb-Pfad-Kombination aufgerufen wird und eine Antwort an den aufrufenden HTTP-Request zurückliefert.

Die grundsätzliche Struktur einer Route, hier mit get-Verb, sieht wie folgt aus:

```
get("/der-Routen-Pfad/", (request, response) -> {
    // Callback code
});
```

Für das JSON-Handling wird auf die schon im Hotel-Buchungssystem verwendete JSON-Bibliothek gson gesetzt, so dass der Programmcode weitestgehend übernommen werden kann.

Das Modul

Das Gäste-Modul als Microservice wird ebenfalls wieder als Maven-Projekt aufgesetzt und bekommt Abhängigkeiten zur Spark- und zur Gson-Bibliothek, wie die pom.xml zeigt:

```xml
<project xmlns="http://maven.apache.org/POM/4.0.0"
  xmlns:xsi="http://www.w3.org/2001/XMLSchema-instance"
  xsi:schemaLocation="http://maven.apache.org/POM/4.0.0
  http://maven.apache.org/xsd/maven-4.0.0.xsd">
  <modelVersion>4.0.0</modelVersion>
  <groupId>de.javaakademie</groupId>
  <artifactId>guests</artifactId>
  <version>0.0.1-SNAPSHOT</version>

  <packaging>jar</packaging>
  <name>guests</name>
```

Listing 11–1
pom.xml

```xml
<dependencies>
  <dependency>
    <groupId>com.sparkjava</groupId>
    <artifactId>spark-core</artifactId>
    <version>2.6.0</version>
  </dependency>
  <dependency>
    <groupId>com.google.code.gson</groupId>
    <artifactId>gson</artifactId>
    <version>2.8.0</version>
  </dependency>
</dependencies>

<build>
  <finalName>de.javaakademie.guests</finalName>
  <plugins>
    <plugin>
      <groupId>org.apache.maven.plugins</groupId>
      <artifactId>maven-compiler-plugin</artifactId>
      <version>3.6.2</version>
      <configuration>
        <release>9</release>
      </configuration>
    </plugin>
    <!-- Kopieren der Abhaengigkeiten nach /lib -->
    <plugin>
      <groupId>org.apache.maven.plugins</groupId>
      <artifactId>maven-dependency-plugin</artifactId>
      <executions>
        <execution>
          <id>copy-dependencies</id>
          <phase>**package**</phase>
          <goals>
            <goal>copy-dependencies</goal>
          </goals>
          <configuration>
            <outputDirectory>
              ${session.executionRootDirectory}/lib
            </outputDirectory>
          </configuration>
        </execution>
      </executions>
    </plugin>
```

```xml
<plugin>
  <groupId>org.apache.maven.plugins</groupId>
  <artifactId>maven-jar-plugin</artifactId>
  <version>3.0.2</version>
  <configuration>
    <outputDirectory>modules</outputDirectory>
    <archive>
      <manifest>
        <mainClass>de.javaakademie.guests.App</mainClass>
      </manifest>
    </archive>
  </configuration>
</plugin>
      </plugins>
    </build>
</project>
```

Wie auch in den Beispielen vorher, werden die Abhängigkeiten in das lib-Verzeichnis und das kompilierte Modul in das modules-Verzeichnis geschrieben. Die resultierende Projektstruktur mit allen Klassen kann Abbildung 11–7 entnommen werden.

Der Moduldeskriptor ist fast der gleiche wie beim ursprünglichen Gäste-Modul und muss hier nur noch um die Abhängigkeit von der Spark-Bibliothek, die als Automatic Module eingebunden wird, also genauer von dem Spark-Modul ergänzt werden:

Listing 11–2
module-info.java

```java
module de.javaakademie.guests {
  requires spark.core;
  requires java.sql;
  requires gson;
  opens de.javaakademie.guests.model to gson;
  opens de.javaakademie.guests.rest to gson;
}
```

Die App-Klasse mit der Startmethode startet lediglich die REST-Ressource Gäste:

Listing 11–3
App.java

```java
package de.javaakademie.guests;

import de.javaakademie.guests.rest.GuestResource;

public class App {
  public static void main(String[] args) {
    GuestResource.start();
  }
}
```

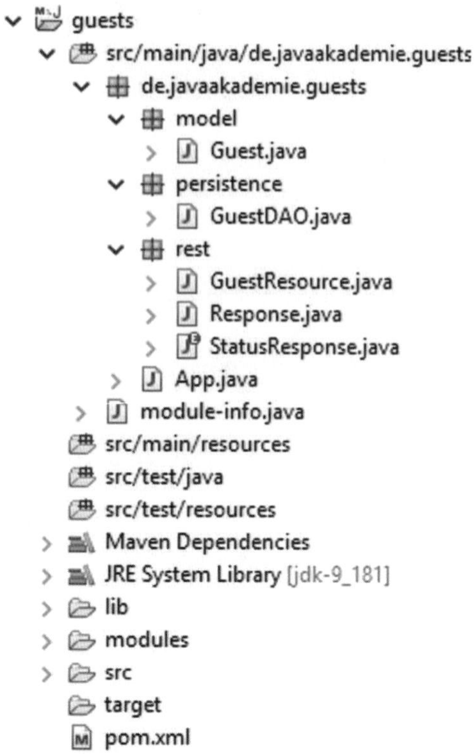

Abb. 11-7
Projektstruktur des Gäste-Microservices

```
v 🗂 guests
  v 📁 src/main/java/de.javaakademie.guests
    v ⊞ de.javaakademie.guests
      v ⊞ model
        > 🇯 Guest.java
      v ⊞ persistence
        > 🇯 GuestDAO.java
      v ⊞ rest
        > 🇯 GuestResource.java
        > 🇯 Response.java
        > 🇯 StatusResponse.java
      > 🇯 App.java
    > 🇯 module-info.java
  📁 src/main/resources
  📁 src/test/java
  📁 src/test/resources
  > 📚 Maven Dependencies
  > 📚 JRE System Library [jdk-9_181]
  > 📂 lib
  > 📂 modules
  > 📂 src
    📂 target
    Ⓜ pom.xml
```

Bevor die REST-Ressource, das eigentlich Interessante, vorgestellt wird, folgt noch ein Blick auf das Modell und das DAO zur Persistierung der Daten.

Listing 11-4
Guest.java

```java
package de.javaakademie.guests.model;

import java.time.LocalDate;

public class Guest {
  private String id;
  private String firstName;
  private String lastName;
  private String email;
  private String street;
  private Integer postalCode;
  private String city;
  private LocalDate birthday;
```

```java
  public Guest() {
  }
  public Guest(String firstName, String lastName) {
    this.firstName = firstName;
    this.lastName = lastName;
  }
  // getter and setter
}
```

Listing 11–5
GuestDAO.java

```java
package de.javaakademie.guests.persistence;

import java.util.Collection;
import java.util.HashMap;
import java.util.Optional;
import java.util.UUID;
import de.javaakademie.guests.model.Guest;

public class GuestDAO {
  private final HashMap<String, Guest> guests =
                           new HashMap<>();
  public GuestDAO() {
  }
  public Collection<Guest> getEntities() {
    return guests.values();
  }
  public Optional<Guest> persist(Guest guest) {
    String id = UUID.randomUUID().toString();
    guest.setId(id);
    this.guests.put(id, guest);
    return Optional.of(guest);
  }
  public void remove(Guest guest) {
    this.guests.remove(guest.getId());
  }
  public Optional<Guest> update(Guest guest) {
    if (!this.guests.containsKey(guest.getId())) {
      return Optional.empty();
    }
    this.guests.put(guest.getId(), guest);
    return Optional.of(this.guests.get(guest.getId()));
  }
```

```
  public Optional<Guest> get(String id) {
    if (this.guests.containsKey(id)) {
      return Optional.of(this.guests.get(id));
    }
    return Optional.empty();
  }
}
```

Beide Klassen sind unverändert geblieben. Neu hinzugekommen ist die Klasse `GuestResource`, die nur die Methode `start()` enthält, in der sich alle Routen befinden, die die entsprechenden Methoden im `GuestDAO` aufrufen.

Listing 11-6
GuestResource.java

```
package de.javaakademie.guests.rest;

import static spark.Spark.delete;
import static spark.Spark.get;
import static spark.Spark.options;
import static spark.Spark.post;
import static spark.Spark.put;
import java.util.Iterator;
import java.util.Optional;
import java.util.Set;
import com.google.gson.Gson;
import de.javaakademie.guests.model.Guest;
import de.javaakademie.guests.persistence.GuestDAO;
import spark.Spark;

public class GuestResource {

  public static void start() {
    GuestDAO guestDAO = new GuestDAO();

    post("/guests", (request, response) -> {
      response.type("application/json");

      Guest guest = new Gson()
        .fromJson(request.body(), Guest.class);
      Optional<Guest> guestOpt = guestDAO.persist(guest);
      if (guestOpt.isPresent()) {
        return new Gson()
          .toJson(new Response(StatusResponse.SUCCESS));
      } else {
```

```java
      return new Gson()
        .toJson(new Response(StatusResponse.ERROR,
          new Gson().toJson("Error occurs while persisting")));
    }
});
get("/guests", (request, response) -> {
  response.type("application/json");
  return new Gson()
    .toJson(new Response(StatusResponse.SUCCESS,
      new Gson().toJsonTree(guestDAO.getEntities())));
});
get("/guests/:id", (request, response) -> {
  response.type("application/json");
  Optional<Guest> guestOpt = guestDAO.get(request.params(":id"));
  if (guestOpt.isPresent()) {
    return new Gson()
      .toJson(new Response(StatusResponse.SUCCESS,
        new Gson().toJsonTree(guestOpt.get())));
  } else {
    return new Gson().toJson(new Response(StatusResponse.ERROR,
      new Gson().toJson("Guest not found")));
  }
});
put("/guests/:id", (request, response) -> {
  response.type("application/json");
  Guest toUpdate = new Gson()
    .fromJson(request.body(), Guest.class);
  toUpdate.setId(request.params(":id"));
  Optional<Guest> guestOpt = guestDAO.update(toUpdate);
  if (guestOpt.isPresent()) {
    return new Gson().toJson(
      new Response(StatusResponse.SUCCESS,
        new Gson().toJsonTree(guestOpt.get())));
  } else {
    return new Gson().toJson(
      new Response(StatusResponse.ERROR,
        new Gson().toJson(
          "Guest not found or error while updating")));
  }
});
```

11 Weitere Modularisierungsansätze

```
      delete("/guests/:id", (request, response) -> {
        response.type("application/json");
        Optional<Guest> guestOpt =
            guestDAO.get(request.params(":id"));
        if (guestOpt.isPresent()) {
          guestDAO.remove(guestOpt.get());
          return new Gson().toJson(
            new Response(StatusResponse.SUCCESS,
                        "guest deleted"));
        } else {
          return new Gson().toJson(
            new Response(StatusResponse.ERROR,
              "Guest not found or error while deleting"));
        }
      });
      options("/guests/:id", (request, response) -> {
        response.type("application/json");
        boolean guestExist = false;
        Optional<Guest> guestOpt =
            guestDAO.get(request.params(":id"));
        if (guestOpt.isPresent()) {
          guestExist = true;
        }
        return new Gson().toJson(
        new Response(StatusResponse.SUCCESS, (guestExist) ?
            "Guest exists" : "Guest does not exists"));
      });
      get("/stop", (request, response) -> {
        Spark.stop();
        response.type("application/json");
        return new Gson().toJson(
          new Response(StatusResponse.SUCCESS,
                      "GuestService stopped"));
      });
      get("/modules", (request, response) -> {
        String moduleList = "";
        ModuleLayer layer =
            GuestResource.class.getModule().getLayer();
        Set<Module> modules = layer.modules();
        Iterator<Module> iterator = modules.iterator();
```

```
    while (iterator.hasNext()) {
      Module module = iterator.next();
      if (module != null) {
        String name = module.getName();
        moduleList += name + ", ";
      }
    }
    response.type("application/json");
    return new Gson().toJson(
      new Response(StatusResponse.SUCCESS, moduleList));
  });
 }
}
```

Die implementierten Routen sind:

1. **GET /guests**
   Liefert alle Gäste, die im System gespeichert sind
2. **GET /guests/:id**
   Liefert den Gast mit einer bestimmten ID zurück
3. **POST /guests**
   Legt einen neuen Gast an
4. **PUT /guests/:id**
   Aktualisiert einen bestimmten Gast
5. **OPTIONS /guests/:id**
   Überprüft, ob ein Gast mit einer bestimmten ID im System gespeichert ist
6. **DELETE /guests/:id**
   Löscht den Gast mit einer bestimmten ID

Um die Antworten des Gäste-Microservices sauber zu gestalten, sind noch die beiden weiteren Methoden Response und StatusResponse hinzugekommen. Response kapselt die Antwort, die als HTTP-Response gesendet wird, und enthält mit StatusResponse den Status der Anfrage, ob diese erfolgreich war oder nicht ausgeführt werden konnte.

Die für jeden Request zurückgelieferte JSON-Struktur sieht wie folgt aus:

```
{
  status: <STATUS>
  message: <TEXT-MESSAGE>
  data: <JSON-OBJECT>
}
```

Das Status-Feld hat entweder den Wert *Success* oder *Error*. Das data-Feld enthält die Rückgabedaten in JSON-Darstellung, z. B. eine Liste der Gäste, und falls keine Daten zurückzugeben sind oder ein Fehler aufgetreten ist, enthält das message-Feld eine Nachricht.

Die JSON-Struktur als Java-Klassen sieht dann wie folgt aus:

Listing 11–7
Response.java

```java
package de.javaakademie.guests.rest;

import com.google.gson.JsonElement;

public class Response {
  private StatusResponse status;
  private String message;
  private JsonElement data;

  public Response(StatusResponse status) {
    this.status = status;
  }
  public Response(StatusResponse status, String message) {
    this.status = status;
    this.message = message;
  }
  public Response(StatusResponse status,
                                 JsonElement data) {
    this.status = status;
    this.data = data;
  }
  public StatusResponse getStatus() {
    return status;
  }
  public void setStatus(StatusResponse status) {
    this.status = status;
  }
  public String getMessage() {
    return message;
  }
  public void setMessage(String message) {
    this.message = message;
  }
  public JsonElement getData() {
    return data;
  }
```

```java
  public void setData(JsonElement data) {
    this.data = data;
  }
}

package de.javaakademie.guests.rest;

public enum StatusResponse {
  SUCCESS("Success"),
  ERROR("Error");

  final private String status;

  StatusResponse(String status) {
    this.status = status;
  }
  public String getStatus() {
    return status;
  }
}
```

Listing 11–8
StatusResponse.java

Alles Weitere, was benötigt wird, stellt das Spark-Framework zur Verfügung. Beim Starten des Moduls wird automatisch ein Jetty-Server gestartet und der Webservice steht zur Verfügung.

Starten der Anwendung

Das Starten der Anwendung von der Konsole aus (nach dem Bauen mit Maven) erfolgt mit:

```
java -p modules;lib
    ↪ --add-opens java.base/java.time=gson
    ↪ -m de.javaakademie.guests/de.javaakademie.guests.App
```

Alle externen Abhängigkeiten werden als Automatic Modules hinzugefügt. Alternativ kann auch der Klassenpfad weiter genutzt werden, dann müssen aber die Bibliotheken spark-core und gson auf den Modulpfad gelegt werden:

```
copy .\lib\spark-core-2.6.0.jar .\modules
copy .\lib\gson-2.8.0.jar .\modules
java -classpath "lib/*"
    ↪ -p modules
    ↪ --add-opens java.base/java.time=gson
    ↪ -m de.javaakademie.guests/de.javaakademie.guests.App
```

Und falls die Anwendung über die Konsole gebaut und verpackt werden soll, anstatt mit Maven, geht dies wie folgt:

```
javac -p lib
    ↪ -d classes
    ↪ --module-source-path src\main\java
    ↪ src\main\java\de.javaakademie.guests\*.java
    ↪ src\main\java\de.javaakademie.guests
    ↪ \de\javaakademie\guests\*.java
    ↪ src\main\java\de.javaakademie.guests
    ↪ \de\javaakademie\guests\model\*.java
jar --create
    ↪ --file modules\de.javaakademie.guests.jar
    ↪ --main-class de.javaakademie.guests.App
    ↪ -C classes\de.javaakademie.guests .
java -p modules;lib
    ↪ --add-opens java.base/java.time=gson
    ↪ -m de.javaakademie.guests/de.javaakademie.guests.App
```

Aufgerufen werden kann der Dienst dann über den standardmäßigen Port 4567:

http://localhost:4567/guests

11.1.10 Zusammenfassung

Dieses Kapitel beinhaltete eine kleine Einführung zu Microservices und es wurde gezeigt, dass Microservices eine weitere Modularisierungsstrategie darstellen. Eine Gegenüberstellung von Microservices mit Java-Modulen hat zudem gezeigt, dass sich beide Modularisierungsansätze nicht ausschließen müssen, aber eine auf Java-Modulen basierende Anwendung durchaus eine Alternative zu Microservices sein kann. Ein Beispiel auf Basis des Microframeworks Spark in Kombination mit Java-Modulen haben das Kapitel abgeschlossen.

11.2 Container

Ein stetig wiederkehrender und wichtiger Punkt in der Softwareentwicklung ist die Kostenreduzierung. In vielen Unternehmen explodieren die Kosten im Bereich der IT vor allem, weil keine gut wartbaren Systeme gebaut werden. Die Bedeutung langlebiger Architekturen und damit vor allem auch einer guten Modularisierung wird immer noch zu gering eingeschätzt. Die Container-Technologie ist ein weiterer Baustein in den Modularisierungsbestrebungen und eine weitere Möglichkeit der

Kosteneinsparung. Dieses Kapitel beschäftigt sich mit Containern hinsichtlich der Modularisierung und stellt die freie Software Docker vor. Für das Verständnis von Containern wird zunächst das Konzept der Virtualisierung behandelt.

11.2.1 Virtualisierung

Unter Virtualisierung ist die Nachbildung eines Hard- oder Software-Objekts durch ein ähnliches Objekt gleichen Typs mittels einer Abstraktionsschicht gemeint. Dadurch wird eine virtuelle Version eines Objekts erzeugt. Als einfaches Beispiel kann die Partitionierung einer Festplatte genommen werden, bei der diese in Partitionen aufgeteilt wird. Eine Partition ist dann ein logischer Teil der Festplatte, welcher im Prinzip eine weitere Festplatte darstellt. Somit ist eine weitere, virtuelle Festplatte entstanden, obwohl tatsächlich nur eine physische Platte existiert. Die Hauptanwendungsgebiete liegen in der Server-, Storage- und Netzwerk-Virtualisierung, aber auch die Betriebssystemvirtualisierung ist möglich.

Der Hauptvorteil der Virtualisierung in den Hauptanwendungsgebieten ist die Ressourceneinsparung. Beispielsweise wird nur ein Server betrieben, aber mit drei virtuellen Maschinen, was den Stromverbrauch reduziert. Ressourcen wie Arbeitsspeicher lassen sich optimal aufteilen und müssen nicht für mehrere Server mehrmals angeschafft werden. Ressourcen lassen sich zudem leichter verwalten und je nach Bedarf für virtuelle Einheiten eingrenzen oder erweitern. Und beim Ausfall eines virtuellen Servers, kann die virtuelle Maschine einfach auf einem anderen Host gestartet werden. Diese und viele weitere Möglichkeiten bietet die Virtualisierung.

Es wird zwischen verschiedenen Arten der Virtualisierung unterschieden, wobei im Nachfolgenden unter Virtualisierung immer die Virtualisierung verstanden wird, bei der unter Zuhilfenahme einer (Hardware-)Abstraktionsschicht, eine Anwendung samt Betriebssystemkernel von der Hardware abgekapselt wird. Dadurch wird einem Betriebssystem vorgetäuscht, es würde alleine auf einem Computer laufen, obwohl es nur als Anwendung läuft.

Abbildung 11–8 zeigt den Aufbau einer klassischen virtuellen Maschine mit der oberhalb des Host-OS (Host Operating System/Host-Betriebssystem) liegenden Hardware-Abstraktionsschicht, die auch als *Hypervisor* bezeichnet wird. Der Hypervisor ermöglicht die Virtualisierung des Guest-OS, auf welchem die eigentliche Anwendung ausgeführt wird. In der Abbildung sind zwei virtualisierte Betriebssysteme zu sehen, auf denen jeweils eine Anwendung ausgeführt wird. Der Abschnitt mit den *Bin/Libs* ist zusätzlicher binärer Code, der für die Ausführung

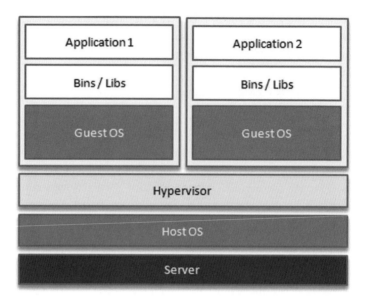

Abb. 11–8
Aufbau einer virtuellen Maschine

der Anwendung benötigt wird, beispielsweise die JVM und weitere zur Ausführung benötigte Dritt-Bibliotheken.

Diese Art der Betriebssystemvirtualisierung kann z. B. mit der Software Docker realisiert werden, die im Folgenden vorgestellt wird.

11.2.2 Was ist Docker?

Docker ist eine quelloffene in *Go* programmierte Software, mit der Anwendungen innerhalb von Software-Containern erstellt und verteilt werden können. Dies ermöglicht das Verpacken einer Anwendung als Einheit einschließlich aller zur Ausführung benötigten Dinge wie z. B. Systembibliotheken und Laufzeitumgebungen. Unter Containern versteht man in diesem Zusammenhang eine Methode zur Betriebssystem-Virtualisierung. Die einzelnen Anwendungen laufen innerhalb des jeweiligen Containers, die isoliert voneinander auch den Kernel des Host-OS teilen. Ein Container kann in Form eines Image leicht verteilt werden und benötigt im Vergleich zu einer klassischen virtuellen Maschine sehr wenige zusätzliche Ressourcen des Host-Systems, da kein Hypervisor verwendet wird, sondern eine reine Betriebssystem-Virtualisierung (*engl. Operating-System-Level Virtualization*), wie Abbildung 11–9 zeigt. Oberhalb des Host-OS liegt die Docker Engine und basierend auf dieser laufen die Container. Docker ist also keine vollständige Virtualisierung in virtuellen Maschinen, sondern bietet Container, die zwar unabhängig voneinander sind, aber sich wesentliche Teile des Host-OS teilen. Dadurch ist ein wesentlich effizienterer Betrieb möglich und es

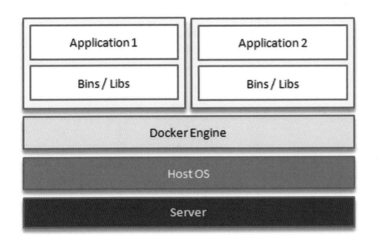

Abb. 11–9
Aufbau der Docker Engine

können wesentlich mehr Docker-Container auf einem Server betrieben werden, als es mit virtuellen Maschinen möglich wäre.

11.2.3 Docker, das modularisierte JDK und Java-Module

Docker bietet eine weitere Möglichkeit der Modularisierung, wenn sie auch über den Ansatz der Modularisierung mit Java-Modulen hinausgeht. Module laufen hier in getrennten Containern und die Kommunikation zwischen den Docker-Containern erfolgt über Netzwerkschnittstellen. In Docker-Containern laufende Dienste sind daher eher verwandt mit Microservices als mit Java-Modulen, dennoch gibt es eine nutzbare Schnittstelle für den Java-Entwickler. Jeder Container kann seine eigene Java-VM mitbringen und mit Einführung des modularisierten JDK besteht nicht mehr die Notwendigkeit, mit jedem Container eine komplette Laufzeitumgebung auszuliefern, sondern nur noch eine Laufzeitumgebung in dem tatsächlich benötigten Umfang. Ob der Dienst innerhalb des Containers dann eher als Microservice oder als Java-Modul bzw. Java-Module realisiert wird, hängt dann von der jeweiligen Anforderung zusammen. Die Container selber sind darüber hinaus natürlich auch für sich eine Form der Modularisierung.

11.2.4 Ein Docker-Container mit Java-Modulen

Im folgenden Beispiel wird ein unter Verwendung von Java-Modulen erstellter HTTP-Server vorgestellt, der samt einer eigenen Java-Laufzeitumgebung in einen Docker-Container deployed und in diesem zur Ausführung gebracht wird. Abbildung 11–10 zeigt das Zusammenspiel aller Komponenten.

Abb. 11-10
Docker-Container mit dem HttpServer

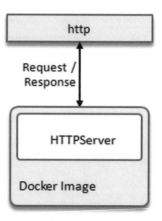

Im Docker-Container läuft ein Debian 8 (Jessie-Version) und dort ein speziell für die Anwendung erstelltes JRE mit den entsprechenden Modulen.

Die Anwendung besteht lediglich aus zwei Klassen. Die Klasse HttpServer implementiert den Server und behandelt die entsprechenden Anfragen. Daneben gibt es die Klasse Protocol, die ein Ablaufprotokoll für die Kommunikation abbildet. Beide Klassen sind in separaten Modulen gekapselt. Das Modul mit dem Protokoll hat folgenden Inhalt:

Listing 11-9
module-info.java

```
module de.firma.protocol {
    exports de.firma.protocol;
}
```

Das implementierte Protokoll ist als einfaches Beispiel zu sehen und verfolgt keinen tieferen Sinn. Beim Starten des Servers wird zunächst die startConversation()-Methode aufgerufen, wodurch das Protokoll in den Status Progress versetzt wird und ein Begrüßungstext zurückgeliefert wird. Bei weiteren Server-Anfragen wertet die Klasse die Seitenanfragen von GET-Requests aus.

Listing 11-10
Protocol.java

```
package de.firma.protocol;

import java.io.BufferedReader;
import java.io.FileInputStream;
import java.io.FileNotFoundException;
import java.io.IOException;
import java.io.InputStream;
import java.io.InputStreamReader;
import java.io.OutputStream;
import java.net.ServerSocket;
import java.net.Socket;
```

```java
import java.util.StringTokenizer;
import java.lang.ModuleLayer;
import java.util.ArrayList;

public class Protocol {
  private final static String CRLF = "\r\n";
  private boolean inProgress;

  public String startConversation() {
    inProgress = true;
    return "Hallo!" + CRLF + CRLF +
           "Wie sind Deine Befehle?";
  }
  public String processRequest(BufferedReader in)
                                      throws Exception {
    while (true) {
      String headerLine = in.readLine();
      if (headerLine.equals(CRLF) ||
          headerLine.equals("")) {
        break;
      }
      StringTokenizer stringTokenizer =
        new StringTokenizer(headerLine);
      String requestMethod = stringTokenizer.nextToken();
      if (requestMethod.equals("GET")) {
        String token = stringTokenizer.nextToken();
        if (token != null) {
          return processToken(token.substring(1,
                   token.length()).toLowerCase());
        }
      }
    }
    return null;
  }
  private String processToken(String token) {
    if (token.contains("bye")) {
      inProgress = false;
      return "Bye";
    } else if (token.contains("modules")) {
      return getBootLayerModules();
    } else if (token.length()>0) {
      return "Ich kenne den Befehl " + token + " nicht.";
    }
```

```
      return "";
    }
    private String getBootLayerModules() {
      ArrayList<String> moduleNames = new ArrayList<>();
      ModuleLayer.boot()
        .modules()
        .stream()
        .sorted((m1, m2) -> m1.getName()
              .compareTo(m2.getName()))
        .forEach(mod -> moduleNames.add(mod.getName()));
      return "Boot layer modules:" + CRLF + moduleNames;
    }
    public boolean isInProgress() {
      return inProgress;
    }
}
```

Der Moduldeskriptor des Moduls, welches den eigentlichen Server beherbergt, stellt sich so dar:

Listing 11–11
module-info.java

```
module de.firma.server {
  requires de.firma.protocol;
}
```

Der eigentliche HTTP-Server horcht auf Port 8000, falls beim Starten der Anwendung kein anderer Port angegeben wurde. Anfragen werden an das Protokoll weitergereicht und die zurückgegebenen Antworten unter Verwendung des HTTP 1.1-Protokolls an den Aufrufer zurückgegeben.

Listing 11–12
HttpServer.java

```
package de.firma.server;

import de.firma.protocol.Protocol;
import java.io.BufferedReader;
import java.io.IOException;
import java.io.InputStreamReader;
import java.io.PrintWriter;
import java.net.ServerSocket;
import java.net.Socket;
```

11.2 Container

```java
public class HttpServer {

  public static void main(String[] args) {
    int portNumber = args.length > 0 ?
            Integer.parseInt(args[0]) : 8000;
    Protocol protocol = new Protocol();
    Runtime.getRuntime().addShutdownHook(
        new Thread(() ->
          System.out.println("Shutting down")));
    try (ServerSocket serverSocket =
        new ServerSocket(portNumber)) {
      System.out.println("Listening to
        connections on port " + portNumber);
      while (true) {
        try (Socket clientSocket = serverSocket.accept();
        BufferedReader in = new BufferedReader(
          new InputStreamReader(
            clientSocket.getInputStream())))  {
          String response = "";
          if (!protocol.isInProgress()) {
            response  = protocol.startConversation();
          } else {
            response = protocol.processRequest(in);
          }
          // Sends the server reply by using the
                                      // HTTP 1.1 protocol
          PrintWriter out = new PrintWriter(
                      clientSocket.getOutputStream());
          // Version & status code
          out.print("HTTP/1.1 200 \r\n");
          // The type of data
          out.print("Content-Type: text/plain\r\n");
          // Will close stream
          out.print("Connection: close\r\n");
          // End of headers
          out.print("\r\n");
          out.print(response + "\r\n");
          // Flush and close the output stream
          out.close();
          in.close();
          clientSocket.close();
```

```
            if (!protocol.isInProgress()) {
              break;
            }
          }
        } // Loop to wait for the next connection
      } catch (Exception e) {
        e.printStackTrace();
        System.exit(1);
      }
    }
  }
}
```

Das Bauen und Verpacken der beiden Module wird mit diesen Anweisungen durchgeführt:

```
javac -d classes
    ↪ --module-source-path src src\de.firma.server\*.java
    ↪ src\de.firma.server\de\firma\server\*.java

jar --create
    ↪ --file modules\de.firma.server.jar
    ↪ --main-class de.firma.server.HttpServer
    ↪ -C classes\de.firma.server .
jar --create
    ↪ --file modules\de.firma.protocol.jar
    ↪ -C classes\de.firma.protocol .
```

Eine eigene Java-Laufzeitumgebung für die Ausführung dieser Anwendung wird wie folgt erreicht:

```
jlink -p "%JAVA_HOME%\jmods;modules"
    ↪ --add-modules de.firma.server
    ↪ --output distribution
    ↪ --strip-debug
    ↪ --compress=2
```

Ohne die Verwendung eines Docker-Containers kann die Anwendung mit `distribution\bin\java -m de.firma.server` gestartet werden. Anfragen können über den Browser abgesetzt werden:

Protokoll starten:	http://localhost:8000
Alle Module des Boot-Layers holen:	http://localhost:8000/modules
Protokoll beenden:	http://localhost:8000/bye

Für das Verpacken von allem in einen Docker-Container, dient der Inhalt dieser Docker-Datei:

```
FROM buildpack-deps:jessie-curl
EXPOSE 8000
COPY distribution/ /home/server
WORKDIR /home/server
CMD ["bin/java", "-m",
    "de.firma.server/de.firma.server.HttpServer"]
```

Listing 11–13
Dockerfile

Der Container wird dann wie folgt gestartet:

```
docker run --rm --name=server -p 8000:8000 java~9-link:jre9
```

11.2.5 Zusammenfassung

Dieses Kapitel behandelte die Virtualisierung im Allgemeinen und die Betriebssystemvirtualisierung in Form von Docker-Containern im Speziellen. Es wurde erläutert, was Docker-Container sind und dass es sich dabei um eine weitere Möglichkeit der Modularisierung handelt. Zudem wurde darauf eingegangen, wie diese in Kombination mit dem modularisierten JDK und Java-Modulen verbunden werden können, und dies anhand eines Beispiels vorgestellt.

Literaturverzeichnis

[1] Apache. *Maven*. https://maven.apache.org/.
[2] Oracle Corporation. *NetBeans IDE*. https://netbeans.org.
[3] Maja D'Hondt und Theo D'Hondt. *The Tyranny of the Dominant Model Decomposition. Commun.* ACM, September 2002.
[4] Elfriede Dustin, Jeff Rashka und John Paul. *Automated Software Testing: Introduction, Management, and Performance*. Addison-Wesley Longman Publishing Co., Inc., Boston, MA, USA, 1999.
[5] Thomas Erl. *Service-Oriented Architecture: Concepts, Technology, and Design*. Prentice Hall PTR, Upper Saddle River, NJ, USA, 2005.
[6] Evans. *Domain-Driven Design: Tacking Complexity In the Heart of Software*. Addison-Wesley Longman Publishing Co., Inc., Boston, MA, USA, 2003.
[7] Eclipse Foundation. *Eclipse*. https://eclipse.org.
[8] Martin Fowler. *Analysis Patterns: Reusable Object Models (Addison-Wesley Series in Object-Oriented Software Engineerin)*. Addison-Wesley Longman, Amsterdam, 1996.
[9] Martin Fowler. *Patterns of Enterprise Application Architecture*. Addison-Wesley Longman Publishing Co., Inc., Boston, MA, USA, 2002.
[10] Martin Fowler und James Lewis. *Microservices. Website*, 2014.
[11] Carlo Ghezzi, Mehdi Jazayeri und Dino Mandrioli. *Fundamentals of Software Engineering*. Prentice Hall PTR, Upper Saddle River, NJ, USA, 2. Auflage, 2002.
[12] Graphviz. *Graphviz*. http://www.graphviz.org.
[13] JetBrains. *IntelliJ IDEA*. https://www.jetbrains.com/idea/.
[14] Gerald Kotonya und Ian Sommerville. *Requirements Engineering: Processes and Techniques*. Wiley Publishing, 1. Auflage, 1998.
[15] P. Liggesmeyer. *Software-Qualität*. Spektrum-Verlag, Heidelberg, Germany, 2. Auflage, 2009.
[16] R. C. Martin. *Clean Architecture*. Pearson Education, 2017.

[17] Robert Cecil Martin. *Agile Software Development: Principles, Patterns, and Practices*. Prentice Hall PTR, Upper Saddle River, NJ, USA, 2003.

[18] Glenford J. Myers und Corey Sandler. *The Art of Software Testing*. John Wiley & Sons, 2004.

[19] David L. Parnas. *On a 'Buzzword': Hierarchical Structure*. In Manfred Broy und Ernst Denert, editors, *Pioneers and Their Contributions to Software Engineering*, Seiten 499–513. Springer, Berlin Heidelberg, 2001.

[20] D. L. Parnas. *On the Criteria to Be Used in Decomposing Systems into Modules*. Commun. ACM, 15(12):1053–1058, December 1972.

[21] D. L. Parnas. *A Technique for Software Module Specification with Examples*. Commun. ACM, 26(1):75–78, January 1983.

[22] D. L. Parnas, P. C. Clements und D. M. Weiss. *The Modular Structure of Complex Systems*. In *Proceedings of the 7th International Conference on Software Engineering*, ICSE '84, Seiten 408–417, Piscataway, NJ, USA, 1984. IEEE Press.

[23] Mauro Pezzè und Michal Young. *Software Testing and Analysis: Process, Principles and Techniques*. Wiley, 2007.

[24] Gustav Pomberger und Günther Blaschek. *Software Engineering – Prototyping und objektorientierte Software-Entwicklung*. In *Software Engineering – Prototyping und objektorientierte Software-Entwicklung.*, Seiten I–XII, 1–337, 1993.

[25] D. T. Ross, J. B. Goodenough und C. A. Irvine. *Software Engineering: Process, Principles, and Goals*. Computer, 8(5):17–27, May 1975.

[26] Ian Sommerville. *Software Engineering: (Update) (8th Edition) (International Computer Science)*. Addison-Wesley Longman Publishing Co., Inc., Boston, MA, USA, 2006.

[27] Spark. *Spark – A micro framework*. http://sparkjava.com.

[28] Andrew S. Tanenbaum und Maarten van Steen. *Distributed systems – principles and paradigms (2. ed.)*. Pearson Education, 2007.

[29] R. N. Taylor, N. Medvidovic und E. M. Dashofy. *Software Architecture: Foundations, Theory, and Practice*. Wiley Publishing, 2009.

[30] Vaughn Vernon. *Implementing Domain-Driven Design*. Addison-Wesley Professional, 1. Auflage, 2013.

[31] Bernard I. Witt, F. Terry Baker und Everett W. Merritt. *Software Architecture and Design: Principles, Models, and Methods.* John Wiley & Sons, Inc., New York, NY, USA, 1993.
[32] Eberhard Wolff. *Microservices: Grundlagen flexibler Softwarearchitekturen.* dpunkt, Heidelberg, 2015.
[33] Edward Yourdon und Larry L. Constantine. *Structured Design: Fundamentals of a Discipline of Computer Program and Systems Design.* Prentice-Hall, Inc., Upper Saddle River, NJ, USA, 1. Auflage, 1979.

Index

A
Abhängigkeiten 46
Abhängigkeitsgraph *siehe* Modulgraph
Analyse 100
Ant 197
Application Explicit Modules 80
Ausführen 50, **51**
Automatic Modules 80

B
BDT 13
Big Design Upfront 13
Big-Bang-Migration 145
Black-Box-Test 128
Bottom-up-Entwurf 14
Bottom-up-Migration 147
Build-Tools 33, **196**
    Ant 197
    Gradle 214
    Maven 201, 208

C
Classloader 34
Compact Profiles 117
Configuration 97, 105
Container 298
Cross-Cutting Concerns 21

D
Datenkapselung 9
Deep Reflection 86
Docker 300
    Java-Module 301
    JRE 301
DOT 101

E
Eclipse 181, 208
Entwicklungswerkzeuge 181
Entwurfskriterien 15

Entwurfstechniken 12
exports 42, 47

F
Funktionale Aufgaben 22

G
Geheimnisprinzip 9, 11
Gradle 214
Graphviz 101

H
Historie 29

I
IDEs 181
    Eclipse 181
    IntelliJ IDEA 194
    NetBeans 188
Importzahl 20
Information Hiding 9, 11
IntelliJ IDEA 194

J
JAR 33
JAR-Hölle 36
Java-Modul 41, 43
Java-Modulsystem 41
    Analyse-Werkzeuge 100
        DOT 101
        Graphviz 101
        jdeps 100
        jmod 101
    Classloader 92
    Configuration 105
    Deep Reflection 86
    Historie 29
    Klassenloader 92
    Layer 92, 109

Index

Modul 41
   Aufbau 43
   Ausführen 50, **51**
   exports 42
   Kompilieren 49, **51**
   Moduldeskriptor 43
   Modulnamen 44
   opens 43
   provides 43
   requires 43
   Terminologie 72
   Transitive Abhängigkeiten 54
   uses 43
   Verpacken 50, **51**
Modularten 78
   Application Explicit Modules 80
   Automatic Modules 80
   Open Modules 83
   Platform Explicit Modules 79
   Unnamed Module 84
ModuleLayer 92, 109
ModulFinder 108
Modulgraph 103
Reflection 86
Ressourcen 73
Schichten 92, 109
   Erzeugung 94
Service-use-Graphen 105
Services 57
Ziele 30, **33**
jdeps 100
JDK 115, 118, 124
   Laufzeit-Images 121
   Struktur 119
jmod 101

K
Klassen 32
Klassenlader 34
Kohäsion 16
Kompilieren 49, **51**
Komponenten 32

L
Langlebige Softwarearchitekturen 23
   Aspekte 23
Langlebigkeit 23
Laufzeit-Images 121
Laufzeitumgebung 121, 124
Layer *siehe* Schichten

M
Maven 201
Methoden 32
Microframework 286
Microservices 277
   Definition 277
   Eigenschaften 278
   Größe 279
   Java EE 283
   Java-Module 282, 286
   Nachteile 281
   Spark 286
   Umsetzung 281
   Vorteile 280
Migration 141
   Strategien 143
Modul 6, 7, 9, 41, 43
   Aufbau 7
   Definition Modul 9
   Definition Operationen 6
   Definition Schnittstellen 8
Modulanalyse 100
Modulanzahl 18
Modularisierung 3
Modularten 78
Modulbindung 16, 17
Moduldeskriptor 45, 72
Module
   Entwurfskriterien 15
      Bindungsarten 17
      Importzahl 20
      Modulanzahl 18
      Modulbindung 16
      Modulgeschlossenheit 16
      Modulgröße 18
      Modulhierarchie 20
      Modulkopplung 18
      Schnittstelle 19
      Seiteneffektfreiheit 20
      Testbarkeit 19
   Entwurfsprozess 11
   Entwurfsrichtungen 13
   Entwurfstechniken 12
      Bottom-up-Entwurf 14
      Top-down-Bottom-up-Entwurf 14
      Top-down-Entwurf 13
   Gründe 23
   Kohäsion 16
   Langlebigkeit 23
   Modulkopplung 16

Probleme 21
    Cross-Cutting Concerns 21
    Wartbarkeit 23
module-info 45
ModulFinder 96, 108
Modulgeschlossenheit 16
Modulgröße 18
Modulgraph 47, 103
Modulhierarchie 20
Modulkopplung 16, 18
Modulnamen 44
Modulsystem
    Geschichte 29

N
NetBeans 188
Nichtfunktionale Anforderungen 22

O
open 83
Open Modules 83, 84
Open Services Gateway initiative 33
opens 43, 83, 84, 86
OSGi 33, **171**, 176

P
Pakete 32
Patchen 135
Platform Explicit Modules 79
Plattform-Migration 144
pom.xml 202, **206**
Praxisbeispiel 221
Prinzipien
    Abstraktion 12
    Eindeutige Verantwortlichkeit 17
    Geheimnisprinzip 9
    Kapselung 10
    Modularisierung 3
    Trennung von
        Verantwortlichkeiten 17
Provider 58
provides 43

R
Reflection 86
requires 43, 47
Ressourcen 73

S
Schichten 94
Schnittstellen 8, 19
Seiteneffektfreiheit 20
Separation of Concerns 17
Service-Provider-Graph 62
Service-use-Graphen 105
ServiceLoader 66
    load 66
Services 57, 58
Services laden 60, 61
Sichtbarkeiten 46
Single-Responsibility-Prinzip 17
Spark 286
Split Packages 142
SRP 17

T
Testen 19, 125
    Arten von Tests 127
    Black-Box-Test 128
    Patchen 135
    Validierung 126
    Verifizierung 126
    White-Box-Test 133
Tooling 181
Top-down-Bottom-up-Entwurf 14
Top-down-Entwurf 13
Top-down-Migration 146
Transitive Abhängigkeiten 54

U
Unnamed Module 84

V
Verpacken 50, **51**
Virtualisierung 299

W
Wartbarkeit 23
Werkzeuge 181
White-Box-Test 133

Z
Ziele der Modularisierung 6
Ziele Java-Modulsystem 30
Zykelfreiheit 20

Carola Lilienthal

Langlebige Software-Architekturen

Technische Schulden analysieren, begrenzen und abbauen

2., überarbeitete und erweiterte
Auflage 2017,
304 Seiten,
komplett in Farbe, Broschur
€ 34,90 (D)

ISBN:
Print   978-3-86490-494-3
PDF   978-3-96088-244-2
ePub   978-3-96088-245-9
mobi   978-3-96088-246-6

Die Autorin beschreibt, welche Fehler in Softwareprojekten bei der Umsetzung der Architektur vermieden werden sollten und welche Prinzipien eingehalten werden müssen, um langlebige Architekturen zu entwerfen oder bei bestehenden Systemen zu langlebigen Architekturen zu gelangen. Sie geht auf Muster in Softwarearchitekturen und Mustersprachen ein, erläutert verschiedene Architekturstile und zeigt, welche Vorgaben letztlich zu Architekturen führen, die für Entwickler noch gut durchschaubar sind.

Mit über 200 farbigen Bildern aus real existierenden Softwaresystemen und etlichen Fallbeispielen werden schlechte und gute Lösungen verständlich und nachvollziehbar dargestellt.

Die 2. Auflage misst Microservices und Domain-Driven Design mehr Gewicht bei. Hinzugekommen sind die Themen Vergleichbarkeit von verschiedenen Systemen durch den Modularity Maturity Index sowie Mob Architecting.

Stimmen zur Vorauflage:

»Die Autorin berichtet nicht nur trocken aus der Theorie, sondern gibt außerdem Praxisbeispiele. Ihr gesammeltes Wissen sollten sich Softwarearchitekten nicht entgehen lassen.«

iX 7/16

Michael Inden

Java 9
Die Neuerungen

Syntax- und API-Erweiterungen und Modularisierung im Überblick

1. Auflage 2018,
376 Seiten, Broschur
€ 26,90 (D)

ISBN:
Print   978-3-86490-451-6
PDF   978-3-96088-378-4
ePub   978-3-96088-379-1
mobi   978-3-96088-380-7

Dieses Buch bietet einen fundierten Einstieg in Java 9 und gibt einen Überblick über die darin enthaltenen umfangreichen Neuerungen. Damit eignet sich das Buch für all jene, die ihr Java-Wissen auf den neuesten Stand bringen möchten. Eine Vielzahl von Übungen unterstützt Sie dabei, die einzelnen Themengebiete zu vertiefen und besser zu verstehen.

Zunächst werden die Änderungen in der Sprache selbst behandelt. Einen weiteren Schwerpunkt bilden die Erweiterungen in diversen APIs, etwa dem Process-API, dem Stream-API, bei Collections, in der Klasse Optional und vielem mehr. Aber auch im Bereich Concurrency finden sich Erweiterungen – vor allem die Unterstützung von Reactive Streams. Viele dieser Neuerungen machen das Programmiererleben noch ein wenig angenehmer.

Ein Schnelleinstieg in die wichtigsten Neuerungen von Java 8, die im Repertoire keines Java-Entwicklers fehlen sollten und die zudem hilfreich beim Verständnis der Neuerungen aus JDK 9 sind, rundet dieses Buch ab. Zudem widmen sich zwei kurze Anhänge den Build-Tools »Maven« und »Gradle«.

www.dpunkt.de

Unsere Buch-Empfehlungen für Sie
Computing

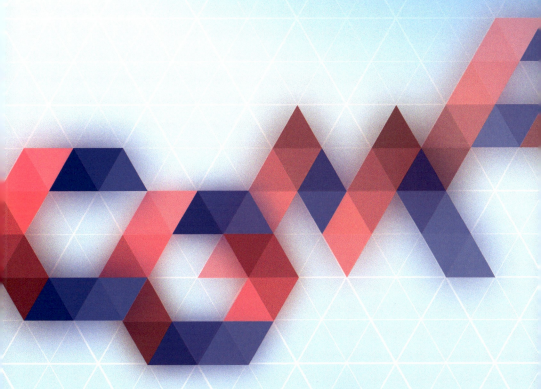

- Java 3
- Programmierung 4
- Webentwicklung 6
- Microsoft 7
- Softwarequalität & Testen 8
- Softwareentwicklung 10
- Softwarearchitektur 11
- Agile Methoden 12
- IT & Business 14
- Edition TDWI 15
- Administration 16
- IT-Sicherheit 17
- MakerSpace 18
- Design & Publishing 19

Stand: 07/2017

M. Inden
Der Weg zum Java-Profi
Konzepte und Techniken für die professionelle
Java-Entwicklung

Diese umfassende Einführung in die professionelle Java-Programmierung vermittelt das notwendige Wissen, um stabile und erweiterbare Softwaresysteme auf Java-SE-Basis zu bauen. Die Neuauflage wurde durchgehend überarbeitet, aktualisiert und erweitert. Natürlich darf das aktuelle Java 9 nicht fehlen.

4., aktualisierte Auflage
3. Quartal 2017, ca. 1400 Seiten, Festeinband, ca. € 49,90 (D)
ISBN 978-3-86490-483-7

H. Mössenböck
Sprechen Sie Java?
Eine Einführung in das
systematische Programmieren

Dieses Buch zeigt von Grund auf, wie man Software systematisch entwickelt. Es beschreibt Java in allen Einzelheiten und vermittelt darüber hinaus allgemeine Programmiertechniken: algorithmisches Denken, systematischer Programmentwurf, moderne Softwarekonzepte und Programmierstil.

5., überarbeitete und erweiterte Auflage
2014, 360 Seiten, Broschur, € 29,90 (D)
ISBN 978-3-86490-099-0

J. Hettel · M.-T. Tran
Nebenläufige Programmierung mit Java
Konzepte und Programmiermodelle für
Multicore-Systeme

Openbook zum Thema: www.dpunkt.de/s/nbn

In dieser umfassenden Einführung stehen neben den Basiskonzepten die modernen Synchronisations- und Parallelisierungskonzepte, wie das Fork-Join-Framework und die mit Java 8 eingeführten parallelen Streams und CompletableFutures, sowie der sichere Umgang mit Threads im Fokus. Viele konkrete Beispiele zeigen die Anwendung in der Praxis.

2016, 378 Seiten, Broschur, € 34,90 (D)
ISBN 978-3-86490-369-4

G. Oelmann
Modularisierung mit Java 9
Grundlagen und Techniken für langlebige
Softwarearchitekturen

Dieses Buch zeigt, wie man mit Java 9 Anwendungen auf Basis von Modulen entwickelt. Der Leser erfährt, wie er schlanke Java-Laufzeitumgebungen erzeugen kann und welche Rolle aktuelle Themen wie Microservices, Self-Contained Systems und Container-Technologien in diesem Zusammenhang spielen.

4. Quartal 2017, ca. 300 Seiten, Broschur, ca. € 32,90 (D)
ISBN 978-3-86490-477-6

M. Inden
Java 9 – Die Neuerungen
Syntax- und API-Erweiterungen und
Modularisierung im Überblick

Michael Inden bietet einen fundierten Überblick über die Neuerungen in JDK 9. Einen weiteren Schwerpunkt bilden die Erweiterungen in diversen APIs, etwa in den Klassen Optional und Stream. Im Bereich Concurrency wurde die Klasse CompletableFuture ergänzt und Reactive Streams werden unterstützt.

4. Quartal 2017, ca. 340 Seiten, Broschur, ca. € 26,90 (D)
ISBN 978-3-86490-451-6

M. Simons
Spring Boot
Moderne Softwareentwicklung
im Spring-Ökosystem

Spring Boot verdrängt seit einigen Jahren zunehmend »klassische« Spring-Anwendungen. Dieses Buch bietet eine umfassende und praktische Einführung in die von Spring Boot 2 unterstützten Spring-Module und -Technologien. Behandelt werden dabei Themen wie Testen, Security, Deployment und Dokumentation.

4. Quartal 2017, ca. 350 Seiten, Broschur, ca. € 39,90 (D)
ISBN 978-3-86490-525-4

Programmierung

K. Spichale
API-Design
Praxishandbuch für Java- und Webservice-Entwickler

Mit APIs bzw. Schnittstellen zum Zweck der Arbeitsteilung, Wiederverwendung oder Modularisierung haben Entwickler täglich zu tun. Dieses Buch zeigt, was gute APIs ausmacht. Nach der erfolgreichen Lektüre können Sie APIs für Softwarekomponenten und Webservices entwerfen, dokumentieren und anpassen. *»... ansprechend geschrieben, mit Grafiken untermalt und zahlreichen Listings versehen, lässt sich (das Buch) recht gut in Gänze lesen.« (heise Developer)*

2017, 370 Seiten, Broschur, € 34,90 (D)
ISBN 978-3-86490-387-8

A. Spillner · U. Breymann
Lean Testing für C++-Programmierer
Angemessen statt aufwendig testen

Jeder Entwickler testet die von ihm programmierte Software, bevor er diese eincheckt. Die Autoren präsentieren dem C++-Entwickler unterschiedliche Standardtestverfahren mit vielen praktischen Beispielen. Sie geben ihm Hinweise für die Nutzung der Verfahren und einen Leitfaden für deren Einsatz. Die C++-Beispiele verwenden verschiedene Werkzeuge und sind im Netz verfügbar.

2016, 246 Seiten, Broschur, € 29,90 (D)
ISBN 978-3-86490-308-3

A. Sweigart
Routineaufgaben mit Python automatisieren
Praktische Programmierlösungen für Einsteiger

Das Web durchsuchen, Dateien umbenennen oder automatisch Mails verschicken: In diesem Buch lernen Sie, wie Sie mit Python Aufgaben erledigen, die sonst Stunden benötigen. Wenn Sie die Grundlagen gemeistert haben, werden Sie Programme schreiben, die automatisch viele praktische Arbeiten erledigen.

2016, 576 Seiten, Broschur, € 29,90 (D)
ISBN 978-3-86490-353-3

E. Matthes
Python Crashkurs
Eine praktische, projektbasierte Programmiereinführung

Zunächst werden Sie mit grundlegenden Programmierkonzepten wie Listen, Wörterbüchern, Klassen und Schleifen vertraut gemacht. Sie erlernen das Schreiben von sauberem Code und wie Sie ihn sicher testen. In der zweiten Hälfte des Buches werden Sie Ihr neues Wissen mit drei praxisnahen Projekten umsetzen.

2017, 622 Seiten, Broschur, € 32,90 (D)
ISBN 978-3-86490-444-8

H. Mössenböck
Kompaktkurs C# 6.0

Dieses Buch beschreibt in kompakter Form den gesamten Sprachumfang von C# 6.0. Es richtet sich an Leser, die bereits Erfahrung mit einer anderen Programmiersprache wie Java oder C++ haben und sich rasch in C# einarbeiten wollen, um damit produktiv zu werden. Mit zahlreichen Beispielen und weit über 100 Übungsaufgaben mit Musterlösungen.

2016, 330 Seiten, Broschur, € 29,90 (D)
ISBN 978-3-86490-377-9

Programmierung

R. Preißel · B. Stachmann
Git
Dezentrale Versionsverwaltung im Team
Grundlagen und Workflows

Nach einer kompakten Einführung in die wichtigen Konzepte und Befehle von Git beschreiben die Autoren ausführlich deren Anwendung in typischen Workflows, z.B. »Mit Feature-Branches entwickeln«, »Ein Release durchführen« oder »Große Projekte aufteilen«. Neu sind Continuous Delivery und parallele Releases.

4., aktualisierte und erweiterte Auflage
2017, 342 Seiten, Broschur, € 32,90 (D)
ISBN 978-3-86490-452-3

C. Bleske
iOS-Apps programmieren mit Swift
Der leichte Einstieg in die Entwicklung für iPhone, iPad und Co. – inkl. Apple Watch und Apple TV

Wer heute in die Entwicklung von Apps für iPhone, iPad und Co. einsteigen möchte, der sollte nicht mehr mit Objective-C, sondern mit Swift beginnen. Christian Bleske zeigt in diesem Buch anhand praktischer Beispiele, wie das geht. Für alle, die bald ihre erste eigene App starten wollen.

2., aktualisierte und erweiterte Auflage
2017, 486 Seiten, Broschur, € 29,90 (D)
ISBN 978-3-86490-438-7

J. Quade · E.-K. Kunst
Linux-Treiber entwickeln
Eine systematische Einführung in die Gerätetreiber- und Kernelprogrammierung – jetzt auch für Raspberry Pi

Dieses Buch bietet einen fundierten Einstieg in den Linux-Kernel mit einem Schwerpunkt auf der Entwicklung von Gerätetreibern. Die 4. Auflage wurde durchgehend auf den Kernel 4 aktualisiert und behandelt nun auch die Kernelcode-Entwicklung für eingebettete Systeme, insbesondere den Raspberry Pi.

4., aktualisierte und erweiterte Auflage
2015, 688 Seiten, Festeinband, € 49,90 (D)
ISBN 978-3-86490-288-8

D. Cameron
HTML5, JavaScript und jQuery
Der Crashkurs für Softwareentwickler

Mit diesem Buch lernen Sie zügig und praxisnah, was Sie zur Entwicklung von Webanwendungen mit HTML5, JavaScript und jQuery wissen müssen. Geschrieben von einem Entwickler für Entwickler, vermittelt es die relevanten Konzepte und ihre Anwendung direkt anhand eines Beispielprojekts, ganz ohne theoretischen Ballast.

2015, 288 Seiten, Broschur, € 29,90 (D)
ISBN 978-3-86490-268-0

G. Vollmer
Mobile App Engineering
Eine systematische Einführung – von den Requirements zum Go Live

Der Autor beschreibt ein strukturiertes und systematisches Vorgehen zur Entwicklung mobiler Apps. Anhand eines durchgehenden Anwendungsbeispiels zeigt er, wie sämtliche Phasen des Softwarelebenszyklus mit geeigneten Methoden, Werkzeugen, Sprachen und Best Practices der Softwaretechnik durchzuführen sind, um hochqualitative Apps zu entwickeln.

2017, 324 Seiten, Broschur, € 29,90 (D)
ISBN 978-3-86490-421-9

O. Zeigermann · N. Hartmann
React
Die praktische Einführung in React, React Router und Redux

Lernen Sie in diesem Buch, wie Sie mit React wiederverwendbare UI-Komponenten entwickeln und wie Sie auf Basis der einzelnen Komponenten ganze Anwendungen zusammenbauen. Nach der Lektüre sind Sie in der Lage, eigene Projekte mit React zu meistern.

2016, 342 Seiten, Broschur, € 32,90 (D)
ISBN 978-3-86490-327-4

M. Splitt
Web Components mit Polymer
Modulare Webanwendungen entwickeln mit dem Web-Components-Framework

Dieses Buch bietet einen anschaulichen Einstieg in Web Components und das Polymer-Framework. Martin Splitt bereitet beide Themen so auf, dass der Leser Web Components grundlegend versteht und darauf aufbauend die Vereinfachungen durch Polymer effizient einsetzen kann.

2017, 266 Seiten, Broschur, € 29,90 (D)
ISBN 978-3-86490-386-1

J. Jacobsen
Website-Konzeption
Erfolgreiche und nutzerfreundliche Websites planen, umsetzen und betreiben

In seinem erfolgreichen Klassiker zur Website-Konzeption vermittelt Jens Jacobsen Ihnen, wie Sie eine Website planen, konzipieren, umsetzen und betreiben. Ob Sie alles selbst machen oder mit Agenturen und/oder Auftragnehmern arbeiten — Sie sehen, wie Sie schon in der Konzeptionsphase Fehler vermeiden, die später nur schwer zu korrigieren sind.

8., aktualisierte Auflage
2017, 500 Seiten, Broschur, € 39,90 (D)
ISBN 978-3-86490-427-1

F. Hopf
Elasticsearch
Ein praktischer Einstieg

Nach einem einführenden Kapitel, in dem eine klassische Suchanwendung von Grund auf mit Elasticsearch aufgebaut wird, beleuchtet Florian Hopf im Folgenden unterschiedliche Aspekte genauer, u.a. Umgang mit Textdaten, Relevanz in Suchergebnissen, Indizierung, Datenverteilung und Logfile-Analyse.

2016, 262 Seiten, Broschur, € 32,90 (D)
ISBN 978-3-86490-289-5

G. Woiwode · F. Malcher · D. Koppenhagen · J. Hoppe
Angular
Grundlagen, fortgeschrittene Techniken und Best Practices mit TypeScript — ab Angular 4, inklusive NativeScript und Redux

Suchen Sie einen Schnelleinstieg in das populäre JavaScript-Framework von Google? Dieses Buch führt Sie anhand eines Beispielprojekts schrittweise an die Entwicklung heran und vermittelt, wie Sie strukturierte und modularisierte Single-Page-Anwendungen mit dem neuen Angular (ab Version 4) programmieren.

2017, 574 Seiten, Broschur, € 34,90 (D)
ISBN 978-3-86490-357-1

Microsoft

M. Schmidt
Microsoft® SharePoint 2016®
Das Praxisbuch für Anwender

Von der Einführung der Technik bis zum Managen eines SharePoint-Projekts erklärt Ihnen dieses Buch, wie Sie SharePoint 2016 effektiv einsetzen. Die vielen praxisnahen Beispiele orientieren sich an Projekt- und Abteilungsanforderungen, sodass Sie Ihre eigenen Projekte schnell umsetzen können.

2016, 490 Seiten, Festeinband, € 36,90 (D)
ISBN 978-3-86490-409-7

E. Bott · C. Siechert · C. Stinson
Windows 10 für Experten
Insider-Wissen – praxisnah & kompetent

Geschrieben von einem Expertenteam erklärt Ihnen dieses Buch alles, was Sie über Windows 10 wissen müssen: von der Verwendung des neuen Browsers Edge über Sicherheitsfragen bis zum fortgeschrittenen System-Management, mit vielen zeitsparenden Lösungen und Tipps und aktuell zum Anniversary-Update.

2., aktualisierte Auflage
2017, 904 Seiten, Festeinband, € 36,90 (D)
ISBN 978-3-86490-418-9 (Microsoft Press)

F. Arendt-Theilen et al.
Microsoft Excel 2016 – Das Handbuch
Von den Grundlagen der Tabellenkalkulation bis zu PivotTable und Power Query inkl. Add-Ins und Makros

Sie möchten den Leistungsumfang von Excel 2016 voll nutzen und die Tabellenkalkulation wie ein Profi einsetzen? Mit über 1000 Seiten und einem Autorenteam aus sieben hochkarätigen Excel-Experten bietet Ihnen dieses Handbuch umfangreiches Praxis-Know-how zu allen relevanten Excel-Themen: von einfachen Formeln über Makroprogrammierung bis zu den neuen BI-Tools.

2017, 976 Seiten, Festeinband, € 39,90 (D)
ISBN 978-3-96009-039-7 (O'Reilly)

H. Schuster
Microsoft Excel Pivot-Tabellen: Das Praxisbuch
Ideen und Lösungen für die Datenanalyse mit PivotTables und PivotCharts mit intensivem Einstieg in PowerPivot für Version 2010, 2013 und 2016

Für die Analyse größerer Datenmengen in Excel sind PivotTables ein besonders leistungsfähiges Werkzeug. Das Buch zeigt, wie Sie bei Ihrer täglichen Arbeit von PivotTables profitieren können. Anhand praktischer Beispiele wie der Projektfinanzsteuerung oder der Kostenstrukturanalyse lernen Sie Pivot-Tables und Pivot-Charts erfolgreich in Excel 2010-2016 einzusetzen.

2017, 326 Seiten, Festeinband, € 34,90 (D)
ISBN 978-3-96009-046-5 (O'Reilly)

T. Joos
Microsoft Windows Server 2016 – Das Handbuch
Von der Planung und Migration bis zur Konfiguration und Verwaltung

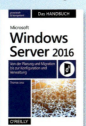

Dieses Buch gibt Ihnen einen tiefgehenden Einblick in den praktischen Einsatz von Windows Server 2016. Es richtet sich sowohl an Neueinsteiger in Microsoft-Servertechnologien als auch an Umsteiger von Vorgängerversionen. Planung und Migration, Konzepte und Werkzeuge zur Administration sowie die wichtigsten Konfigurations- und Verwaltungsfragen werden praxisnah behandelt.

2017, 1112 Seiten, Festeinband, € 59,90 (D)
ISBN 978-3-96009-018-2 (O'Reilly)

J. Albrecht-Zölch
Testdaten und Testdatenmanagement
Vorgehen, Methoden und Praxis

Der Leser erfährt in diesem Buch, wie man Testdaten gewinnt, nutzt, archiviert und inwiefern der Datenschutz zu beachten ist. Es zeigt Methoden, Best Practices und ein Vorgehen zum Verbessern eines Testdatenmanagements auf. Mustergliederungen und Checklisten helfen bei der Umsetzung in der Praxis.

4. Quartal 2017, ca. 320 Seiten, Festeinband, ca. € 34,90 (D)
ISBN 978-3-86490-486-8

A. Spillner · T. Roßner · M. Winter · T. Linz
Praxiswissen Softwaretest – Testmanagement
Aus- und Weiterbildung zum Certified Tester –
Advanced Level nach ISTQB®-Standard

In diesem Buch werden Grundlagen, praxiserprobte Methoden und Techniken sowie die täglichen Aufgaben und Herausforderungen des Testmanagements vorgestellt und anhand eines durchgängigen Beispiels erläutert. Es umfasst den benötigten Stoff zum Ablegen der Prüfung Certified Tester – Advanced Level – Testmanager.

4., überarbeitete und erweiterte Auflage
2014, 506 Seiten, Festeinband, € 44,90 (D)
ISBN 978-3-86490-052-5

A. Spillner · T. Linz
Basiswissen Softwaretest
Aus- und Weiterbildung zum Certified Tester –
Foundation Level nach ISTQB®-Standard

Das Buch umfasst den benötigten Stoff zum Ablegen der Prüfung »Certified Tester« (Foundation Level) nach dem Standard des International Software Testing Qualifications Board (ISTQB®) und ist auch für das Selbststudium geeignet.
Die 5. Auflage ist konform zur aktuellen deutschen Ausgabe des ISTQB®-Lehrplans Version 2011.

5., überarbeitete und aktualisierte Auflage
2012, 312 Seiten, Festeinband, € 39,90 (D)
ISBN 978-3-86490-024-2

M. Winter · T. Roßner · C. Brandes · H. Götz
Basiswissen modellbasierter Test
Aus- und Weiterbildung zum ISTQB® Foundation Level –
Certified Model-Based Tester

Modellbasiertes Testen umfasst die Erstellung und Nutzung von Modellen für die Systematisierung, Formalisierung und Automatisierung von Testaktivitäten. Dieses Buch vermittelt die Grundlagen und gibt einen fundierten Überblick über den modellbasierten Testprozess.
Die 2. Auflage ist konform zum ISTQB®-Lehrplan Foundation Level Extension »Model-Based Tester«.

2., vollständig überarbeitete und aktualisierte Auflage
2016, 474 Seiten, Festeinband, € 44,90 (D)
ISBN 978-3-86490-297-0

G. Bath · J. McKay
Praxiswissen Softwaretest – Test Analyst und Technical Test Analyst
Aus- und Weiterbildung zum Certified Tester –
Advanced Level nach ISTQB®-Standard

Das Buch deckt sowohl funktionale als auch technische Aspekte des Softwaretestens ab und vermittelt damit das notwendige Praxiswissen für Test Analysts und Technical Test Analysts – beides entscheidende Rollen in Testteams. Es umfasst den benötigten Stoff zum Ablegen der Prüfung Certified Tester – Advanced Level – TA/TTA.

3., überarbeitete Auflage
2015, 588 Seiten, Festeinband, € 44,90 (D)
ISBN 978-3-86490-137-9

Softwarequalität & Testen

T. Linz
Testen in Scrum-Projekten – Leitfaden für Softwarequalität in der agilen Welt
Aus- und Weiterbildung zum ISTQB® Certified Agile Tester – Foundation Extension

Entwicklungsleiter, Projektleiter, Testmanager und Qualitätsmanager erhalten in dem Buch Hinweise und Tipps, wie Testen und Qualitätssicherung in agilen Projekten erfolgreich organisiert werden können. Tester erfahren, wie sie in agilen Teams mitarbeiten und ihre Expertise optimal einbringen können. Die 2. Auflage ist konform zum ISTQB®-Lehrplan Foundation Extension »Agile Tester«.

2., aktualisierte und überarbeitete Auflage
2017, 270 Seiten, Festeinband, € 34,90 (D)
ISBN 978-3-86490-414-1

M. Daigl · R. Glunz
ISO 29119
Die Softwaretest-Normen verstehen und anwenden

Die ISO/IEC/IEEE 29119 stellt eine neue Normenreihe für Softwareprüfungen dar, die Vokabular, Prozesse, Dokumentation und Techniken für Softwaretesten beschreibt. Das Buch gibt eine praxisorientierte Einführung und einen fundierten Überblick über diese Normen und zeigt insbesondere die Umsetzung der Anforderungen aus der ISO 29119 hinsichtlich der Testaktivitäten auf.

2016, 264 Seiten, Festeinband, € 34,90 (D)
ISBN 978-3-86490-237-6

T. Bucsics · M. Baumgartner · R. Seidl · S. Gwihs
Basiswissen Testautomatisierung
Konzepte, Methoden und Techniken

Das Buch beschreibt, wie Testautomatisierung mit Fokus auf den funktionalen Systemtest konzipiert und in bestehende Projekte und die Organisation eingegliedert wird. Die 2. Auflage vertieft neue Themen wie automatisierter Test mobiler Applikationen und Service-Virtualisierung.

2., aktualisierte und überarbeitete Auflage
2015, 292 Seiten, Festeinband, € 34,90 (D)
ISBN 978-3-86490-194-2

D. Knott
Mobile App Testing
Praxisleitfaden für Softwaretester und Entwickler mobiler Anwendungen

Das Buch bietet einen kompakten Einstieg in das Testen mobiler Anwendungen für die Android- und iOS-Plattform. Die App-spezifischen Testverfahren, Testautomatisierung und Werkzeuge werden ebenso behandelt wie Crowd-/Cloud-Testen, Test- und Veröffentlichungsstrategien sowie Businessmodelle für mobile Apps.

2016, 256 Seiten, Broschur, € 29,90 (D)
ISBN 978-3-86490-379-3

S. Grünfelder
Software-Test für Embedded Systems
Ein Praxishandbuch für Entwickler, Tester und technische Projektleiter

Dieses Buch vermittelt die wichtigsten praxistauglichen Methoden des Softwaretests für Embedded Systems und zeigt, wie sie sich in ein planungsgesteuertes bzw. agiles Projekt eingliedern lassen. Es bietet Beispiele und Erfahrungsberichte sowie Bewertungen von Testmethoden und Testwerkzeugen. »Wer sich mit dem Testen von Software beschäftigt, sollte auf jeden Fall einen Blick in das Buch werfen.« (Java Magazin)

2. aktualisierte Auflage
2017, 410 Seiten, Broschur, € 44,90 (D)
ISBN 978-3-86490-448-6

Softwareentwicklung

T. Geis · K. Polkehn
Praxiswissen User Requirements
Nutzungsqualität systematisch, nachhaltig und agil in die Produktentwicklung integrieren

Im Buch wird fundiert aufgezeigt, wie mit User Requirements erfolgreich die Usability & User Experience und damit die Nutzungsqualität von Produkten maximiert werden kann. Die systematische Herleitung, Spezifikation und Strukturierung von Nutzungsanforderungen aus dem Nutzungskontext werden im Detail erörtert.

4. Quartal 2017, ca. 220 Seiten, Festeinband, ca. € 32,90 (D)
ISBN 978-3-86490-527-8

T. Steimle · D. Wallach
Collaborative UX Design
Lean UX und Design Thinking: Teambasierte Entwicklung menschzentrierter Produkte

Dieses Buch bietet einen praxisorientierten Überblick zu Grundlagen und Anwendungen kollaborativer Methoden des User Experience Design. Von einem durchgängigen Praxisbeispiel ausgehend werden disziplinübergreifende UX-Methoden vorgestellt und in einem kohärenten Vorgehensmodell miteinander verknüpft.

4. Quartal 2017, ca. 200 Seiten, Festeinband, ca. € 29,90 (D)
ISBN 978-3-86490-532-2

M. Gharbi · A. Koschel · A. Rausch · G. Starke
Basiswissen für Softwarearchitekten
Aus- und Weiterbildung nach iSAQB®-Standard zum Certified Professional for Software Architecture – Foundation Level

Dieses Buch vermittelt das nötige Grundlagenwissen, um eine dem Problem angemessene Softwarearchitektur für Systeme zu entwerfen. Es behandelt die wichtigen Begriffe und Konzepte der Softwarearchitektur sowie deren Bezug zu anderen Disziplinen. Die 3. Auflage ist konform zum iSAQB®-Lehrplan Version 2017.

3., überarbeitete und aktualisierte Auflage
4. Quartal 2017, ca. 220 Seiten, Festeinband, € 32,90 (D)
ISBN 978-3-86490-499-8

K. Pohl · C. Rupp
Basiswissen Requirements Engineering
Aus- und Weiterbildung nach IREB®-Standard zum Certified Professional for Requirements Engineering – Foundation Level

Dieses Lehrbuch für die Zertifizierung zum Foundation Level des CPRE umfasst Grundlagenwissen in den Gebieten Ermittlung, Dokumentation, Prüfung und Abstimmung, Verwaltung von Anforderungen sowie die Werkzeugunterstützung. Die 4. Auflage ist konform zum IREB®-Lehrplan Foundation Level Version 2.2.

4., überarbeitete Auflage
2015, 192 Seiten, Festeinband, € 29,90 (D)
ISBN 978-3-86490-283-7

J. Bergsmann
Requirements Engineering für die agile Softwareentwicklung
Methoden, Techniken und Strategien

Das Buch gibt einen praxisorientierten Überblick über die am weitesten verbreiteten Techniken für die Anforderungsspezifikation und das Requirements Management in agilen Projekten. Es beschreibt sowohl sinnvolle Anwendungsmöglichkeiten als auch Fallstricke der einzelnen Techniken. Die 2. Auflage berücksichtigt den IREB®-Lehrplan RE@Agile Primer.

2. überarbeitete und aktualisierte Auflage
4. Quartal 2017, ca. 298 Seiten, Festeinband, ca. € 34,90 (D)
ISBN 978-3-86490-485-1

M. Müller · K. Hörmann · L. Dittmann · J. Zimmer
Automotive SPICE® in der Praxis
Interpretationshilfe für Anwender und Assessoren

Die Herausforderung bei der Einführung und Umsetzung von Automotive SPICE® besteht darin, die Norm richtig zu interpretieren und auf eine konkrete Problemstellung anzupassen. Dieses Buch gibt die dafür notwendigen Interpretationshilfen und unterstützt dabei, Prozessverbesserung Automotive SPICE®-konform (Version 3.0) zu betreiben.

2., aktualisierte und erweiterte Auflage
2016, 418 Seiten, Festeinband, € 46,90 (D)
ISBN 978-3-86490-326-7

Softwarearchitektur

C. Lilienthal
Langlebige Software-Architekturen
Technische Schulden analysieren, begrenzen und abbauen

Die Autorin beschreibt, wie langlebige Softwarearchitekturen entworfen, umgesetzt und erhalten werden können. Sie erörtert an Beispielen aus real existierenden Systemen, wie die typischen Fehler in Softwarearchitekturen aussehen und was sinnvolle Lösungen sind. Hinzugekommen in der 2. Auflage sind u.a. der Modularity Maturity Index und Mob Architecting.

2., überarbeitete und erweiterte Auflage
2017, 304 Seiten, Broschur, € 34,90 (D)
ISBN 978-3-86490-494-3

V. Vernon
Domain-Driven Design kompakt
Aus dem Englischen von Carola Lilienthal und Henning Schwentner

Dieses Buch bietet einen kompakten Einstieg in die wesentlichen DDD-Konzepte, wie Ubiquitous Language, Bounded Contexts, Aggregates, Entities und Subdomänen. Nach der Lektüre sind Sie in der Lage, in Projekten eine gemeinsame Sprache für Fachanwender und Entwickler auch über Teamgrenzen hinweg zu finden.

2017, 158 Seiten, Broschur, € 29,90 (D)
ISBN 978-3-86490-439-4

E. Wolff
Das Microservices-Kochbuch
Grundlagen und praktische Problemlösungen

Eberhard Wolff zeigt Microservices-Rezepte, die Architekten anpassen und zu einem Menü kombinieren können. So lässt sich die Implementierung der Microservices individuell auf die Anforderungen im Projekt anpassen. Demo-Projekte und Anregungen für die Vertiefung runden das Buch ab.

4. Quartal 2017, ca. 250 Seiten, Broschur, ca. € 32,90 (D)
ISBN 978-3-86490-526-1

S. Tilkov · M. Eigenbrodt · S. Schreier · O. Wolf
REST und HTTP
Entwicklung und Integration nach dem Architekturstil des Web

Das Buch erklärt den professionellen Einsatz von RESTful HTTP für Webanwendungen und -dienste. Es beschreibt den Architekturstil REST und seine Umsetzung im Rahmen der Protokolle des Web (HTTP, URIs u.a.). Neu ist u.a. die Behandlung von HAL, collection+json und Siren sowie das ROCA-Prinzip.

3., aktualisierte und erweiterte Auflage
2015, 330 Seiten, Broschur, € 37,90 (D)
ISBN 978-3-86490-120-1

E. Wolff
Continuous Delivery
Der pragmatische Einstieg

Dieses Buch erläutert, wie eine Continuous-Delivery-Pipeline praktisch aufgebaut wird und welche Technologien dazu eingesetzt werden können.
»... angenehm praxisnah gehalten. Von der Lektüre profitieren Software-Entwickler und Betriebs-IT-Leute ebenso wie Manager.« (c't)

2., aktualisierte und erweiterte Auflage
2016, 282 Seiten, Broschur, € 34,90 (D)
ISBN 978-3-86490-371-7

A. Mouat
Docker
Software entwickeln und deployen mit Containern

Dieses Buch »ist ein ins Detail gehender, praktischer Leitfaden für das Docker-Ökosystem, um containerisierte Microservice-Anwendungen aus Dev und Test in die Produktivumgebung zu bringen.« (Adrian Cockcroft, Technology Fellow, Battery Ventures).
Für Entwickler und Administratoren.

2016, 368 Seiten, Broschur, € 36,90 (D)
ISBN 978-3-86490-384-7

J. Hoffmann · S. Roock
Agile Unternehmen
Veränderungsprozesse gestalten, agile Prinzipien verankern, Selbstorganisation und neue Führungsstile etablieren

Agile Unternehmen agieren flexibler am Markt, entwickeln begeisternde Produkte und bieten Mitarbeitern sinnstiftendere Arbeitsplätze. Die Autoren beschreiben, was agile Unternehmen ausmacht, und bieten konkrete Praktiken an, mit denen das eigene Unternehmen schrittweise agiler gestaltet werden kann – mit vielen Fallbeispielen aus der Praxis.

3. Quartal 2017, ca. 250 Seiten, Broschur, ca. € 32,90 (D)
ISBN 978-3-86490-399-1

C. Larman · B. Vodde
Large-Scale Scrum
Scrum erfolgreich skalieren mit LeSS

Das Skalierungsframework LeSS setzt auf Scrum auf und unterstützt Unternehmen dabei, Agilität über den gesamten Projektlebenszyklus hinweg zu skalieren: von der Sprint-Planung bis hin zur Retrospektive. Die Autoren zeigen, welche Anpassungen gegenüber Scrum im Kleinen für einen Einsatz im Großen notwendig sind und wie diese Anpassungen so minimal wie möglich gehalten werden können.

2017, 396 Seiten, Broschur, € 34,90 (D)
ISBN 978-3-86490-376-2

Openbook zum Thema: www.dpunkt.de/s/spm

S. Roock · H. Wolf
Scrum – verstehen und erfolgreich einsetzen

Die Autoren beschreiben in kompakter Form die Scrum-Grundlagen und die hinter Scrum stehenden Werte und Prinzipien sowie die kontinuierliche Prozessverbesserung. Das Buch richtet sich an Leser, die bereits Erfahrung mit Softwareentwicklung haben und häufig auftretende Probleme mithilfe von Scrum besser lösen wollen, um produktiver zu werden.

2015, 234 Seiten, Broschur, € 29,90 (D)
ISBN 978-3-86490-261-1

T. Mayer · O. Lewitz · U. Reupke · S. Reupke-Sieroux
Des Volkes Scrum
Revolutionäre Ideen für den agilen Wandel

In diesem Buch mit 43 Essays wird Scrum in einzigartig pragmatischer Weise als Weltsicht vermittelt, nicht nur als Werkzeug oder Methode. Es ermutigt den Leser, seinen Blick auf Projektmanagement, Firmenpolitik und Entwicklungspraktiken kritisch zu hinterfragen und neue Wege einzuschlagen.

4. Quartal 2017, ca. 180 Seiten, Broschur, ca. € 19,95 (D)
ISBN 978-3-86490-533-9

F.-U. Pieper · S. Roock
Agile Verträge
Vertragsgestaltung bei agiler Entwicklung für Projektverantwortliche

Die Autoren beschreiben die vertragsrechtlichen Grundlagen bei agiler Softwareentwicklung, die verschiedenen Varianten der Vertragsgestaltung sowie die einzelnen Vertragsformen mit ihren Eigenschaften, Funktionsweisen, Vorteilen und Risiken, wobei auch eine formalrechtliche Einordnung vorgenommen wird.

2017, 168 Seiten, Broschur, € 26,90 (D)
ISBN 978-3-86490-400-4

mit Poster zu SAFe 4.5

C. Mathis
SAFe – Das Scaled Agile Framework
Lean und Agile in großen Unternehmen skalieren
Mit einem Geleitwort von Dean Leffingwell

Das Buch gibt einen praxisorientierten Überblick über die Struktur, Rollen, Schlüsselwerte und Prinzipien von SAFe und führt den Leser im Detail durch die Ebenen des Frameworks. Dabei steht die Umsetzung in den agilen Teams im Vordergrund. Die 2. Auflage wurde auf SAFe Version 4.5 aktualisiert.

2., überarbeitete und aktualisierte Auflage
4. Quartal 2017, ca. 240 Seiten, Broschur, ca. € 34,90 (D)
ISBN 978-3-86490-529-2

Agile Methoden 13

V. Kotrba · R. Miarka
Agile Teams lösungsfokussiert coachen

Selbstorganisation braucht Kooperation und Vertrauen. Wie können agile Teams zusammen wachsen? Wie kann Selbstorganisation gefördert werden? Das Buch vermittelt praxisnah Prinzipien und Techniken aus dem lösungsfokussierten Coaching und begleitet Sie mit vielen Tipps durch die Höhen und Tiefen des Teamalltags. Die 2. Auflage wurde u.a. um weitere Praxistipps ergänzt.

2., überarbeitete und erweiterte Auflage
2017, 268 Seiten, Broschur, € 32,90 (D)
ISBN 978-3-86490-441-7

M. Burrows
Kanban
Verstehen, einführen, anwenden

Openbook zum Thema:
www.dpunkt.de/s/kanb

Mike Burrows beschreibt die Kanban-Methode anhand von neun Werten, wodurch er den Prinzipien und Praktiken Kanbans ein starkes Gerüst verleiht. Weiter werden neuere Konzepte wie die drei »Agenden« und die »Kanban-Linse« sowie die Implementierung von Kanban mittels STATIK (Systems Thinking Approach to Introducing Kanban) vorgestellt.

2015, 272 Seiten, Broschur, € 34,90 (D)
ISBN 978-3-86490-253-6

H. Koschek · R. Dräther
Neue Geschichten vom Scrum
Von Führung, Lernen und Selbstorganisation in fortschrittlichen Unternehmen

Drei Jahre nach dem Bau der besten Drachenfalle aller Zeiten hat Scrum viele Anhänger gefunden. Der Open Space beim zweiten Wieimmerländer Scrum-Treffen ist deshalb vollgepackt mit Themen – von Führung über Selbstorganisation bis Vertrauen. Und plötzlich fehlt die Truhe mit den agilen Werten!

4. Quartal 2017, ca. 350 Seiten, Broschur, ca. € 29,90 (D)
ISBN 978-3-86490-273-4

S. Kaltenecker
Selbstorganisierte Teams führen
Arbeitsbuch für Lean & Agile Professionals

In diesem Buch geht es um die gemeinschaftliche Führung von Teams, um geteilte Managementverantwortung und den fach- und bereichsübergreifenden Unternehmenserfolg. Der Autor beschreibt, wie Führung in einem sich selbst organisierenden Umfeld funktioniert, und gibt viele Hinweise, wie die eigenen Führungskompetenzen durch den Einsatz bewährter Techniken kontinuierlich ausgebaut werden können.

2016, 244 Seiten, Broschur, € 32,90 (D)
ISBN 978-3-86490-332-8

D. J. Anderson · A. Carmichael
Kanban
Kompakter Einstieg in Prinzipien und Praktiken

Dieses Buch bietet die »Essenz« dessen, was Kanban in der Wissensarbeit ausmacht und wie es effektiv eingesetzt werden kann. Es führt in die Werte, die grundlegenden Prinzipien und Praktiken sowie wesentlichen Metriken für die Verbesserungsarbeit ein und gibt einen ersten Einblick in die Implementierung von Kanban in Organisationen.

3. Quartal 2017, ca. 120 Seiten, Broschur, ca. € 12,95 (D)
ISBN 978-3-86490-531-5

S. Kaltenecker
Selbstorganisierte Unternehmen
Management und Coaching in der agilen Welt

Das Buch bietet Ihnen alles, was Sie für die Gestaltung agiler Unternehmen brauchen. Es vermittelt ein solides Grundverständnis sozialer Systeme, beschreibt bewährte Prinzipien und Praktiken der Selbstorganisation und bietet eine breite Palette von Praxisbeispielen, die das Zusammenspiel von Management und Coaching veranschaulichen.

2017, 330 Seiten, Broschur, € 34,90 (D)
ISBN 978-3-86490-453-0

IT & Business

W. Keller
IT-Unternehmensarchitektur
Von der Geschäftsstrategie zur optimalen IT-Unterstützung

Dieses Buch stellt die Sicht eines IT-Verantwortlichen auf die Herausforderungen dar, vor denen die IT-Funktion eines Unternehmens heute steht. Es beschreibt, wie ihn IT-Unternehmensarchitektur dabei unterstützen kann, seine Aufgaben im Sinne eines modernen IT-Verantwortlichen wahrzunehmen. Die 3. Auflage wurde um Themen wie Lean/Agile EAM und EAM für den Mittelstand erweitert.

3., überarbeitete und erweiterte Auflage
2017, 506 Seiten, Festeinband, € 49,90 (D)
ISBN 978-3-86490-406-6

R. van Solingen
Der Bienenhirte – über das Führen von selbstorganisierten Teams
Ein Roman für Manager und Projektverantwortliche

Dieses außergewöhnliche Buch handelt von der Geschichte von Mark, einer Führungskraft in einer Supermarktkette, in der auf Selbstorganisation umgestellt wird. Eines Tages erfährt Mark von seinem Großvater, wie dieser vom Schafhirten zum Imker wurde und was er dabei gelernt hat. Seine klugen und praktischen Lektionen scheinen überraschend gut auf Marks Situation zu passen.

2017, 126 Seiten, Broschur, € 19,95 (D)
ISBN 978-3-86490-495-0

R. Scholderer
IT-Servicekatalog
Services in der IT professionell designen und erfolgreich implementieren

Dieses Buch bietet einen praxisorientierten Leitfaden zur Erstellung eines Servicekatalogs oder Optimierung eines bestehenden Servicekatalogs. Dabei werden auf Basis von bewährten Praxislösungen aus über 100 Servicekatalogen relevante Themen wie Servicepreis, Kennzahlen, Katalogorganisation und Orderprozesse behandelt.

2017, 434 Seiten, Festeinband, € 49,90 (D)
ISBN 978-3-86490-396-0

A. Johannsen · A. Kramer · H. Kostal · E. Sadowicz
Basiswissen für Softwareprojektmanager im klassischen und agilen Umfeld
Aus- und Weiterbildung zum ASQF® Certified Professional for Project Management (CPPM)

Die Autoren behandeln die zahlreichen Facetten modernen Software-Projektmanagements. Begriffe, Konzepte und Tätigkeiten spielen dabei ebenso eine Rolle wie Aspekte der sozialen Kompetenz. Das Buch umfasst den erforderlichen Stoff, um die Prüfung zum CPPM zu bestehen, und vermittelt ein solides Basiswissen zum Thema.

2017, 354 Seiten, Festeinband, € 36,90 (D)
ISBN 978-3-86490-429-5

R. Scholderer
Management von Service-Level-Agreements
Methodische Grundlagen und Praxislösungen mit COBIT, ISO 20000 und ITIL

Der Autor erklärt anhand von Beispielen ausführlich, wie SLAs entworfen und überwacht werden können. Schwerpunkte bilden dabei die in der Praxis anwendbaren und belastbaren SLAs, das Monitoring von Geschäftsprozessen sowie Nachweise zur Einhaltung von SLAs. Die 2. Auflage beinhaltet u.a. ein neues Pönalenkonzept für Schadensersatzforderungen.

2., aktualisierte und erweiterte Auflage
2016, 394 Seiten, Festeinband, € 46,90 (D)
ISBN 978-3-86490-397-7

A. Rohrer · D. Söllner
IT-Service Management mit FitSM
Ein praxisorientiertes und leichtgewichtiges Framework für die IT

FitSM ist ein neuer Standard für pragmatisches, mit vertretbarem Aufwand umsetzbares, leichtgewichtiges IT-Service-Management. Das Reifegradmodell besteht aus 14 Prozessen und kommt mit 75 zentralen Begriffen aus. Das Buch vermittelt die Grundbegriffe und Konzepte für einen erfolgreichen Einsatz von FitSM im Unternehmen.

2017, 312 Seiten, Broschur, € 36,90 (D)
ISBN 978-3-86490-417-2

J. Kohlhammer · D. U. Proff · A. Wiener
Visual Business Analytics
Effektiver Zugang zu Daten und Informationen

Die Autoren bieten einen praxisnahen Überblick über Visual Business Analytics mit seinen drei Teilgebieten: Information Design, Visual Business Intelligence und Visual Analytics. Anwendungsbeispiele mit aktuellen Business-Intelligence-Werkzeugen im Bereich Visual Analytics und ein Blick in die Forschung runden das Buch ab.

2., überarbeitete Auflage
4. Quartal 2017, ca. 232 Seiten, Festeinband, ca. € 69,90 (D)
ISBN 978-3-86490-410-3

S. Trahasch · M. Zimmer (Hrsg.)
Agile Business Intelligence
Theorie und Praxis

Viele Business-Intelligence-Anwendungen erfordern eine hohe Agilität, die sich durch eine Kombination aus Prinzipien, Vorgehensmodellen, Entwicklungsmethoden und Technologien verwirklichen lässt. Das Buch vermittelt Grundlagen sowie Best Practices anhand von Fallstudien zu Agile Business Intelligence.

2015, 300 Seiten, Festeinband, € 59,90 (D)
ISBN 978-3-86490-312-0

D. Apel · W. Behme · R. Eberlein · C. Merighi
Datenqualität erfolgreich steuern
Praxislösungen für Business-Intelligence-Projekte

Die Autoren führen in die Grundlagen des Datenqualitätsmanagements ein und zeigen die technische Realisierung mit passgenauen Werkzeugen sowie die praktische Umsetzung in einem kompletten Zyklus eines BI-Projekts. Die 3. Auflage wurde um neue Themen wie Big Data und Datenqualität in agilen Projekten erweitert.

3., überarbeitete und erweiterte Auflage
2015, 390 Seiten, Festeinband, € 69,90 (D)
ISBN 978-3-86490-042-6

T. Gansor · A. Totok
Von der Strategie zum Business Intelligence Competency Center (BICC)
Konzeption – Betrieb – Praxis

Dieses Buch stellt praktische Lösungsansätze und ein Vorgehensmodell für den Aufbau und den Betrieb eines BICC vor. Dabei werden die verschiedenen Varianten eines BICC, deren organisatorische Verankerung sowie Rollen und Aufgaben beschrieben. Die 2. Auflage vertieft neue, wesentliche Aspekte des BICC wie Big Data, Mobile BI, Agile BI und Visual BI.

2., überarbeitete und aktualisierte Auflage
2015, 446 Seiten, Festeinband, € 69,90 (D)
ISBN 978-3-86490-043-3

H. Stauffer
Security für Data-Warehouse- und Business-Intelligence-Systeme
Erhebung, Design und Implementierung von Sicherheitsanforderungen

Der Autor beschreibt die Grundlagen der Security, welche Schutzziele bei BI-Projekten verfolgt werden müssen, auf welchen Ebenen Security berücksichtigt werden muss, welche Typen von Maßnahmen es gegen interne und externe Bedrohungen gibt und welche Datenschutz- bzw. regulatorischen Anforderungen zu beachten sind.

4. Quartal 2017, ca. 250 Seiten, Festeinband, ca. € 59,90 (D)
ISBN 978-3-86490-419-6

Administration

L. Betz · T. Widhalm
Icinga 2
Ein praktischer Einstieg ins Monitoring

»Icinga 2« gibt eine umfassende Einführung in das Monitoring-produkt, das in Version 2 mit vielen Verbesserungen aufwarten kann. Dabei zeigt es Umsteigern und Monitoring-Neulingen praxisnah, wie eine Umgebung aufgebaut und Schritt für Schritt immer umfangreicher und umfassender gestaltet wird.

2016, 350 Seiten, Broschur, € 36,90 (D)
ISBN 978-3-86490-333-5

W. Odom
Cisco CCENT/CCNA ICND1 100-105
Das offizielle Handbuch zur erfolgreichen Zertifizierung

Neuauflage zur aktuellen Zertifizierung

Dieses Buch ist die einzige offiziell von Cisco anerkannte Lektüre zur Vorbereitung auf das neue ICND1-Examen zum CCENT/CCNA. Dank wertvoller Hinweise und Tipps zur Vorbereitung und der Prüfungssimulation auf DVD können Sie Ihr Wissen in Theorie & Praxis vervollkommnen und so die Prüfung im ersten Anlauf bestehen.

2017, 1174 Seiten, Festeinband, mit DVD, € 59,90 (D)
ISBN 978-3-86490-431-8

W. Odom
Cisco CCNA Routing und Switching ICND2 200-101
Das offizielle Handbuch zur erfolgreichen Zertifizierung

Dieses Buch ist die einzige offiziell von Cisco anerkannte Lektüre zur Vorbereitung auf das ICND2-Examen zum CCNA. Dank wertvoller Hinweise und Tipps zur Vorbereitung und der Prüfungssimulation auf CD können Sie Ihr Wissen in Theorie und Praxis vervollkommnen und so die Prüfung im ersten Anlauf bestehen.

2014, 784 Seiten, Festeinband, mit CD, € 59,90 (D)
ISBN 978-3-86490-110-2

E. Glatz
Betriebssysteme
Grundlagen, Konzepte, Systemprogrammierung

Dieses Buch bietet eine umfassende Einführung in die Grundlagen der Betriebssysteme und in die Systemprogrammierung. Im Vordergrund stehen die Prinzipien moderner Betriebssysteme und die Nutzung ihrer Dienste für die systemnahe Programmierung. Die 3. Auflage ist in zahlreichen Details überarbeitet. Die neuen Kapitel »Mobile Betriebssysteme« und »Virtualisierung« greifen aktuelle Entwicklungen auf.

3., überarbeitete und aktualisierte Auflage
2015, 718 Seiten, Festeinband, € 42,90 (D)
ISBN 978-3-86490-222-2

T. Kramm
Monitoring mit Zabbix: Das Praxishandbuch
Grundlagen, Skalierung, Tuning und Erweiterungen

Zabbix bietet seit mehr als 10 Jahren eine Monitoring-Lösung für den Unternehmenseinsatz. In diesem Praxisbuch erfahren Sie alles über Monitoring mit Zabbix. Neben den Grundlagen werden auch die Spezialthemen wie Skalierung, Tuning und Erweiterung von Zabbix erläutert.

2016, 432 Seiten, Broschur, € 38,90 (D)
ISBN 978-3-86490-335-9

IT-Sicherheit

M. Spreitzenbarth
Mobile Hacking
Ein kompakter Einstieg ins Penetration Testing mobiler Applikationen – iOS, Android und Windows Mobile

Am Beispiel aktueller Betriebssysteme erhalten Sie hier einen umfassenden Einblick ins Penetration Testing von mobilen Applikationen. Sie lernen typische Penetration-Testing-Tätigkeiten kennen und können nach der Lektüre Apps der großen Hersteller untersuchen und deren Sicherheit überprüfen.

2017, 236 Seiten, Broschur, € 29,90 (D)
ISBN 978-3-86490-348-9

M. Messner
Hacking mit Metasploit
Das umfassende Handbuch zu Penetration Testing und Metasploit

Sicherheitsexperte Michael Messner erklärt Ihnen typische Pentesting-Tätigkeiten und zeigt, wie man mit Metasploit komplexe, mehrstufige Angriffe vorbereitet, durchführt und protokolliert.
»Eine gelungene Einführung, die auch für Leser mit Vorkenntnissen interessant ist.« (Linux Magazin)

3., aktualisierte und erweiterte Auflage
3. Quartal 2017, ca. 580 Seiten, Broschur, ca. € 46,90 (D)
ISBN 978-3-86490-523-0

J. Seitz
Mehr Hacking mit Python
Eigene Tools entwickeln für Hacker und Pentester

Die besten und effizientesten Hacking-Tools schreibt man selber, und zwar in Python. Aber wie? Das beschreibt Justin Seitz in seinem Buch zur »dunklen Seite« von Python. Er zeigt Ihnen, wie Sie Network Sniffer schreiben, Pakete manipulieren, virtuelle Maschinen infizieren u.v.m.

2015, 182 Seiten, Broschur, € 29,90 (D)
ISBN 978-3-86490-286-4

N. Dhanjani
IoT-Hacking
Sicherheitslücken im Internet der Dinge erkennen und schließen

Sie erstellen Anwendungen für Geräte, die mit dem Internet verbunden sind? Dann unterstützt Sie dieser Leitfaden bei der Erkennung und Behebung von Sicherheitslücken – mit echten und lehrreichen Beispielen aus der Heimautomatisierung und dem Automobilbereich.

2016, 302 Seiten, Broschur, € 34,90 (D)
ISBN 978-3-86490-343-4

K. Schmeh
Kryptografie
Verfahren, Protokolle, Infrastrukturen

Das Grundlagenwerk beschreibt alle relevanten Verschlüsselungs-, Signatur- und Hash-Verfahren in anschaulicher Form. Es geht auf kryptografische Protokolle, Implementierungsfragen, Sicherheits-Evaluierungen, Seitenkanalangriffe sowie Public-Key-Infrastrukturen (PKI) und Netzwerkprotokolle ein.

6., aktualisierte Auflage
2016, 944 Seiten, Festeinband, € 54,90 (D)
ISBN 978-3-86490-356-4

MakerSpace

K. Dembowski
Smartphone- und Tablet-Hacks
Mess-, Steuer- und Kommunikationsschaltungen selbst gebaut und programmiert

Bei Smartphones und Tablets fehlen frei programmierbare I/O-Ports für die Ankopplung eigener Applikationen. In diesem Buch wird gezeigt, wie sich diese aufbauen und programmieren lassen. Weiter geht es um einfache Interface-Technik, etwa um Geräte remote zu steuern, sowie um Sensoren.

2017, 274 Seiten, Broschur, € 24,90 (D)
ISBN 978-3-86490-423-3

U. Haneke · M. Mruzek-Vering
Das LEGO®-Mindstorms®-Handbuch
Spielend zur Informatik mit EV3-Robotern

Die Autoren vermitteln Schülern und Studenten im LEGO Lab der Hochschule Technik und Wirtschaft Karlsruhe das nötige Wissen, um Roboter mit LEGO Mindstorms zu entwickeln und zu programmieren. Das Buch enthält Anleitungen für im Lab getestete LEGO-Mindstorms-Bots und erklärt, wie man EV3-Roboter auch mit Java programmieren kann.

4. Quartal 2017, ca. 300 Seiten, Broschur, ca. € 29,90 (D)
ISBN 978-3-86490-424-0

A. Sweigart
Coole Spiele mit Scratch
Lerne programmieren und baue deine eigenen Spiele

Programmieren lernen sollte nicht dröge und langweilig sein. Mit diesem Buch entwickeln Grundschüler und Programmieranfänger mit der grafischen Programmiersprache Scratch ihre eigenen Computergames. Auf diese Weise erlernen sie spielerisch Grundzüge der Programmierung.

2017, 272 Seiten, Broschur, € 22,90 (D)
ISBN 978-3-86490-447-9

N. Bergner · P. Franken · J. Kleeberger · T. Leonhardt
M. Lukas · M. Pesch · N. Prost · J. Thar · L. Wassong
Das Calliope-Buch
Spannende Bastelprojekte mit dem Calliope-Mini-Board

Mit diesem Buch arbeiten sich Schüler, Eltern und Lehrer, aber auch elektronikbegeisterte Bastler ganz praxisnah in das neue Board ein. Die Autorinnen und Autoren beschreiben hierzu mehr als 25 Projekte zum Nachbauen und Lernen, die von ganz einfach bis komplex alle Möglichkeiten des Calliope Mini ausloten.

2017, 320 Seiten, Broschur, € 22,90 (D)
ISBN 978-3-86490-468-4

A. Sweigart
Eigene Spiele programmieren – Python lernen
Der spielerische Weg zur Programmiersprache

Entwickeln Sie Computerspiele mit Python – auch wenn Sie noch nie zuvor programmiert haben! Versuchen Sie sich an Hangman oder Tic-Tac-Toe, und wechseln Sie danach in die »Profi-Liga« der Spieleprogrammierung. Auf Ihrem Weg lernen Sie grundlegende Konzepte der Programmierung und Mathematik kennen.

3. Quartal 2017, ca. 380 Seiten, Broschur, ca. € 24,90 (D)
ISBN 978-3-86490-492-9

Design & Publishing

A. Weiss
Sketchnotes & Graphic Recording
Eine Anleitung

Weitere Titel zum Thema Zeichnen: www.dpunkt.de/s/zeichnen

Visuell erfassen, festhalten, lernen, präsentieren – diese Anleitung führt vom einfachen Basisbildvokabular über die Umsetzung komplexer Themen in Bilder bis hin zum grafischen Verlaufsprotokoll in Wandgröße. Mit zahlreichen Beispielen, Anregungen, Übungen und Tipps zum simultanen Zeichnen vor Publikum.

2016, 206 Seiten, Festeinband, € 26,90 (D)
ISBN 978-3-86490-359-5

K. Posselt · D. Frölich
Barrierefreie PDF-Dokumente erstellen
Das Praxishandbuch für den Arbeitsalltag
Mit Beispielen zur Umsetzung in InDesign und Office

Mit starkem Praxisbezug und anhand vieler Beispiele lernen Sie, barrierefreie PDF-Dokumente zu erstellen. Nach den gesetzlichen Anforderungen und den technischen Grundlagen zeigen die Autoren die praktische Umsetzung in den Standardprogrammen und die abschließende Prüfung der Dokumente.

4. Quartal 2017, ca. 350 Seiten, Broschur, ca. € 36,90 (D)
ISBN 978-3-86490-487-5

S. Schulze
Auf dem Tablet erklärt
Wie Sie Ihre guten Ideen einfach und digital visualisieren

Lernen Sie anhand von Beispielen, wie Sie mit einfachen Mitteln Ihre Ideen verdeutlichen, Gedanken strukturieren und Ihre Botschaft visuell darstellen. Von ersten Skizzen bis zur fertigen Präsentation – hier finden Sie Anleitungen, kleine Helfer und hilfreiche Tipps für Ihre Arbeit mit dem Tablet.

4. Quartal 2017, ca. 300 Seiten, Broschur, ca. € 24,90 (D)
ISBN 978-3-86490-513-1

J. Santa Maria
Webtypografie

Präzise und auf den Punkt vermittelt Jason Santa Maria typografisches Grundwissen, übertragen auf das Web: Schriften erkennen, auswählen und kombinieren, Fallback-Lösungen, flexible Gestaltung der Webseite. Er zeigt, wie Sie mit Typografie Ihr Design prägen und ein angenehmes Leseerlebnis schaffen.

2016, 160 Seiten, Broschur, € 19,95 (D)
ISBN 978-3-86490-276-5

G. Reynolds
ZEN oder die Kunst der Präsentation
Mit einfachen Ideen gestalten und präsentieren

In seinem Klassiker zur Vortragskunst beweist Garr Reynolds, dass man sein Publikum mit klarer Darstellung und guten Geschichten am besten erreicht. Er verbindet seine Argumente mit den Lehren des Zen und weist damit den Weg zu Präsentationen, die das Publikum annimmt, erinnert und ... beherzigt.

2. Auflage
2014, 312 Seiten, Broschur, € 29,90 (D)
ISBN 978-3-86490-117-1

Konferenzen 2017/2018

data2day/2017

26.–28. September 2017, Heidelberg
Die Konferenz zu Big Data und Data Science
www.data2day.de

// heise devSec()

24.–26. Oktober 2017, Heidelberg
Die Konferenz für sichere
Software- und Webentwicklung
www.heise-devsec.de

» Continuous Lifecycle »
+
[Container Conf]

14.–17. November 2017, Mannheim
Die Konferenz für
Continuous Delivery und DevOps

Die Konferenz zu
Docker und Co.

www.continuouslifecycle.de
www.containerconf.de

para//el

06.–08. März 2018, Heidelberg
Parallel Programming, Concurrency,
HPC und Multicore-Systeme

www.parallelcon.de

MINDS MASTERING MACHINES

24.–26. April 2018, Köln
Die Konferenz für Machine Learning
und Künstliche Intelligenz

www.m3-konferenz.de

15.–17. Mai 2018, Heidelberg
Die Softwareentwicklerkonferenz zu
Internet of Things und Industrie 4.0

www.buildingiot.de

In Kooperation mit:

plus+

Als **plus+**-Mitglied können Sie bis zu zehn E-Books als Ergänzung zu Ihren gedruckten dpunkt.büchern herunterladen. Eine Jahres-Mitgliedschaft kostet Sie lediglich 9,90 €, weitere Kosten entstehen nicht.

Weitere Informationen unter:
www.dpunkt.plus

O'REILLY®

Weitere Bücher zum Thema Computing unter:
www.oreilly.de

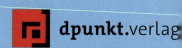

Wieblinger Weg 17
69123 Heidelberg
fon 0 62 21/14 83 0
fax 0 62 21/14 83 99
hallo@dpunkt.de
www.dpunkt.de